潜在意識を使えば、人生が変わる

THE EMPOWERMENT SOLUTION

SIX KEYS TO UNLOCKING YOUR FULL POTENTIAL WITH THE SUBCONSCIOUS MIND

フリーデマン・シャウブ 医学博士 FRIEDEMANN SCHAUB
岡 昌広［訳］ MASAHIRO OKA

本 当 の 自 分 を 取 り 戻 す ６ つ の 鍵

徳間書店

まえがき

私には17歳の頃、父とイタリア・アルプスでハイキングをした思い出があります。当時の私にとって、4日間も父とふたりきりで過ごすのはあまり楽しいことではありませんでした。というのも、父は私が物心ついたときから感情の起伏が激しく、急に怒りを爆発させるような人だったのです。だから私にとって、そんな父とのレジャーはまるで地雷原でピクニックをするような気分でした。

美しい草地を歩いていると、父が突然「おれはおまえと同じ歳の頃から、ずっと不安を抱えて生きてきた」と呟きました。私にとって、それはとても意外な言葉でした。その頃といえば第二次世界大戦の最中《さなか》で、父も祖国ドイツで17歳のとき兵役に就くのを強いられたことは聞いていました。父の口から戦場の恐ろしい体験が語られることはほとんどありませんでしたが、終戦間際に捕虜になり、フランス軍の収容所で餓死寸前にまで追いつめられたということだけは私も知っていました。そして親友と脱走を図るも、彼は射殺され、父だけがかろうじて生き延びたそうです。きっと父は、生存者の罪悪感《サバイバーズ・ギルト》に苛まれたに違いありません。なんとか逃げ切った父はすぐに米軍に投降したのですが、それはアメリカの捕虜収容所の方がまだ生き残るチャンスがあると考えたうえでの行動だったようです。

ハイキングをしたとき、父は55歳でした。私はそんなにも長い間、父が過去のトラウマに苦しめられていたとは思いもしませんでした。私が黙っていたからか、父はこう続けました。「戦争だけが原因じゃない。不安の根っこにあるのは、またなにもかも失ってしまうんじゃないかという怖れなんだ」。父は幼い頃に父親を結核で亡くしています。残された家族は母親のわずかな稼ぎだけで暮らすことになり、生活は苦しいものだったそうです。父は以前、当時はどれほど食べていくのが大変だったか話してくれたことがありました。そして戦争が終わると、父の姉たちはシュヴァルツヴァルトの家から荷車を引いて、遠く離れた農家まで野菜や小麦粉を恵んでもらいに行ったそうです。

そんな幼少期を過ごした父は、いつも私たち家族が貧困に陥るのを案じていました。父の怒りや憂鬱の多くはそんな不安からくるものだったのでしょう。論理的に考えれば、そんな心配は無用です。父は医師として地元では有名で、同じく医師の母と開業した診療所も繁盛していました。でもハイキングで私に吐露したように、患者が他所《よそ》の診療所に鞍替えしたり、予期せぬ出費が重なったりすると、父は不安に押し潰されそうになってしまうのです。「どうしても不安が消えないんだ」と父は言っていました。

心理カウンセラーや精神科医に相談するという選択肢もあったと思いますが、父はプライドが高く、誰にも自分の苦悩を打ち明けようとはしませんでした。そんな父がなぜあの日、私に弱い一面を見せたのかはいまもわかりません。でも、父の告白は私に強い影響を与えました。

私も10歳の頃から不安と向き合ってきたので、父の気持ちがよくわかったのです。ほとんどの人がそうだと思いますが、子どもの頃の私も本当の自分を探求することや、心の導きに従うことなど誰からも教わってはいません。大人たちからは逆に、楽観的な性格を直して真面目になり、周りの期待に応え、他人と競い合うことで成長するべきだと教えられてきました。このハイキングがきっかけで、私は父のように疑心暗鬼や不安、そして無力感の牢獄に閉じ込められないようにしようと心に誓いました。

もっとも、絶対にそうならない保証はどこにもありません。それから13年の月日が経った頃、私はまさに父と同じ状況に陥ろうとしていました。循環器内科の研修医として大きなストレスを抱えていた私は、いつかすべてが奪い去られてしまうのではないかという不安に駆られ、眠れない夜が何日も続くこともありました。すべてというのは、それまで多くの時間とエネルギーを注ぎ込んで築いてきたキャリアであり、当時の私にとってはそれこそが自分のアイデンティティだったのです。私は常にどうすれば上司に気に入られるか、やる気も実力もほかの同僚たちに負けていないとアピールできるかと、そればかり考えては悩んでいました。成果を上げて認められなければというプレッシャーは、私が勝手に感じていたわけではありません。循環器内科の診療科長はとても野心的で、自分の目標達成の足手まといになるような部下はすぐに見限る人でした。当時の私は環境のせいにしていましたが、ストレスや不安と闘うために脂っこい食事をとって何ガロンもコーヒーを飲み、ときには薬物療法に頼りながらハードワークを続けることで無力感を克服するのを選んだのは私自身でした。

　私は5年間、慢性的なストレスと不安を抱えながら回し車のハムスターのように走り続け、心身を蝕まれていきました。ついに夜中に何度かパニック発作を起こしたとき、私は自分が歩んでいる道も、そのペースも間違っていたことに気づきました。私は途方に暮れて、ひとまず教会に行ってみようと思い立ちました。静かな空間でしばらく過ごせば、なにか答えが見つかるかもしれないという期待があったのです。でも残念ながら導きは得られず、気持ちが楽になることもありませんでした。そのときは心にぽっかりと大きな穴が空いたような気持ちで、それを埋めるにはどうしたらいいのかもわかりませんでした。もしかしたら、カウンセラーに相談するべきだったかもしれません。でも、私はすでに父が敷いたレールを進み、引き返せないところまで来ていました。だからプライドや自分の弱さを見せることへの怖れが邪魔をして、イエローページでカウンセラーを探して予約を取ることができなかったのです。

　それからの数年間で、私は不安を心のコンパスのように解釈することを学びました。不安は自分が歩むべき道から逸れ、自分自身との調和が乱れていることを警告しているのです。研修医としての経験はつらいものでしたが、いまでは不安が私を見捨てず警報を鳴らし続けてくれたことに感謝しています。それ以来、私は不安を感じたときは人生の棚卸しを行い、自分はいまの生き方に本当に満足できているのかを自分自身に問いかけるようにしています。

　でも当時の私には、その答えがなかなか見つかりませんでした。私は自問自答を繰り返し、このまま進むべきか、それとも違う道を模索するべきか迷い続けていました。そんなある日、突然運命が私に微笑みかけ、ある選択を促しました。そしてその日を境に、私の人生は一変したのです。そのときのことは、最終章で詳しくお話ししたいと思います。

みなさんは「このままの人生でいいのだろうか？」と自問したとき、自分の中ですぐに答えが出ますか？　それともかつての私のように「これでも恵まれている方だし、不満を言えばきりがない」と自分に言い聞かせているのでしょうか？

不謹慎に聞こえるかもしれませんが、新型コロナウイルスの世界的大流行にプラスの面があったとすれば、それはこのとても困難な時期が自分自身を見つめ直し、それまでの人生を振り返る機会になったことです。私のクライアントの大多数の人たちも、特にロックダウンを経験したことで普段の日常がいかに慌ただしいものだったかに気づかされたと口にしていました。コロナ禍によって制限がかかり、いつもの義務や期待、そして娯楽がすべてなくなったことで、不思議と安堵感や心の平穏を感じたそうです。あるクライアントは「街に繰り出して気晴らしはできないけれど、久しぶりに自由で身軽な気分だよ。自分の義務を果たしたり周りに合わせたりしなければというプレッシャーもないし、チャンスを逃したり誰かの期待を裏切ってしまったりすることへの不安もない。それに他人に自尊心を傷つけられることもないからね」と話してくれました。

多くの人にとって、ただ同じ日々を繰り返すような生き方はもはや耐え難いものです。生きることの意味や喜びを奪われた自動操縦的な日々からの解放は、長い休暇以上に有意義なものでした。それはこれまでの生き方から抜け出したいという強い気持ちを呼び覚まし〝大退職時代〟の到来につながったのです。ワクチンの開発や新しい治療法の確立によって新型コロナウイルスの危険性はいくらか軽減されたものの、多くの人は以前の生活に戻ろうとはしませんでした。アメリカ合衆国労働省によると、２０２１年８月には４３０万人のアメリカ人が離職していて、これは全米の労働人口の約２・９パーセントに相当します。カナダのオンタリオ州にあるウェスタン大学のマーサ・マズネフスキー教授はＢＢＣのインタビューで、離職を検討している人の数はさらに多いだろうと予想しています。教授によれば、大退職時代の流れに乗る人は大きく２つのタイプに分けられるといいます。一方は、収入は多いものの仕事に刺激がなく、キャリアアップよりも個人の充実感を求めるタイプ。そしてもう一方は、低い賃金で働く労働者で、ストレスが多く不健康な労働環境にうんざりしているタイプです。高収入の技術職であれ、小売業やサービス業、生産業、物流業などの仕事であれ、離職する人たちはストレスの多い仕事のためにこれ以上自分の健康や幸せを犠牲にすることを拒否したのです。この大退職時代は新しい時代の流れなのか、それとも短期的な現象なのか、まだはっきりとしたことは言えません。でも、新型コロナウイルスの世界的大流行は多くの人に、いまの生き方から脱却して自分らしい人生を送りたいという強い衝動をもたらしたことは確かです。

　本書に興味を持たれたということは、あなたもおそらくいまの生き方に疑問を抱いていて、もっと自分らしく生きたいと感じているのだと思います。仕事には満足しているのにストレスや不安が大きいとしたら、それは周りの人たちとの関係、そして自分自身との関係に原因があるのかもしれません。次のことに心当たりはありませんか?

・過去のトラウマや虐待などのつらい経験を引きずっていて、いまも人を信用できずに他人と距離を置いている。

・人から注目されたくないので、自分の可能性を追求するよりも無難な生き方を選んでしまっている。

・失敗を怖れるあまり、始めたことをやり遂げられない。やりかけのままだったり、後回しにしたりしていることに手をつけられずにいる。

・不安や自己肯定感の低さから、常に他人に合わせている。決して自分自身を表に出さず、相手のためになにかすることで認められようとしてしまう。

・恋愛に全力を注いでいるが幸せはいつも長続きせず、恋人と破局する度に失意のどん底に落

ちている。

このうちのどれか、または複数が原因でストレスや不安に悩まされてきた人は、少なくとも日々の生活のどこかの面において、潜在意識の〝自己防衛モード〟に陥っているかもしれません。そうなると、いまの仕事を辞めたいというよりも、いまの自分を辞めたいと思うようになります。

かつて私が抱えていた問題の一番の原因は循環器内科での仕事ではありません。私が無力感や虚無感に包まれていたのは、本来の自分を抑えつけて生きていたからです。そんな生き方では、自分がどんな人間なのか、なにをするべきなのか、人生になにを求めているのかもわからなくなってしまいます。当時の私は常日頃から自分自身に違和感があり、自分が存在している意味や自分の居場所を探して、いつも風に舞う羽のように漂っていました。そしていくら人に認められても、私の心は満たされませんでした。私がようやく答えを見つけられたのは、潜在意識を理解することを学び、心のより深いところと調和することを意識するようになってからです。

あなたもこれまで長い間、本当の自分を探し続けてきたかもしれません。でも自分の中にではなく、外に答えを探し求めてきたのではないでしょうか？　さまざまな書籍や講座、瞑想、マインドフルネスの実践などを試して、心の平穏を得ようとしてきた方もいると思います。でも多少の進歩はあったものの、まだ心のどこかに虚無感があり、自分の本当の生き方がどういうものなのかわからないと感じているかもしれません。ただ日々をやり過ごすような生き方から抜け出してもっと自分らしい生き方ができるなら、それは素晴らしいことだと思いませんか？

本書にはそのための心強いガイドである潜在意識を活用して、あなたが本来の自分らしく生きるための方法が書かれています。私はこれまで20年にわたって、かつての自分と同じ悩みを抱えた多くの人をサポートしてきました。その経験をもとに、本書では潜在意識の最も一般的な6つの自己防衛モード――被害者、透明人間、先延ばし屋、カメレオン、尽くし魔、恋愛依存――と、それらを豊かな人生を送るための6つの鍵に変える方法をステップ・バイ・ステップで解説していきます。過去を解き放ち、あなた本来の輝きを覆っていた偽りのアイデンティティや狭い信念を捨て、自己肯定感を高める方法を学びましょう。そして本来のあなたらしい考え方や感情、行動を取り戻し、自分の中にまだ眠っている資質や才能を見いだしてください。

最初の印象だけでは、本書で紹介する6つの自己防衛モードのすべてに共感できるとは限りません。あなたが自信に満ち溢れた外向的な人であったり、自他共に認める努力家や野心的な人であったりするのなら、透明人間や先延ばし屋は他人事に思えるでしょう。また、恋愛依存は自分には関係ないと感じたとしても、それは思い込みの可能性もあります。被害者意識に関しても、自分で認められる人はなかなかいないはずです。でも、これらは潜在意識の働きなので、あなたも知らず知らずのうちにこうした生き方をしているか、なんとか抑えようとしているだけかもしれません。こうした潜在意識の働きをプラスの方向に変えることで、あなたの人生はより豊かなものになります。

本書は体験型の自己発見の旅のような構成になっています。生涯を共にする相手を知るために時間をかけるように、あなたのペースで旅を進めてみてください。自分自身についての理解を深め、新しい洞察を得るには時間がかかります。学んだ内容を日常生活の中で実践することも大切です。

ここから先には、古くなった自分自身の取扱説明書を書き直して、本当の意味で自分らしい生き方をするために必要なすべてが詰まっています。私がただひとつ後悔しているのは、あのアルプスでのハイキングで父にこの本を渡せなかったことです。それができたなら、きっと父の苦悩も消え去っていたことでしょう。あなたにとっては本書がそんな一冊になることを願っています。

◎目次

まえがき …… 1

PART 1 人生の棚卸し

第1章 日々を生き抜く中で失われていく本来の自分 …… 16
第2章 潜在意識が変化をもたらす …… 30

PART 2 自分の生き方に責任を持つ

第3章 被害者モード：自分は無力だという錯覚 …… 46

第4章　自己責任：過去を受け入れる鍵……65
第5章　透明人間モード：なるべく目立たないように生きてしまう……103
第6章　自慈心《じじしん》：本来の自分らしさを取り戻す鍵……129
第7章　先延ばし屋モード：やるべきことを後回しにしてしまう……162
第8章　自己信頼：自分の行動をコントロールする鍵……179

PART 3　自分を尊重する

第9章　カメレオンモード：周囲に馴染もうと無理をしてしまう……198
第10章　内省：本当の自分を知る鍵……221
第11章　尽くし魔モード：無理をしてまで人に尽くしてしまう……248

第12章　自己献身：自分を大切にするための鍵 …… 275
第13章　恋愛依存モード：愛こそがすべて …… 301
第14章　自己愛：自分自身を取り戻す鍵 …… 316

PART 4　人生を切り開く

第15章　自分らしくありのままに生きていく …… 336

PART 1

人生の棚卸し

第1章
日々を生き抜く中で失われていく本来の自分

〝生きるとは、多くの人にとって命を繋ぐことではなく、快適な日々を過ごすことを意味します。でも、傷ついたり、批判されたり、拒絶されたりすることよりも、もっと怖れるべきなのは快適な環境に甘んじて冒険をしなかったこと、より大きな喜びと目的を持って生きられなかったことに対する痛ましい後悔にほかなりません〟

あなたはこれから、本来の自分を発見し、ありのままの自分として生きるための旅に出ようとしています。どんな旅でも、大切なのはどこから出発し、どんなルートを進み、どこに向かうのかを明確にすることです。この本を手に取ったということは、あなたの人生は順調で、毎朝さわやかな気分で目覚めているわけではないはずです。おそらくストレスや不安を抱えていたり、自信が持てなかったり、漠然とした無力感に包まれていたり、あるいは鬱々とした気分に悩まされているのかもしれません。でも、それは皆同じです。あなただけではありません。すぐにわかると思いますが、この社会の大半の人はあなたと同じような問題と闘っているのです。

でも、そんな不安や無力感を一生付き合っていかなければならない心の弱さとして受け入れなかった自分を褒めてあげてください。いまこの本を読んでいるのは、あなたがまだ自分を信じている証拠です。私たちの心はときに、人生をとても困難なものにしてしまいます。私自身も不安や低い自己肯定感に悩まされてきたので、自分の心と向き合うには勇気と覚悟がいることは知っています。でも、自分の心を深く理解することで、より良い人生を送るための手がかりが見つかるのです。

あなたは一日にどれくらい自分に苛立ちを感じることがありますか？　重い責任や周りからの期待に押しつぶされそうになったり、自分の力ではどうにもならないような状況に陥ったり、他人や自分自身の感情に振り回されたり、日々、いろいろなことがあると思います。渋滞に巻き込まれて、仕事に遅刻するかもしれないと心配になることもあるでしょう。上司から無理な締め切りを押し付けられて、恋人と週末を過ごせなくなることもあるかもしれません。不機嫌なパートナーに気を遣ってばかりで、家にいても気が休まらない。朝起きればすぐに、いつまた不安に襲われるのだろうと心配になる。生きて行くだけで精一杯で、これ以上はどうにもならないと思えば思うほど、私たちは自分の無力さを感じます。

でも、私たちは成長し、周囲に適応し、成功を手にする無限の可能性を持って生まれてきています。ハイハイから立ち上がって歩くことを学び、口と声帯を使って言葉を喋る方法を見つけ、周りの世界と関わるスキルを身につけてきただけでも、強い力を持っている証拠です。では、私たちはいつ、どのようにしてその強い力を失ってしまうのでしょうか？

多くの人が生きて行くことに困難を感じるのには、間違いなくたくさんの理由があります。気候変動、人種的不平、銃乱射事件、政治対立など、私たちの世界はいま、深刻な課題に直面しています。さらに新型コロナウイルスの世界的大流行が始まってからというもの、ストレスと不安のレベルはエスカレートするばかりです。病気に罹る心配や愛する人を失う怖れ、自由や経済的安定、平穏な日々の喪失のほかにも、インフレや不況の影など、多くの人が直面している新たな不安は、まだほんの一部に過ぎません。２０２０年6月にアメリカで実施された調査によると、４月に深刻な心理的ストレスの症状を訴えた人の数は２０１８年の3倍以上に上ったそうです。また、アメリカ心理学会の報告では、アメリカ人の成人の80パーセント以上がストレスの主な原因として国の将来に対する不安を挙げています。

パンデミックの影響などを除いても、この20年間で私たちの生活はますますストレスの多いものになりました。その理由は次の４つです。

・日々の生活に求められるものが増え続け、かつてないほど忙しくなっている。仕事を安定させるため、特定のライフスタイルを維持するため、自分の価値を証明するため、育児をしながら生活費を稼ぐために奮闘し、心と身体を休めたり、自分自身と向き合ったりする時間がほとんどない。その一方で、どんなに忙しい日々を送っても自分自身や周りからの大きな期待には応えられず、自分の無力さを感じて自信をなくしてしまう。

・スマートフォンやタブレット端末が普及したことで、現代人は24時間365日、膨大な量の情報にさらされている。こうした情報を処理するために脳は働き続けていて、休まる暇がない。忙しい生活とフル稼働の脳の組み合わせによって、多くの人が休養不足に陥っている。アメリカ国立衛生研究所のデータによると、社会人の35パーセントは平均睡眠時間が7時間以下で十分な睡眠がとれていない。

・逆説的に言えば、デジタル時代はあらゆる人とつながることができるようになった一方で、自分自身とつながることが難しくなった。ソーシャルメディアの影響力が大きくなり、現実世界と仮想世界の境界線が曖昧になっていくにつれて、孤立したり、周囲に馴染めずにいたり、個性が弱いと感じたりするといった悩みが増える。埋もれない個性や他人からの承認を求めるうちに、やがて自分を印象づけたい、周りから好かれたいという欲求が芽生える。自分の隠れた資質や才能、願望を見つけるために内面に目を向けることが大切なのに、自分にないものを求めた生き方に陥ってしまう。

・人の心はコンピュータとは違い、氾濫する情報を冷静に処理するためのアップデートができない。すでに過負荷の状態にあるので、あり得ないような情報でも、人の恐怖心につけ込んだメッセージにだけは注意を向けてしまう傾向がある。極端な意見や誤った情報、陰謀論によって政府や科学、教育、さらには民主主義といった現代社会の基本的な構造に対する不信感が芽生え、Qアノン陰謀論、レプティリアンによる陰謀説、地球平面説などの論説の信奉者も増えている。現代人は膨れ上がる危機感を抱いていて、信じてしがみつくべきなにかを必死に探しているのかもしれない。

なかなか深刻な問題ではないでしょうか？　私たちの潜在意識もいまの状況を深刻に捉えていて、自分を守ろうと躍起になっているのです。潜在意識には〝自己防衛モード〟があり、人から批判されたり、嘲笑されたり、拒絶されたり、失敗したり、見捨てられたりして傷つくことから自分を守ろうとします。

代表的な6つの自己防衛モードである被害者、透明人間、先延ばし屋、カメレオン、尽くし魔、恋愛依存は、それぞれ回避系と奉仕系の2つのタイプに分類されます。どの自己防衛モードも本質的には悪いものではありません。ほとんどの人は、人生のさまざまな局面をこれらのモードで乗り切っているのです。でも問題なのは、慢性的なストレスや不安から引き起こされた自己防衛モードはそれがデフォルトの自分自身となってしまい、守りに入った生き方をするようになってしまうことです。ストレスや不安を抱えている人がいかに多いかを踏まえると、現代社会の大部分の人は常に自己防衛モードで生きていると考えられます。

自己防衛モードはどこから来るのか？

詳細に入る前に、まずは大まかな概要から説明します。私たちの潜在意識は、両親や周りの大人たちに全面的に頼っていた幼少期に自己防衛モードを発達させます。親が精神的に不安定だったり、無視される、批判される、バカにされる、罰を受けることが日常的にあったりすると、その言葉や出来事を潜在意識が注意深く記憶・分析して、自分は安全なのか、周りを信頼できるか、いまの自分は面倒を見てもらうに値するかどうかを判断します。もっとも、特につらい出来事や虐待などを体験していなくても、潜在意識は自分の安全に気を配ります。表面上は平凡に育ってきたかもしれないし、ほかの兄弟や姉妹はいい思い出として子どもの頃を懐かしんでいるかもしれません。でも、あなたがほかより繊細な子だったなら、兄にしつこくからかわれたとき、成績が落ちて両親の落胆した表情を見たとき、親友がほかの誰かと仲良くし始めたときに、人生にはつらいこともあるので傷つかないように注意しなければと感じたはずです。

私たちの潜在意識は、こうした感情的な記憶を自分自身や周りの世界を見るときの物差し、つまり信念にすることによってその後の参考にします（図1）。たとえば、恐怖症などはこの潜在意識の働きの極端な例と言えます。私が6歳のある日、母が大声で叫んでいるのが聞こえました。なにが起きたのかとすぐにキッチンに駆けつけた私が目にしたのは、それまで見たことがないほど怯えている母の姿でした。そして、母はついさっきまで壁を這っていたであろう、巨大な蜘蛛が床に落ちているのをじっと見つめていたのです。そんな母の姿を見た私の中では、蜘蛛は恐くて危険な生き物だから近づいてはいけない、という新たな信念が生まれました。だから私は30代前半になっても毛むくじゃらで8本足の生き物を見ると部屋を飛び出し、妻にその怪物を家から追い出すよう頼んでいました。

そんな恐怖症とは対照的に、自己防衛のための信念はもっと一般的で広範囲に及びます。最も一般的なものだと、自分の将来は安泰ではない、自分はダメな人間だ、自分には居場所がない、自分は人から愛されるような人間ではない、といった思い込みです。こうしたネガティブな思い込みや固定観念は〝リミッティング・ビリーフ〟と呼ばれ、事実をねじ曲げたり、無理やり一般化したり、一部を省いたりする厄介なフィルターになります。たとえば、ある学生が仲間はずれにされて、自分は人から嫌われやすいのだと思い込んでしまったとします。すると大人になってもこの固定観念のフィルターによって、職場の同僚たちがあなたに声を掛けずにコーヒーを飲みに行ったりするとそれをいつまでも覚えているようになります。でも、それはあなたの誕生日を祝う計画を立てるためだったという事実の方は時間と共に忘れてしまうのです。また、こうしたネガティブな思い込みはついつい真相を確かめたくなってしまうので、自己充足的予言〔訳注／思い込みが無意識のうちに態度や行動に反映され、結果的に現実になってしまう現象〕にもなり得ます。その典型的な例は自分は誰からも愛されていないと思い込んでいるときで、恋人に対してやたらと相手の気持ちを試すような行動を取ったり嫉妬深く疑心暗鬼になったりした挙句に相手を突き放してしまい、結果的に自分は愛されていないことを自ら証明してしまうのです。

私たちの潜在意識は慢性的なストレスのせいで常に厳戒態勢にあるので、過去の経験をもとに潜んでいる危険をサーチしています。たとえば、母親から最近めっきり実家に寄りつかなくなったと責められたり、友人が電話を折り返してくれなかったり、膨大な仕事に追われていたりすると、私たちの潜在意識は過去にも似たような経験がないか記憶を辿ります。そして同じようなことがあったときはますます固定観念に縛られ、自己防衛モードに入るのです。こうした固定観念があると、たいしたことのない問題でも深刻に思えてきます。先ほどの例であれば、母親は自分を大人として認めていない、友達はきっと怒っている、仕事の要領が悪いのでいつか解雇される、と解釈してしまうのです。現実に対してそんな歪んだ見方をすれば、ネガティブなことばかり考えてしまったり、不安やストレスなどをより強く感じたりすることにもつながります。後ほど詳しく解説しますが、この条件反射的な自己防衛反応は意識的に変えていかなければ6つの自己防衛モードのどれか、または複数を引き起こします。そして悪循環に陥ってしまうと、分別ある人でも子どものような行動を取ってしまうことがあります。

私たちは他人に批判されたと感じて萎縮することもあれば、人から認められるために無理をしたりすることもあります。頭では他人の意見に惑わされず、困難には落ち着いて立ち向かうべきだとわかってはいても、潜在意識がその考えを上書きし続けるのです。

目立たないように自分を抑え込んだり、人に尽くしすぎたり、やるべきことを先延ばしにしたりといった自己防衛反応によって、短期的には安心感や帰属感を得られることもあります。でも、こうした生き方には次の2つの重大なマイナス面も存在します。

1. 安心感や幸福感は人から与えられるものだと信じ込んでいるために、自分の中に見いだそうとしない。無力感を感じれば感じるほど、まだ安心できない、まだ十分ではない、居場所がないという思い込みが強まるきっかけになり、ストレスや不安との闘いに拍車がかかる。そうなると人生は日々を生き抜くための、終わりのないサバイバルになってしまう。

2. 自分の心の声に耳を傾けたり、自分の感情と向き合ったりするために立ち止まることがなくなる。自分がいまどんな状態なのかに気づく自己認識や、欠点も含めたありのままの自分を

図1　自己防衛モードの悪循環

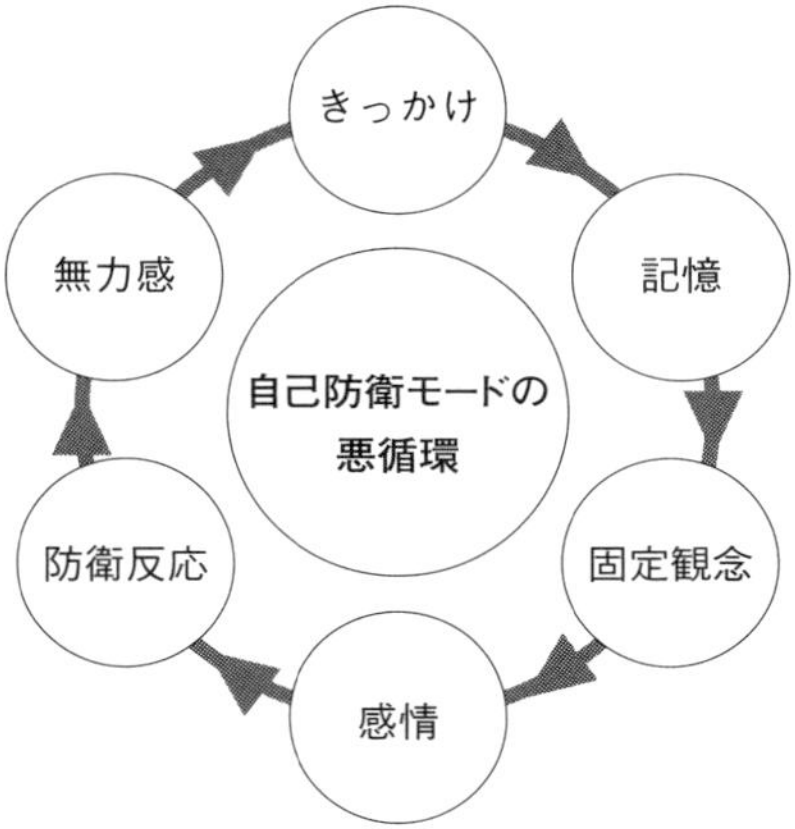

ショックなことがあったときの記憶は、現実に対する歪んだ認識を形成して、ネガティブな感情を呼び覚ます固定観念を生み出します。その感情から防衛反応が引き起こされると、私たちは本来の自分を見失って無力感を抱いてしまうのです。そしてそれは過去の同じような経験の記憶を呼び起こすきっかけとなり悪循環に陥ります。

受け入れる自己受容、そして自分の価値を認める自己価値が欠如して、やがて無気力になってしまう。

どれだけ苦手な状況を回避しようが、どれだけ他人に尽くして認められようが、そんな生き方をしていればやがて自分はどんな人間なのか、存在意義があるのかどうかさえもわからなくなり、憂鬱と絶望に襲われてしまうのです。

自分は無力だというのは思い込み

ここで朗報があります。あなたは今日をもって自己防衛モードの悪循環から抜け出すことができ、もう自分の無力さを感じることもありません。自分は無力だと感じがちな、よくあるシチュエーションを挙げてみましょう。

- **自分の考えがあっても他人の意見に流されてしまう。**
- **他人からのアドバイスには否が応でも従ってしまう。**
- **グループの中では自己主張できない。**
- **意見を押しつけられても反論できない。**
- **相手の要求に「ノー」と言えない。**

こうして見ると、とても自分がない人に感じませんか？　あなたにも当てはまっている気がしたら、自分自身を振り返って「私には自分というものがないのか、それともただ抑えているだけなのか？」と問いかけてみましょう。もしいつも他人の意見を優先してしまうとしたら、それは自分がなにを信じるべきかを見極められていないからです。もしあなたがグループの中で目立たない存在でいることを好んでいるとしたら、それは自分の資質や才能をちゃんと受け入れていないからです。そして、もしあなたが他人との境界線をきちんと引けていないとしたら、それは自分自身が安心感や自己肯定感の源になっていないからです。このよくあるシチュエーションの例では、自分からはなにも発信していません。自分を出せないのは、潜在的に自分は小さく無力な存在だと思い込んでいて、慣れ親しんだいつもの行動パターンに頼り続けているのが原因です。つまり潜在意識が自分は無力だと思い込んでいると、それが行動にも表れてしまうのです。

まずは、潜在意識が自分に対して過保護になっていることに気づく必要があります。潜在意識が持っている唯一の基準は幼少期に形成されるので、過保護になるのは仕方のないことども言えます。でも、１９６５年の地図を片手に現在のニューヨークの道を歩くのと同じで、時代にそぐわない指針で人生をナビゲートしても、幸福で充実した場所には辿り着けません。さらに、このような古い指針はおおよそ、あなたがどんな人間であるかではなく、他人からどんな風に扱われてきたかに基づいています。本来のあなたらしさは失われたわけではなく隠れているだけなので、それを普段から出せるようにすることが解決策なのです。そのためには考え方をアップデートして、潜在意識が自己防衛のためだけに状況に反応するのを変える必要があります。言い換えれば、自己防衛モードから抜け出して本来の自分を取り戻すためには、本当の意味で自分自身を知り、感謝し、最終的には愛することを学ぶ必要があるのです。

では、いまの生き方をするようになった経緯と本書の旅の目的地がわかったとしても、そこに到達して本来の自分を取り戻せたかどうかはどう判断すればいいのでしょうか？

次のようになったときこそ、あなたが本来の自分を取り戻したときです。

・自分の考えや能力を信頼して、どんな出来事からも学び成長することができる。
・安心感や自己肯定感、帰属意識は自分の内面から得られることを理解している。
・自信を持って人生の主導権を握ることができる。
・ありのままの自分に価値があることをはっきりと理解している。
・自分自身と周りの人たちに感謝と思いやりを持って接することができる。
・自分の健康と幸福にコミットできる。

もちろん、このリストはまだまだ続きます。なりたい自分の姿を自由に思い描いてみてください。あなたにもきっと自分の理想像があるはずです。私にとってそれは、安全よりも自由を、自分を抑えることよりも自分に誠実であることを、快適な生き方よりも目的のある生き方を選び、喜びに満ちた意味のある人生を創り上げることができる自分です。

本来の自分の力を取り戻し、責任感や自立心、向上心を持って生きることは継続的な取り組みです。多くの時間と献身が必要になるかもしれませんが、あなたが本来の自分を取り戻せたと感じたときがそこに到達したときです。そして、あなたをそこへ導くのが私の役目です。

では、どうすれば本来の自分を取り戻すことができるのか？　そこで鍵となってくるのが潜在意識です。

第2章

潜在意識が変化をもたらす

“指示を与えなければ、どんなに有能で忠実な守護者も邪魔者になる”

あなたが一般的な人であれば、潜在意識と聞いてもどこか怪しげでわからないことだらけだと思います。人によっては、潜在意識は悪夢や悪い習慣、自己破壊的な行動に関係しているというイメージを持っているかもしれません。たとえば、大切なのは心身共に健康であることだとはっきりと意識していても、どうしても毎晩ポテトチップスやチョコレートを食べてしまうし、朝の運動のために余裕をもって起きることもできない。たまに怖い夢を見て早起きできる日があっても、そんな風に嫌な目覚め方をしたときはジムに行って運動する気にはなれないとしたら、それは不安によって潜在意識がマイナスに働いているのです。

かつては私も、潜在意識にあまりいいイメージを持っていませんでした。でも、この心の深い部分を有効活用する方法を知ったことで、潜在意識は自分にとって最も強力で忠実な味方だと考えるようになりました。ここでは潜在意識の主な働きと、日常生活の少なくとも70パーセントに影響を与えていると言われる理由を解説します。

私たちの感情を司っているのは潜在意識だということを知っていますか？　人の感情というのは非合理的で、ときに厄介でコントロールが利かないと感じるのはそのためなのです。また、潜在意識は私たちの記憶を呼び起こしたり、保持したりもしています。顕在意識のデータ処理能力には限界があるので、潜在意識が記憶のほとんどをしっかりと保持しているのです。さらに、私たちの身体の何兆個もの細胞が調和して働くのも潜在意識の働きによるものです。心臓の鼓動、呼吸、食べ物の消化など、私たちの生理機能の大部分は意識的にコントロールすることはできません。たとえば、座ってコーヒーを飲むのは意識的に行うことですが、それを実行するために身体の筋肉を動かしているのは潜在意識です。日常的な行動を潜在意識が自動操縦してくれるおかげで、私たちは特に意識をせずとも車を運転したり、ひげを剃ったり、フォークとナイフを使って食事をしたりすることができるのです。

本来の自分を取り戻す旅をするうえで最も重要なのは、潜在意識には私たちが常にさらされている膨大な量の情報をフィルタリングし、要約する働きがあるのを知っておくことです。潜在意識は私たちが過負荷になるのを防ぐために、必要不可欠な最低限の情報だけを顕在意識に伝えています。でも実は、常に周りの状況をチェックし、あらゆる情報を記憶しているのです。予感や直感、第一印象、胸騒ぎなどはこの潜在意識の記憶から生まれます。

潜在意識のフィルターの中でも最も強力なのは、現実の認識を歪めてしまう固定観念、つまり思い込みです。たとえば、あなたはある朝、気分良く目覚めたとします。太陽が燦燦と輝き、夏の訪れが感じられるような気候で、部屋には淹れたてのコーヒーと温かいトーストの香りが漂っています。仕事の後はデートの予定が入っていて、きっと楽しい夜になりそうです。でも夕方になって会社を出るとき、あなたはなにか新しい話題はないかと考え始めました。前回のデートのときのようにおもしろい話題で相手を楽しませなければ、つまらない人だと思われるのではないかと心配になり、だんだんと自信が揺らぎ始めます。でも、そんな不安とは裏腹にデートはうまくいき、楽しい時間を過ごすことができました。本来ならとても満足な一日だったはずです。

ところが、あなたはある疑問を拭い切れずにいます。どうして彼女は夕食中に何度かスマホを確認していたんだろう？　この不安は、相手が好意を示してくれた瞬間もすべて消し去ってしまいます。そして家に帰ると、兄弟からメールが届いて最近実家に顔を出していないことに文句を言われ、さらに翌朝のコーヒーを切らしていたことにも気づくのです。途中まではいい一日だったのに、どこで調子が狂ったのでしょうか？

このように物事の捉え方が大きく変化する中で感情が揺れ動くと、被害者意識のようなものを感じるかもしれません。この例からもわかるように、物事の捉え方は事実に左右されるのではなく、それをどう解釈するかによって決まります。自分と一緒にいてもつまらないのではないかという思い込みは、幼少期の親との関係に根ざしているかもしれません。子どもの頃のそうした刷り込みは、人から嫌われるのを怖れるあまり他人と親密な関係を築くことを避けたり、相手を喜ばせようと過度に神経を使ったりすることにつながります。そんな思い込みのせいで、デートの相手がスマホをちらりと確認しただけで、自分と一緒にいても楽しくないかもしれないという疑念は確信に変わるのです。そうなると、せっかく相手が好意とも取れる言動を示していたとしても、すべて無意味なものになってしまいます。周りの世界や自分自身に対する認識はすべて潜在意識の歪んだフィルターを通したものなので、常日頃から自分の考え方や感じ方、行動は思い込みによるものではないのかと自問自答してみることが大切です。

顕在意識と潜在意識のコラボレーション

潜在意識の歪んだフィルターや条件反射的な自己防衛反応を意識して変えることで、自動操縦的な生き方から抜け出すことはできるのでしょうか？　潜在意識はとにかく無難に生きることだけを目的にしているようにも思えますが、実はもうひとつ重要な役割を持っています。それは幸福感を得ることです。子どもの頃の刷り込みや思い込みによって、潜在意識は幸福感よりも安心感を求めるようになります。でもひとたび安心感が得られると、次は自然と幸福感や満足感を得ることに重きを置くようになるのです。

では、その潜在意識のギアを意図的にシフトチェンジすることができたらどうでしょうか？

意識して潜在意識に働きかける、つまり顕在意識と潜在意識のコラボレーションこそ、本書の大きなテーマのひとつです。顕在意識と潜在意識のコラボレーションがなぜ効果的なのか、その仕組みについて簡単に説明します。

・潜在意識を変えるためには顕在意識のガイドが必要

潜在意識が持つ力を最大限に引き出すには、ひとつだけ必要なことがあります。それは、潜在意識のプログラムを意識的にアップデートすることです。意識的に新しい視点や戦略を教えない限り、私たちの潜在意識は古いバージョンのままなのです。心の奥の漠然とした部分に働きかけるなんて、難しく感じるかもしれません。でも、潜在意識をガイドするのはあなたが思っているほど難しいことではありません。

・潜在意識とのコミュニケーションは難しくない

私たちが小説や映画を楽しめるのは、潜在意識のおかげだということを知っていますか？

本のページや映画のスクリーンは、潜在意識が働くことで別世界への入り口になります。想像力を働かせて架空の現実に入り込むことで、私たちは小説や映画のエキサイティングな物語の参加者になるのです。

潜在意識に働きかけるためには、理性的な思考から感情的で感覚的な意識、つまり頭で考えることから心で思い描くことへのシフトが必要です。たとえば、子どもの頃のある出来事を思い出したいとします。それにはまず、その出来事がいつ、どこで起きたのか、そして誰が関わっていたのかを考えます。そして、その記憶をあなたの心のスクリーンで再生してみます。潜在意識の言語は、夢の中と同じでイメージや感覚、感情で構成されています。そのとき見たり、聞いたり、感じたり、嗅いだり、そして味わったりしたものをだんだんと思い出してくると、潜在意識とコミュニケーションをとっていることを実感できます。潜在意識になにかを伝えるためには、感情や感覚を駆使してイメージを思い浮かべることが重要なのです。

・感情によって潜在意識の記憶がつくられる

潜在意識は記憶のほとんどを感情と紐づけして保持しているので、どうしても正確さは失われてしまいます。大抵の場合、私たちは強い感情を伴う出来事（ポジティブなことにしてもネガティブなことにしても）をより鮮明に覚えているものです。強い感情も潜在意識のフィルターになり、実際に起きた事実を歪めたり、一部を消してしまったりします。つまり、強い感情を抱いた出来事ほど、それを思い出すのは容易になりますが、詳細の正確さは低くなるのです。

・潜在意識はタイムマシン

私たちが過去の思い出に浸ったり未来に思いを馳せたりしているときも、潜在意識にとってはいま起きている出来事を体験しているのと変わりません。半年前に義理の両親に失礼なことを言ってしまったと後悔しているときも、来年の夏に行く予定の地中海クルーズを空想しているときも、潜在意識はその出来事をいま起きていることとして認識しています。過去の思い出を振り返り、いまならそこでどんな行動を取るかを考えることは、将来同じような状況になったときの自分をすでに体験しているのと同じことなのです。

・潜在意識は過去を書き換える

〝時間が心の傷を癒す〟という現象は誰もが経験していると思います。つらいことがあったり困難に直面したりしても、数ヶ月後、数年後に振り返ってみると、そこまでたいしたことではなかったように思えるのです。では、記憶の捉え方や、記憶との関わり方を意識的に変えれば、心の傷を癒すのにかかる時間を早めることができるとしたらどうでしょうか?

ここまでをおさらいしてみましょう。⑴潜在意識は顕在意識のガイドに従う。⑵潜在意識が持つ時間の概念は流動的で、記憶には実際になにが起こったかではなく、そのときどう感じたかが強く残る。この2つを併せて考えると、ひとつの結論が導き出されます。それは、潜在意識にとって記憶は石に刻まれた事実ではなく、粘土のようにどんな形にもできるものだということです。後ほど詳しく解説しますが、潜在意識のこの柔軟性を利用すれば自己防衛反応に対処することができるのです。

すでに説明したように、子どもの頃に受けた虐待やネグレクトなどのトラウマは、私たちの潜在意識の自己防衛反応の原因になっていることが多々あります。また、私たちの多くは歪んだ過去の記憶からネガティブな固定観念を持っています。そんな私たちの考え方や感情的な背景によって、潜在意識は些細な事を大袈裟に解釈したり、ろくでもない話を真に受けて人生を変えるような災難を起こしたりすることもあります。私がハイスクールに通っていた頃、クラスメイトの何人かが面白半分に、私の鼻の整形手術の費用をカンパしようと言い出したことがあります。それを聞いて私の自尊心はかなり傷つきました。当時付き合っていた彼女はチャームポイントだと言ってくれていたのですが、それ以来、私は自分の鼻がとても気になってしまい、本当に整形手術を受けようかと悩みました。でもそれから数年後、私は視点を変えて、当時クラスメイトたちがこの鼻をからかったのは、成績が良くて彼女もいた私に嫉妬していたのだと自分に言い聞かせることにしました。するとこの新しい解釈によって、私はコンプレックスをひとつ手放すことができたのです。

過去に対する解釈を書き換えるといっても、こんなときは周りに助けを求めるべきだという経験則や、人には親切にしなければいけないという教訓になった出来事まで消し去る必要はありません。でも、あなたが過去のストーリーを更新することで、潜在意識がもう自己防衛反応をする必要がないと判断すれば、過去の影響が現在に及ぶことはなくなります。

・固定観念は上書きしない限り消えない

過去の傷を癒すだけでは、自己防衛反応から抜け出すことはできません。子どもの頃のつらい経験を引きずらなくなったとしても、潜在意識のフィルターが変わらない限りはなにも変わらないのです。たとえば、子どもの頃に親から虐待を受けていた人が、自分自身に向き合うことでそのトラウマを克服し、さらには親を許すことができるようになったとします。この場合、虐待によって受けた心の傷は癒されたかもしれません。でも、誰も信用できない、自分はダメな人間だという固定観念は根強く残っていて、無意識のうちに目立つことを避けている場合があります。過去の出来事に悩まされることはなくなっても、その出来事によって潜在意識に植えつけられた固定観念や自己防衛のための条件反射は依然として日々の生活に影響を与え続けているのです。

もっとも、そうした固定観念を消すだけではまだ十分ではありません。ある日、目を覚ましたら自分を縛っていた固定観念がパッと消えているのを想像してみてください。自分はダメな人間だ、相手に気に入られなければ自分を認めてもらえない、などという考えはもうありません。でもそうなると、今度はどうなるか。潜在意識から見ると、それはアイデンティティにぽっかりと穴が空いた状態なのです。アイデンティティがないということは、自分が存在しないのと同じです。そのため、新しい考え方でその穴を埋めない限り、潜在意識はすぐにかつての慣れ親しんだ習慣に逆戻りしてしまいます。

・自己防衛モードにも上書きが必要

もしあなたが極寒のアラスカ北部に生まれ育ち、大人になってから暖かなフロリダに引っ越したとしたら、身も凍えるような寒さから守ってくれたウールのセーターや厚手のコートはもう必要ないと思うでしょう。とはいえ、裸で生活するわけにはいきませんから、ほかに着るものを用意しなければなりません。自己防衛モードから抜け出すための最後のステップは、これまでの古い習慣を新しいものに置き換えることです。

本来の自分の力を取り戻すための6つの鍵

自己防衛反応を本来の自分の力を取り戻すための６つの鍵に変えることが、本書を通じたあなたの旅の目的です。

その６つの鍵とは

・自己責任：人生がもたらすあらゆることから学び、成長することで過去を受け入れる。

・自慈心《じじしん》（自分への思いやり）：心の奥にある無垢な部分を大切にして、自分の隠れた才能を発見する。

・自己信頼：目的と満足感のバランスを取ることで、自分への信頼を高める。
・内省：自分の本質に沿った生き方をすることで、本来の自分らしさを知る。
・自己献身：自分の時間とエネルギーを有効に使う。
・自己愛：自分を愛し、ありのままの自分を受け入れる。

この6つの鍵で自分自身への理解を深めることで、自分らしく生きるために必要なすべてを得ることができます。

これでは少し抽象的に聞こえるかもしれないので、例を挙げて説明しましょう。私のクライアントのブレイクは最初の対話《セッション》のとき、幼少期に経験した忘れられない出来事を話してくれました。ある日、彼が兄と一緒にリビングルームで大騒ぎしていたところ、何度も母親から「静かにしなさい」と注意されました。それでも騒いでいたら、母親が突然部屋に入ってきて「もう出て行くわ！」と叫び、帽子とコートをつかんで家を飛び出してしまったそうです。それまであまり怒ったり苛立ったりしている母親の姿を見たことがなかった兄弟が唖然としていると、父親が2階の仕事部屋から降りてきました。「母さんはどうして出て行ったの？」と聞くと、父親は「おまえたちのせいだ。お母さんはもう帰って来ないぞ」と答えたそうです。

時間が経つにつれて戸惑いは心配に、そして苦しい気持ちに変わっていきました。実際にはほんの30分ほどのことだったのでしょうが、兄弟には何時間にも感じられたそうです。彼らは泣きながら謝りましたが、それでも父親は厳しい態度で動じず、すべておまえたちが悪いのだから、これからは母親のいない生活に慣れなければいけないと諭しました。その後、実は妹のところへ気分転換に行っていた母親から電話があると、父親は息子たちが反省しているから早く帰って来るように言いました。しばらくして玄関のドアが開き母親が戻ってくると、彼らは駆け寄って反省の気持ちと、戻ってきてくれたことへの感謝を伝えたそうです。

これはたった2、3時間の出来事ですが、その後数十年にもわたってブレイクの人生に影響を与え続けました。彼の話によると、その日を境に母親を困らせることが怖くなったそうです。ブレイクはそれまでもかなり聞き分けの良い子どもだったようですが、母親に捨てられたかもしれないという経験をしてからは潜在意識が自己防衛モードに入り、どんな欲求も願望も心配も、決して両親には見せずに生きるいい子症候群になったのです。ブレイクは、ありのままの天真爛漫な自分でいるよりも、おとなしくてなんでも言うことを聞く子どもでいる方が親は喜ぶのだと感じていたのです。

ブレイクは、もちろん母も子どもの感情表現を封じ込めるつもりなどなかっただろう、と当時を振り返っています。とはいえ、子どもたちにショックを与えて反省させようとした母親の芝居は、少なくとも我が子のひとりに、両親はありのままの自分を愛してくれるわけではない、と感じさせる結果をもたらしました。そしてブレイクの心には、ありのままの自分では人から愛されないという意識が刷り込まれ、その後の人生で健全な人間関係を築くうえでの大きな障害となってしまったのです。ブレイクは「子どもの頃のこの小さな一幕は、客観的に見ればたいした出来事ではありません。なのに、大人になってからも女性とデートするたびにこの記憶が蘇って、急に不安になって口数が少なくなってしまうのです。その後のデートがどんなものになるかは、ご想像の通りです」と話していました。

これまでの人生を振り返ったブレイクは、自分は自分自身に失望していたのかもしれないと言いました。考えることはいつも「自分は音楽を演っているが、もし人に聞かせたら下手なことがバレてしまう」、「やりたいことはあるけど、実際にやったら大勢の前で恥をかくだけかもしれない」、「しっかりした人と親しくなったら、自分のダメさ加減が露呈するんじゃないか」などというネガティブなことばかりで、本当の気持ちを抑えつけて生きていたのです。

そんな彼の人生は、6つの鍵による自己変革を実践し始めたことで完全に変わりました。自己責任の鍵によって、ブレイクは自分の不安を両親のせいにするのをやめ、ありのままの自分を表現できるようになりました。自慈心の鍵で、自分の不安や臆病さに屈することなく、思いやりを持って自分の心と向き合えるようにもなりました。自己信頼の鍵は、やるべきことを先延ばしにする癖を直すきっかけになり、ブレイクは部屋を常に整理整頓し、届いた郵便物はその日のうちに開け、初めて税金も期限内に納めました。また、内省の鍵で自分の本質を知ったことで、自分が生まれてきたのには意味があり、自分は人から愛されるべき存在だと気がついたそうです。そして自己献身の鍵で人生を自分らしく生きることに時間とエネルギーを注ぐようになった彼は、サズと呼ばれるトルコの伝統楽器を猛練習してコンサートを開き、自分の音楽を人に聞かせたいという夢を実現しました。さらに自己愛の鍵で自分を愛せるようになったブレイクは、それまで必死にしがみついてきた一方的な人間関係を解消し、なにかしらのメリットがあるからではなく、ありのままの自分を受け入れてくれる人たちとの新たな出会いに目を向けるようにもなれたのです。

最後のセッションでブレイクはこう話してくれました。「顕在意識と潜在意識のバランスが取れたことが大きいと感じています。それまでは頭で考えてばかりでしたが、論理や言葉ではなく、感情を通して語りかけてくる潜在意識の声に耳を傾けることが大切だと気がつきました。これまでは不安に苛まれて自分を抑えつけていましたが、もうそんな必要はありません」

潜在意識の自己防衛モードから抜け出し、ありのままの自分で生きて行く心の準備はいいですか？　では、始めていきましょう。

PART 2

自分の生き方に責任を持つ

第3章 被害者モード：自分は無力だという錯覚

〝自分から被害者になることを選択する人はいない〟

まずは6つの自己防衛モードのひとつ〝被害者モード〟から見ていきましょう。これを克服することは、自己変革の基本である〝自己責任〟の鍵を手に入れることにつながります。

そもそも被害者として見られることを好む人はいないと思うので、あなたもこの章は自分には関係ないと感じたかもしれません。でも、被害者意識は誰もが心に秘めているだけでなく、なにより厄介なものでもあります。そこから目を背けるのは、空腹感や疲労感、痛みといった身体からのメッセージを無視するようなものです。無視すれば一時的には避けられるかもしれませんが、いずれはその代償を払うことになるでしょう。自分の被害者意識に向き合い、理解し、対処することは、あなたの自己変革の旅における重要なステップです。

被害者は、現実的な被害を受けている人と、自分を正当化するために被害者意識を持つ人の2つのタイプに分かれます。とはいえ、本人にとってはこの区別は重要ではないようです。最初のタイプ、つまり現実的な被害者は、他人からつらい思いをさせられたり、トラウマになるような出来事を経験したりした人です。たとえば、子どもの頃に性的虐待やいじめ、ネグレクトを経験した人がこのタイプです。ほかにも犯罪や深刻な事故の被害に遭った人、自然災害などで愛する人や家を失った人、そしてもちろん、人命を顧みない戦争や残忍な体制の犠牲になり、安全な場所を求めて必死に生きる何百万人もの難民の人たちも同様です。

もう一方のタイプの被害者は、アダムとイヴの物語にも見られます。蛇がイヴに知識の木の禁断の果実を食べるようにそそのかしたとき、イヴはアダムにも果実を分け与えました。神がふたりを問いただすと、アダムはイヴを咎め、そもそもイヴを創造した責任があるとして神をも責めました。そしてイヴも、自分はそそのかされたのだと蛇を非難しました。アダムもイヴも、自分たちの行動に責任を持とうとしなかったのです。それどころか自分を罪のない被害者とみなして、最終的にはエデンの園から追放されてしまいました。

この手の被害者意識は自分ではどうすることもできないと感じるような状況に陥ったときに引き起こされるので、自ら決めた限界の被害者と捉えることもできます。また、このタイプには多くの人が当てはまります。正直に振り返ってみてください。あなたもこの1週間のうちに何回かは、自分は被害者だと感じたことがありませんか？　私たちは日々、忙しさに追われ、やるべきことはどんどん溜まっていきます。そしてもう限界だという気分になると、すぐに自分の置かれた状況の被害者になってしまうのです。コーヒーショップで店員に嫌な接客態度を取られるといった小さな災難でさえ、どうして自分はこんな目に遭うのだという被害者意識を引き起こすきっかけになります。また、仕事や環境だけでなく、自分の両親や子どもたちに対してすら、被害者意識を感じることもあります。さらには自分自身の感情や身体でさえも、自分の思ったとおりにならないなら、人生に障害をもたらす加害者になり得るのです。

原因が現実的なものであろうとなかろうと、被害者意識を持ち続けることの問題は、最終的には負の連鎖を招くという点です。被害者意識の発端となった状況や相手と自分を切り離せずに引きずっていると、人生は望んだようにはならず、また傷ついたり失望させられたりするに違いないという固定観念から抜け出せなくなります。また、そんな弱い自分にも苛立ち、恥じるようになります。そして他人にも自分にも厳しくなり、やがて将来への希望を失って心を閉ざしてしまうことにもつながるのです。

ほかの自己防衛モードにも同じことが言えますが、被害者のマインドセットで人生に臨むと、最終的には自分の力や人生の目的を失うだけでなく、喜びを感じることもなくなってしまいます。

自分の被害者意識に気づくには？

自分の心の奥底にも被害者意識があるのかどうかは、自分自身ではなかなか判断がつかないかもしれません。そこで、被害者意識を秘めている人の典型的な特徴を詳しく見てみましょう。

・過去にとらわれている

つらい出来事や予期せぬアクシデントに見舞われたことは、ほとんどの人に経験があると思います。誰かに傷つくことを言われたり、侮辱されたり、裏切られたり、失望させられたりしたこともあるでしょう。相手の方はそんなことはすっかり忘れて前に進んでいても、傷つけられた方はその痛みに苦しみ続けているというケースはよくあります。そうなると、また同じようなことが起こるたびにかわいそうな自分に浸り、いま起きたことやそれまでに起きたすべての不当な扱いを思い出して「どうしていつも自分ばかりこんな目に遭うんだろう？」という疑問に対する答えを探すようになります。

パトリシアというクライアントは子どもの頃、両親から放っておかれていると感じていました。ワーカホリックの父親は娘を相手にせず、家にいても不機嫌なことが多かったそうです。母親は娘よりも友達と過ごすことが多く、コントラクトブリッジというカードゲームの研究に没頭していたようです。繊細なパトリシアは家族からのネグレクトや愛情不足に苦しんでいましたが、学校に通い始めると、良い成績を取ることこそが両親を喜ばせる確実な方法であることに気づきます。当然、彼女の自己肯定感は自分の成績と両親からの承認に大きく依存するようになりました。

やがて大人になったパトリシアは弁護士として輝かしいキャリアを築き、仕事仲間や友人たちからも慕われていました。でも、そんなパトリシアにも悩みはありました。留守電を残した友人からすぐに折り返しがなかったり、上司に報告書を認められなかったり、家の前で会った隣人に挨拶を返してもらえなかったりしただけで不安になってしまうのです。こうした出来事はパトリシアの被害者意識の引き金となって、彼女を孤独感や絶望の暗い穴に引きずり込もうとしました。さらに深刻だったのは、そんな出来事はただでさえ羞恥心や不安、憤りの入り混じった感情をもたらすのに、それに加えて被害者意識によって自己嫌悪にも陥り、過去を振り返っては自分は決して人から好かれないという考えにとらわれることでした。

すでに説明したように、過去、特に幼少期の記憶は私たちの潜在意識の参考書です。だからこそパトリシアのケースのように、大人の考え方ならあまり気にしないような些細なことでも被害者意識の引き金になり、自分を小さく無力に感じてしまうのです。もしあなたも同じだとしても、そんな未熟な反応をしてしまう自分を嫌いにならないでください。あなたの潜在意識はこうした出来事に対して、もっと大人な対応をする方法をまだ学んでいないのだと解釈しましょう。

・自分の不幸を正当化する

私のクライアントのひとりに、妹が年齢の話になると被害者のようにふるまうと話していた人がいます。妹は独身で、50歳を過ぎた女性は社会からは必然的に見えない存在にされてしまうのだと自分を納得させていると言います。友人たちはそんな彼女に、年齢による差別や偏見にばかりとらわれるのではなく、どれだけ自分は健康で美しいかに目を向けるべきだと諭していたそうです。でもそんなアドバイスもむなしく、彼女は徐々に反論するようになっていきました。私のクライアントは「妹は自分の考えが正しいということにあまりにも固執しているので、もしかしたら被害者ぶっている方が楽なのではないかと思うことさえあります」と話していました。

被害者意識に陥ると自分を正当化するようになり、自分自身を哀れむ権利があるとさえ感じます。自分には選択肢がない、いま不幸な状況に置かれているのは自分の責任ではないと、自分自身にも周りの人にも言い聞かせるのです。良識ある友人からネガティブすぎる考え方に異議を唱えられても、心の底ではもっともな意見だとわかっているのに素直に聞き入れることはできません。それどころか、怒りに任せて自分を擁護し、状況を改善するためにあらゆる手を尽くした、それでもうまくいかなかったのだと主張するのです。そうなってしまうと、もう改善の見込みはありません。この反抗心はかなり頑固で短絡的に思えるかもしれませんが、被害者意識を持つ人にとって自分の責任を認めるということは、ときに怖くて考えたくもないものなのです。

・自分の身体や感情も敵になる

不安や抑うつ、慢性的な身体疾患に悩まされて自由が利かないと感じている人は、逃げ場がないために特に苦労しています。

起業家として地元コミュニティに大きく貢献していたリンジーは、50代半ばで突然、不安とパニック障害に悩まされるようになりました。きっかけは、抜け毛が気になって有名な皮膚科医を訪ねたことでした。その医師はとても腕が良いと評判なものの、患者に対する思いやりに欠ける人だったようです。あなたはこの先も女性型脱毛症と付き合っていくしかないでしょう、と告げられたリンジーは、まるで死刑宣告を受けたような気分になったと言います。不安が押し寄せて目眩《めまい》を起こし、リンジーは気を失いそうになりました。これはまずいと手を伸ばすと、医師はリンジーを嫌悪しているかのように後ずさりしたそうです。この信頼できるはずの人からのサポートや共感の欠如は、彼女に深い影響を与えることになります。人から尊敬され、人間関係で主導権を握ることに慣れていたリンジーは、この数十年間で初めて拒絶され、孤独と無力を感じたのです。そしてこのときから、不安と向き合う彼女の旅が始まりました。

最初はオフィスで会議をしているときに、なんとなく落ち着かない感じがあったそうです。そこでリンジーが気づいたのは、同僚が彼女だけに向かって話したり、意見を押しつけてきたりするのに嫌気が差しているということでした。そんなときは閉塞感があり、とにかくその場から逃げ出したくなるのです。それから数ヶ月の間、リンジーは混雑している場所や人通りの多い道、食料品店などでも不快感や不安を覚えるようになりました。快適に感じられる場所がどんどん狭まるにつれて、彼女は旅行や週末の外出、車の運転さえも避けるようになっていったそうです。必死に解決策を探し求め、何人もの精神科医やセラピストに診てもらいましたが希望は見えてきませんでした。それからの4年間、リンジーは常につきまとう不安や突発的なパニックに対処しなければならず、やがて抗不安薬の助けを借りなければ日常生活もままならないというところまできてしまいました。薬に頼りたくはないと感じつつも、次第に自分にとってはそれが日々を乗り切るための唯一の選択肢のように思えてきたのです。

不安はリンジーを苦しめ続けました。朝、目が覚めた瞬間から、不安がまた襲ってくるのではないかと怯える日々を送っていたそうです。「こんな調子では生きていけません。一日中不安がつきまとうんです。少し落ち着いたと思うとすぐにまた不安が押し寄せてくるので、どうやって逃げたらいいのかもわかりません」。自分の感情に振り回されていると感じたリンジーは、不安が襲ってくるタイミングを予測し、それに耐えることに多くのエネルギーを集中させました。もはや楽しい一日を過ごすことなど最初から期待せず、不安という加害者がいつやってくるかと身構えるしかなかったのです。

リンジーは不安を怖れるあまり、自ら命を絶つことでその苦痛から逃れようと考えたこともありました。自殺だけが自ら実行できる選択肢に思えたのです。でもあるときを境に、彼女は不安から逃げずに自分の感情と向き合おうと決心しました。彼女が私を訪ねてきたのもちょうどその頃です。

・悪役を必要とするあまり加害者になってしまう

被害者意識を抱いている人が自分の主観、もっと言えば自分そのものを正当化するためには、加害者である悪役が必要です。そんな悪役を求めるあまり、正常な人間関係すら健全でないもの、不平等なもの、虐待的なものに歪めて、偏った見方をしてしまうことがよくあります。配偶者や子どもからの期待が重荷になって被害者意識が生まれることや、友人や家族、カウンセラーを悪役に仕立て上げてしまう人も珍しくありません。なぜなら、周りからの善意のアドバイスにも耳を貸さず、そんなことを言うなんて自分のことを理解していないし気にかけてもいない証拠だと決めつけてしまうからです。そして被害者意識が強くなると、すべての人の意見やあらゆる物事をネガティブに捉えて、自分は幸せになる運命にないのだと感じるようになります。

見方を変えれば、被害者意識を抱くことで自分に対してはより優しく、より思いやりが持てるようになるとも言えます。でも、誰でも一度や二度の経験があると思いますが、被害者意識を持つとかなり批判的になり、自己嫌悪に陥ったり、自分を卑下することで自らを痛めつけたりしてしまいがちです。被害者の視点から見ると、世界は白か黒か、善か悪か、強者か弱者（自分のような）かという両極端な分類がなされるのです。

ジェニーというクライアントは、10代の頃から対人関係に不安を抱いていました。学校での彼女は成績こそ良いものの、同級生に人気があるタイプではありませんでした。数人のクラスメイトからは根暗、壁の花などと執拗にからかわれていたそうです。彼女に好意的な生徒もいましたが、地味でおとなしいタイプの子たちばかりでした。ジェニーが20代から30代にかけて交際した男性たちは皆、情緒不安定だったり、彼女のまじめさと不安定さにつけこんだ遊び人だったりと散々でした。そんな男に裏切られるたびに、彼女の怒りと憤りは相手ではなく、自分自身に向けられました。彼女が毎日心の中で呟いていたのは、私は嫌われている。私はどこかおかしい。私には魅力がない。私は虐げられて当然だ。もし違う人間になれたらこんな目には遭わないのに。という言葉だったそうです。絶え間ない自己バッシングと人間不信が重なって、彼女は周りの人たちの視線や言葉を過剰に気にするようになりました。ジェニーがひどい扱いを受けるのは恋人からだけではありません。職場でも、出掛けた先でも、自宅の周辺でも、ある程度知った仲になると、誰もが自分を嫌うように思えるのです。ジェニーはいつも、自分はなにか悪いことをしたのだろうか？　それとも呪われているのだろうか？　と自問自答を繰り返していたそうです。

ジェニーはますます落ち込み、周囲から孤立していきました。自分に寄り添ってくれる数少ない友人さえ遠ざけてしまうこともありました。ジェニーはある日のセッションで、彼女を心配した友人からメールをもらったと話しました。あまり気分が良くないと返信すると、その友人は早く良くなることを願っているという簡潔なメッセージを送ってくれたそうです。ところが、ジェニーはこのメールを読んでさらに失望したと漏らしました。この友人が彼女のことをまったく気にかけていないことが証明されたと言うのです。ジェニーはすぐに友人のメールに返信して、そっけない返事にがっかりしたと伝えたそうです。自分にとって大切な存在だからメールしたのだと友人が返しても、ジェニーは苛立った文面で、あなたが大切なのは自分自身で、冷たい人だと思われたくないから簡潔にメールをよこしたのだと訴えました。その友人とメールをすることは、その日から徐々になくなっていったそうです。

ジェニーは私に、友人からのメールで傷つけられたので、それに対する謝罪が欲しかったのだと話しました。被害者意識が強いあまり、友人は善意でメールをくれただけだということも受け入れられなかったのです。聞けば、友人を非難してしまうことはよくあるのだと言います。「自分の言動に責任が持てないの。まるで私は人に嫌われる性格だと自分自身で証明しようとしていたみたい。何日もベッドの中で、友人たちからされたことや言われたことを反芻していました。友人たちにも腹が立ちますが、自分にはもっと腹が立ちます。私には欠陥があると思っているから、人からひどい扱いを受けても自動的に自分を責めてしまうんです」

経験のある方もいるかと思いますが、被害者意識に支配されているときは自滅的な自己矛盾に陥ってしまうものです。一方では、自分を傷つけたり軽蔑したりする相手に怒りをぶつけたい、突き放したいという衝動に駆られます。でも他方では、そもそも人から軽蔑されるのは自分に問題があるからだと自分自身を責めるのです。

被害者意識と自己防衛

被害者意識で人間関係につまずいた自分を恥じて、苛立ちを感じる人もいます。「わりと恵まれている方なのに、どうして自分を哀れむ必要があるのだろう？　もっと現状に感謝しないと」と自分を戒めれば、しばらくは心の被害者も鎮まるかもしれません。でも、自分の感情を否定したり、抑え込んだりするのは結果的に負の連鎖を招くことにもなります。私たちの潜在意識は傷つかずに生きるために自己防衛モードを備えていますが、そのひとつである被害者モードの防衛手段は多岐にわたります。

ダンというクライアントは20代後半の青年で、友人たちと集まればいつも上司か恋人の愚痴をこぼしていました。彼は日頃からその両者から過小評価されていると感じていて、少なくとも半年おきに職場も恋人も変えてきました。人からどう扱われるかを変えることはできなくても、上司や恋人に見切りをつけることで自分が優位に立った感覚が得られたそうです。でも、初めて仕事をクビになり恋人にも捨てられたとき、彼は被害者意識に支配され、意気消沈して引きこもるようになりました。心とプライドを傷つけられて、誰とも関わりたくないと思うようになったのです。数週間後、友人たちが彼のことを心配して、自宅の玄関先まで訪ねてきました。友人たちの姿を見たダンは泣き崩れ、自分がいかに不当な扱いを受けてきたか、事の詳細をすべて話しました。

友人たちはダンの話に耳を傾け、彼の置かれていた状況は確かにあまりいいとは言えないし、気の毒な経験をしたと思うと同情しました。そして仕事でも恋愛でも、これからもっといいことがあるよと励ましてくれたそうです。ところが、そんな友人たちの言葉も、ダンの被害者意識を助長することになってしまいます。彼は「この先もいいことなんてないさ」と言葉を返すと「みんな僕が本当はどんな人間かを理解していないんだ。僕はこれからもずっと孤独で、情熱を傾けられる仕事だって見つからないだろうな」とまた泣き出すのです。

友人のひとりがダンに気持ちを切り替えさせようと、去って行った人たちのことを考えるのはエネルギーの無駄だからきっぱりと忘れるべきだ、と言いました。でも残念ながら、それも火に油を注ぐだけでした。「自分が哀れな負け犬なのはわかってるんだ。僕はみんなほど強くもないし、かっこよくもない。みんなだって、そのうちこんな僕から離れて行くだろうよ」。その後、自己憐憫に浸るダンをできる限り支えようと、友人たちは慎重に彼と関わるようになりました。

それから2週間が過ぎても、ダンは就職活動はおろか、家から出ることもほとんどありませんでした。友人たちはますますダンを心配して、まずは生活を立て直すように勧めました。するとダンは怒り出してこう叫んだのです。「なんでそんなこと言われなきゃいけないんだ！　いろいろ試してきたけど、どうにもならなかったんだ。努力しても努力してもうまくいかないことがどれほど悔しいか、みんなにはわからないだろう？　もう放っておいてくれ」。友人たちはダンが話を聞く気も助けを求める気もないことを悟り、しばらく距離を置くことにしました。

あなたもこれまでに、感情のジェットコースターから降りられなくなった経験はありませんか？

被害者意識に支配されると猜疑心が過度に強くなるので、たとえ誰かに手を差し伸べられても責任を転嫁したり、非難したりして相手を遠ざけようとします。ダンやジェニーのように、私たちの潜在意識は他人からの偏見や軽視の兆候を見逃さず、それを大袈裟に受け取ることで突然の不意打ちを食らわないように身構えているのです。もちろん、これは現実に対してかなり歪んだ見方をしてしまうことにつながります。犬恐怖症の人にとっては小さなチワワでさえ獰猛な獣に見えるのと似ていて、被害者意識に支配されるとどんな相手も自分になんらかのかたちで危害を加えようとしているように感じてしまうのです。

また、被害者意識に支配された人は、自分と違う意見を持った人を怒りのままに攻撃する裁きと罰の検察官になることもあります。被害者から復讐者へと変貌するというのは『ドラゴン・タトゥーの女』や『テルマ&ルイーズ』、『キル・ビル』など、映画や小説の世界にもよく見られます。弱い者が悪を懲らしめるのは気分爽快ですよね？　革命や公民権運動なども、その多くは被害者意識を現状に対する怒りに変えた人々によって推進されてきたと言えます。

残念ながら、それが個人的なレベルであれ世界的なレベルであれ、被害者意識は前向きな変化を起こしたいという願望よりも、敵意や正義感、仕返しの必要性によって蜂起されることの方が多いのです。不幸の原因をつくった相手に仕返しをすることで被害者意識から逃れようとしても、被害者と加害者の破滅的なサイクルが続くだけです。弱い立場から他人を支配する立場に形勢逆転するパターンは、被害者意識に対処するうえで最も不健全な方法のひとつなのです。映画や小説の主人公と違って、被害者意識に支配された人のほとんどは相手に直接立ち向かおうとはしません。その代わり、溜め込んだ怒りやフラストレーションを罪のない傍観者にぶつけるか、被害者であることを免罪符にして不道徳なことも正当化し、目立たないやり方で仕返しをしようとします。経済的なプレッシャーや仕事上のストレスから飼い犬を蹴飛ばしたり、タクシー運転手を怒鳴りつけたりしている人を考えてみてください。離婚後に元夫の悪口を吹き込んで子どもたちが父親と距離を置くように仕向ける母親や、政府に不満があるからと脱税を正当化する市民も同じです。反抗する人の方が力強く見えるかもしれませんが、結局のところ、他人を傷つけても自分の傷が癒えるわけではないのです。

なぜ不幸な自分に執着するのか？

回避系のほかの2つの自己防衛モードである〝透明人間モード〟と〝先延ばし屋モード〟とは対照的に、被害者モードは安心感や安堵感が得られるものではありません。それどころか、被害者意識に陥っている間は過去の出来事に苦しみ続けます。それはこれまで受けてきた侮辱や感じてきた失望、騙された経験を記憶にしっかりと保持し、新たな人間関係で同じような状況に直面したときの参考資料にするためです。

問題なのは、不当な扱いを受けたと感じてそれが記憶に深く刻まれるたびに、その過去の傷に固執してしまい、前向きに生きることができなくなってしまうという点です。苦しんだのだから、怒ったり、落ち込んだり、前に進めなくなったりするのは当たり前だという考えにしがみつくことで、自分はなにも変わらないこと、極端に言えば子どもの状態からまったく成長しないことを正当化してしまうのです。

被害者タイプが不幸な自分に執着するのには、次の3つの目的があります。

(1)過去の傷を引きずっていれば、積極性や決断力、責任を持って生きることから逃げることができます。被害者意識に陥った人の心中では、責任を持つことは失敗したり他人から評価されたりするという本質的に大きなリスクがあるのです。

(2)不幸な自分のままでいることで、他人から同情やサポートを受けながらもあまり期待されずに済むという、優しい扱いを受ける権利のようなものを維持できます。被害者意識に支配された人は他人に自分のつらさを認めてもらうことを切望し、最終的には誰かが救いの手を差し伸べてくれることを願っています。自分が被害者であることをわかってくれない相手は悪者と認定して避けるようになります。自分のつらさを執拗にアピールしたり、他人のあら探しをしたり、八つ当たりをしたり、最後通告を突き付けて脅しをかけたりすることで、相手の気を引こうとする人もいます。このような行動を起こすことで、矛先を向けられた友人や家族が二次的な被害者となるケースも多くあります。

また、相手を意図的に振り回すことで間接的に怒りを示す人もいます。あるクライアントから、アルコール依存症ですぐにわめき散らす父親の被害者に見えていた母親が、実はわざとケンカになるように仕向けていたという話を聞いたことがあります。母親はその理由を、酔いが醒めてから父親が謝ってくるたびに、自分がまだ必要な存在であることが実感できるのだと話したそうです。その母親からしてみれば、完全に無視されるよりはどんなかたちであれ注目されたほうがいいのです。

(3)傷ついたまま相手を恨み、非難し、かわいそうな自分という殻の中に閉じこもっていたい最後の理由は、おそらく本人にとって最も受け入れ難いものです。被害者が立ち直ることを避けたがるのは、そうなれば相手が罪を免れると思い込んでいるからです。私のクライアントの中にも、変わりたくない、強くなりたくないと自ら認める人もいます。というのも、強くなってしまえば虐待やネグレクトをした親に、自分が子どもを立派に育てたのだと勘違いさせてしまうからです。ほかにも、自分を傷つけた相手がある日突然、罪の意識に苛まれ、悔い改めるのではないかという希望にしがみついていることに気づいたクライアントもいました。相手から一度も謝られたことがないため、彼らは借りが返されるまで過去の傷を癒すのを拒んでいたのです。同じように、パートナーに裏切られたり、捨てられたりしたクライアントの何人かは、自分が不幸になったのを知ることで相手が心を痛め、また戻ってきてくれるかもしれないという一心で過去の傷にしがみついていました。

このタイプのクライアントたちが被害者意識から脱却するためには、単純ながらも受け入れ難い真実に目を向ける必要がありました。それは状況が魔法のように好転するのを待つのは、自分の未来をそもそも自分のことを気にもかけてもいないような人たちの手に委ね続けるのと同じだということです。

被害者意識に陥ったままでは、自滅的な生き方を続けてしまうのは明らかです。自分はひどい扱いを受けた、人生は不公平だという思いや、また傷つけられたり、裏切られたりするに違いないという思い込みから前に進めなくなってしまうのです。最終的にはその思い込みが自己充足的予言〔訳注／思い込みが無意識のうちに態度や行動に反映され、結果的に現実になってしまう現象〕になり周囲から孤立してしまいます。

では、どうすれば心の傷を癒し、被害者意識からも脱却できるのでしょうか？

第4章
自己責任：過去を受け入れる鍵

〝可能な限り大きな存在になりたいのなら、自分を小さく感じさせている相手への執着を解く必要がある〟

被害者意識に陥っているときは、どうしても閉塞感を感じてしまうものです。子どもの頃に自分を虐待した親、クラスメイトたちの前で自分をバカにした教師、自分を裏切り失望させた元恋人のことを引きずったままでいたり、いまの仕事や経済状況、さらには自分の心などのせいで、前に進めないように感じたりもするでしょう。

自己変革に不可欠なステップのひとつは、過去の人間関係や出来事がきっかけで隠してしまった本来の自分の力を取り戻すことです。でも、一体どうやって取り戻せばいいのでしょうのか？　すでに説明した通り、本来の自分の力は過去のどこかの時点で隠してしまっただけで失われたわけではありません。そして潜在意識にとって過去は石に刻まれた記録でもありません。研究によると、記憶というのは思い出すたびに有機的に変化するようです。つまり、あなたが成長して変化するにつれて、あなたの過去も変化していくのです。

たとえば、私のハイスクール時代の友人のダンは、ドイツ語の教師からライティングをバカにされたことを何年も根に持っていました。卒業した後もしばらくは、恥をかかされたことを思い出す度に胃がきりきりと痛くなったそうです。でも、ダンの文章を書きたい、創造力を仕事に活かしたいという気持ちは消えてはいませんでした。それから20年後、彼はドイツで有名な作家になり、数々の賞を受賞しました。いまでは私たちがダンの鋭い批評家ぶりをからかうと、彼はただただ、あのときの教師への感謝の言葉を口にするのです。「あの先生に認められなかったからこそ、僕は自分の才能を信じて努力するようになったと思っているよ。あのときの経験がなければ、そこまで夢を追いかける闘志は湧いてこなかったかもしれないな」と。

私の友人は、知らず知らずのうちに〝自己責任〟の鍵を使って自分の力を取り戻したのです。自己責任とは、自分を傷つけた相手を擁護したり、自分にも責任があるのだと自分自身に言い聞かせたりすることではありません。自己責任とは、過去に自分の身に降りかかったことに対して誰が悪いとも考えないことです。その代わり、自分を縛っていた怒りや痛み、怖れ、羞恥心を手放すことから始めます。次は、相手からされたことがどんなことであれ、その経験をどう解釈し、どう対処するかを決めるのは常に自分だということを受け入れます。そうすることで人生を偶然の出来事の羅列としてではなく、自分の思考、感情、信念、行動の延長として捉えられるようになるのです。そして最後に、たとえ物事が思うようにいかないときも、自分の持てる力を最大限に発揮して生きて行くことを心に決めます。
これは言い換えれば、次の４つのことを自分自身に誓っているのです。

・人から軽視されていると決めつけるのをやめて、自分の幸せに全力を注ぐ。
・自分の思考、感情、信念、行動に責任を持つ。
・過去から学び成長することに目を向ける。
・責任を持ってこれからの人生をつくり上げる。

自己責任こそ、ありのままの自分で自由に生きるための鍵です。エレノア・ルーズベルトは〝自由であるためには、とても大きなものを要求されます。自由には責任が伴うのです。それは成長する気のない人、責任という重荷を背負いたくない人にとっては考えただけでも恐ろしいことでしょう〟と述べています。本来の自分の力を取り戻すために自由を手にするには、過去に根ざした固定観念を捨てて成長する必要があります。本当の意味でありのままの自分で生きるということは、成熟した思いやりのある大人になることであり、自分の人生のあらゆる面に責任を持つことなのです。

少し前に紹介したリンジーを思い出してください。彼女は不安を怖れていました。もともとは自信に溢れ、人生をコントロールできていた彼女にとって、予期せず襲ってくる不安やパニック発作はまるで自分自身の感情に振り回されているような感覚だったそうです。リンジーはそれ以前から、混雑した場所にいるときや仕事の会議中、飛行機での移動中などに不快感を覚えることがあったと話していました。やがて不安やパニックに襲われるようになると、その不快感をなんとか我慢するしかないと自分に言い聞かせていたそうです。でも、不安とパニックに日常を支配されるようになったときにはもう我慢するという選択肢はありませんでした。不安の引き金になる状況をできるだけ避けることで対処するしかなかったのです。ときには即効性のある抗不安薬を飲むこともあったようですが、眠気が出て意識もぼんやりとしてくるのであくまで緊急的な手段でした。

最初のセッションのとき、彼女は子どもの頃のつらい経験を話してくれました。リンジーの母親と父親は、彼女がまだ4歳のときに離婚したそうです。彼女の親権は父親が持つことになり、父方の祖父母と叔母と一緒に暮らすことになりました。たまに母親に会いに行くこともありましたが、そのときは無視されたり、ひどい言葉で罵られたりしたそうです。母親はほかの子どもたちの前で彼女のことを価値がないと罵倒したり、バカだと蔑んだりして楽しんでいるような人でした。傍から見れば、リンジーは父親と叔母、祖父母と暮らしている方が安心できるように思えたはずです。でも実際には、それは安心などとはほど遠い暮らしでした。彼女が5歳になった頃から、父親による性的虐待が始まったのです。それは何年にもわたって続き、逃げ出したくてもほかに行き場のない彼女はとにかく我慢するしかないと考えるようになりました。

リンジーは16歳になったときのことを鮮明に覚えていました。ようやく家を出て自分の人生を始められる年齢になったとき、彼女の心の声がこう言ったそうです。〝まだ世の中に出るには早いわ。確かにお父さんはひどいことをするけど、あと2年も耐えれば大学に行ってお金を稼げるようになるし、誰かに頼って生きる必要もなくなるわよ〟

虐待から解放されて明るい未来を手に入れるのを2年も我慢することは、リンジーにとってどれほどつらい決断だったかは想像に難くありません。でも、ひどい境遇によって鍛えられた強い意志と決意があったからこそ、彼女は決して諦めず、より良い人生へのビジョンを持ち続けることができたのです。

自分の感情を押し殺してストイックなまでに虐待に耐え続けるという戦略を取った彼女は、最終的には一見無傷のまま家を出ることができました。そしてもう二度と誰かに利用されることがないように、リンジーは成功して経済的に自立することを胸に誓って大学に進学しました。鋭い頭脳とクリエイティブな才能、強い意欲、揺るぎない意志の強さを持った彼女は、やがて出版社を設立して商業的に成功を収めるまでに至りました。これでようやく、幼い頃からずっと夢見てきた安全で快適な家庭を築くことができるようになったのです。

成功したリンジーは、自分が虐待とネグレクトの被害者であったことを振り返りはしませんでした。前へ前へと突き進み、高い目標を達成することに忙殺されていた彼女には、幼少期の心の傷に対処する時間も、その存在を認める余裕すらなかったのです。そんな彼女が根深く残る心の傷に気づいたのは、例の皮膚科医とのショッキングな出会いからでした。その医師の対応が引き金となって、信頼して頼った相手は自分を傷つけ、不当に扱うのだという幼少期からの潜在的な思い込みが蘇ったのです。そのとき、リンジーの中で5歳の頃から抑えつけてきた不安が首をもたげ〝我慢するしかない〟という意識は〝逃げよう〟へと変わりました。

それからの数年間はリンジーにとって、不安との闘いの日々でした。自分のアイデンティティであったはずの自信に満ち溢れたパワフルなビジネスウーマンに戻りたいという一心で、リンジーは日々を乗り切っていたそうです。でも、精神科医もカウンセラーも代替医療師も、そんな彼女を助けることはできませんでした。リンジーは最後の望みを懸けて私のオフィスを訪れたのですが、彼女はそのとき、過去を掘り起こすことへの抵抗を乗り越えたいと望んでいました。

リンジーは私とのセッションの中で、不安は必ずしも悪い感情ではないことを学びました。彼女は自分の感情に振り回されていると感じていましたが、不安という感情が彼女にしたことは、両親から受けた心の傷に気づかせることだけです。彼女が長年無視してきた潜在意識は、どこかで幼少期のトラウマをずっと引きずっていたのです。

私と一緒に問題に取り組み始めて、リンジーは自分が子どもの頃の記憶に蓋をしていたのは、無意識下でまだ父親にとらわれていると感じていたからだと気づきました。

それに気づいたとき、リンジーは絶望感を漂わせて私にこう言いました。「だから私は、自分自身から目を背けることで父の牢獄から逃げ出そうとしていたんですね。そんな自分を自由にする鍵はありますか？」

私は「もう両親を許す気になったのですか？」と尋ねました。

彼女は大きく息を吸いましたが、しばらく黙ったままでした。

私はそんな彼女に「大丈夫。許すというのはご両親を好きになることでも、すべて帳消しにすることでもありません。許すとは、過去から自分自身を解放して心を癒すことです」と説明しました。

あなたもリンジーのように、誰かに傷つけられたとしても相手のことを考えないようにすれば、いつかその傷は消えると思っていませんか？　それは一時的には有効かもしれませんが、結局のところ、請求書の支払いを先延ばしにしているようなものです。心の中の被害者はそう簡単には痛みを忘れません。悪者を忘却の彼方に葬り去ることには成功しても、受けた傷は潜在意識の深いレベルでは癒えていないのです。また、ほかの誰かがその傷口を開いて悪化させている可能性もあります。自分を傷つけた人たちから逃げることはできても、その痛みから逃れることはできないのです。

許すとは

相手を許すことで得られる癒しと自己責任がどう関係するのかという話に入る前に、許すための心の準備にはある程度の時間が必要になることを知っておいてください。あなたが誰かに傷つけられたり裏切られたりしたばかりで、まだショックを受けているのなら、相手を許すことをなにより先に考える必要などありません。そんなときはひとまず混乱を落ち着かせて、気持ちを整理したいと思うはずです。傷ついた心に寄り添い、ひとしきり悲しんだ後も、癒されるまでは時間が必要になるかもしれません。あまり早くから相手を許すことを考えてしまうのは、自分の心の傷を軽視することになります。

まだ相手を許そうという気になれない自分に、変にプレッシャーをかけないでください。あなたはなにも悪くありません。自分を苦しめたり、不当に扱ったりした相手を許すのが難しいことなのは誰もが知っています。でも、いつまでも相手を許せなければ、いずれ自分自身を傷つけてしまうことになるのです。そのとき、あなたの怒りは自分自身と過去、そして自分を傷つけた相手との間で、感情的な瞬間接着剤のように働きます。心の傷、不安、情けなさは重荷となってあなたの感情を消耗させて自信を奪い、なかなか前に進むことができなくなります。なぜ自分なのか、どうしてこんなことをされなければいけないのか、と自問自答を繰り返すことは、大切な時間やエネルギーを自分自身のためではなく、自分のことなど気にもかけていない相手に費やし、過去の傷口を再び開いているのと同じことです。

とはいえ、相手を許すこと、過去の出来事への執着を捨てること、前に進むことが最も賢明な選択だとわかってはいても、それを実行に移すのは難しいと感じるかもしれません。それはおそらく、どう許せばいいかわからないし、まだ許すことに対して疑問があるからです。まずは、そこから解決していきましょう。

許すとは相手を許すことなのか？

心は記憶や感情、信念、思考という水で満たされたコップのようなものだと考えてみましょう。子どもの頃はその水は清らかに澄んでいて、世界がまっすぐに見えたかもしれません。でも、周りから受けた傷によって心の水は濁り、周りを正しく見ることができなくなってしまったのです。この狭くなってしまった視野が被害者意識をつくり上げると、潜在意識は自分自身を守るためにある役割を担います。それは、これまでの人生で負ってきた心の傷や、受けてきた不当な扱いをすべて洗い出し、同じことが繰り返されないようにすべての人を加害者になり得る存在として認識することです。

コップの水にたとえるなら、濁りの原因である過去の泥を流して、新鮮で透明な水に入れ替えることができたら理想的です。でも残念ながら、被害者意識を抱いている人は大抵無駄であるにもかかわらず、その濁りの後始末をその原因をつくった相手がしてくれるのを期待しています。被害者意識に支配された人が相手を許したくない理由はすでに説明したように、リスクを避けたい、周りから同情してもらいたい、終わったことにされたくないという3つです。

相手を許さないのは、過去と綱引きをしているようなものです。しかも、相手はすでにロープを離して立ち去っているのに、自分はまだロープを握って謝罪を待っているようなものだと言えます。つまり、過去のつらい出来事に執着するあまり、自分の貴重な時間を無駄にしていることに気がつかないのです。

相手を許すということは、相手の非を容認することではありません。むしろ、許すことは本質的にはセルフケアの行為なのです。なぜなら、自分を傷つけた相手に向けていた時間やエネルギーを自分自身の癒しと成長に向けることになるからです。

許したらまた傷つくことにならないのか?

相手を無条件に許すなんてお人好しのすることで、自分が馬鹿を見るだけだと言う人もいるでしょう。それは、許すことは忘れることで、忘れてしまえばまた同じように傷ついたり、不当に扱われたり、裏切られたりを繰り返すことになると考えるからです。傷ついて相手に対する恨みや非難を抱えているときは、もう傷つかないようにと心を閉ざしてしまいがちです。でも自分を守るために心を閉ざしたままでいるのは、ありのままの自分ではダメなんだと自分に言い聞かせているのと同じです。実際は心を開いて自分の心の声に耳を傾けることで、どんな困難にも対処できるようになるのです。

相手を許すことは、自分自身に対する信頼を回復することにもつながります。そして自分自身をもっと信頼することを学べば、人を信頼するときにはなにが大切なのかがはっきりとわかるようになります。つまり相手を許すことで信頼できる人を見極める基準が得られ、その結果、相手との健全な境界線を引くことができるようになるのです。

相手を許すことで最も大きなものが得られるのは、その経験を教訓として受け止めるときです。そこから学ぶのは心の傷を忘れるためではありません。それを乗り越えて成長するために学ぶのです。

許すことは弱さの表れなのか？

マハトマ・ガンジーは〝弱者は決して赦すことができない。赦しは強さの表れである〟と説いています。インドを大英帝国から独立させるために非暴力的な手段のみで闘った苦難を考えれば、ガンジーの心にも報復や復讐が浮かんだこともあったかもしれません。でも、ガンジーは攻撃には攻撃で応えようとする衝動を抑え、平和的な市民抵抗だけでインドを解放するという決意を堅持しました。ガンジーだけでなく、マーティン・ルーサー・キング・ジュニアやローザ・パークス、ネルソン・マンデラといった面々も、相手を許すのは弱さの表れではなく強さと勇気を必要とすることであり、憎しみは傷を癒すことにはつながらないと説いています。

許すには聖人のような優しさが必要なのか？

あなたを傷つけた相手を許すのに、なにもマハトマ・ガンジーやマザー・テレサのような人になる必要はありません。それでも受けた傷の深さによっては、相手を許すにはヨギのような悟りを開いた心や、聖人のような清らかな心が必要だと感じるかもしれません。でも、自分は被害者だという考えを手放すことは、行き着くところ（良い意味で）利己的な行為なのです。それは、激怒するよりも穏かな気持ちでいたい、敵対し合うよりも平和でありたい、独善的であるよりも幸せでありたいという思いからの選択です。そしてその選択によって、あなたは被害者意識を心から追い出して自分を幸せにする責任を持つのです。

許しとは、過去の傷に向き合い、不健全で不平等な人間関係から自分を解き放つ癒しのプロセスです。その鍵となるのは、なによりも強い癒しの源である思いやりです。ダライ・ラマ14世は著書『ダライ・ラマ こころの育て方』（求龍堂）の中で〝愛と思いやりは必需品であり、贅沢品ではありません。それがなければ、人類は生き残ることができません〟と述べています。思いやりは私たちの感情に平等をもたらしてくれます。自分に苦痛を与えた相手にさえ思いやりを持てるようになったとき、私たちはもう無力ではありません。

誰かにひどい扱いをされたとしても、思いやりがあればそれは自分のせいではなく、その人が抱えている心の問題からきているのだと察することができます。心に思いやりがあれば、相手の苦悩を理解し、共感することだってできるかもしれません。マーティン・ルーサー・キング・ジュニアは著書『A Gift of Love』（未訳）の中で〝どんな悪人にも善いところはあり、どんな善人にも悪いところがあります。それに気づくと、敵への憎しみも薄れるのです〟と述べています。思いやりは心のバリアとなり、相手の許せない言動や、それに対する怒りや憤りから自分を守ってくれるのです。思いやりを持つことで自分が守られるという考えについては第6章で詳しく解説します。

これから紹介するのは相手を許すための瞑想です。この瞑想を行うことで、これまでの不健全な人間関係から教訓を得て、過去を乗り越えて成長することができます。

ひとまず、自分には相手を許せるような優しさや強さがあるのだろうかと悩むのはやめましょう。相手を許すのに自分が成長する必要はありません。許すことを通じて成長できるのです。

…………

心のエクササイズ

▼心のわだかまりを解くための瞑想

私はこれまで多くのクライアントをサポートしてきたので、心の痛みや怒り、仕返しをしたいという衝動、謝罪が欲しいという気持ちを水に流し、被害者意識を鎮めるのがどれほど難しいことなのか理解しています。でも、それを行った先には多くの見返りがあります。作家のマリアン・ウィリアムソンは〝許すことは簡単ではありません。ときには受けた傷の痛みよりも、それを与えた相手を許すことの方が苦痛に感じることもあります。それでも、許しがなければ平和はないのです〟と述べています。

許すという行為は抑うつや不安、怒りを軽減し、血圧やコレステロール値を下げ、免疫力を高めるという研究結果もありますが、それは許すことで得られる心の平穏によるものだと考えられます。

このエクササイズでは、わだかまりのある人間関係から段階的に自分を解放していきます。潜在意識に働きかけることで、過去や現在の特定の相手に対する感情を手放して、そこから卒業することができるのです。

すでに説明したように、私たちの潜在意識が理解する言語はイメージや感覚、感情から成っています。そのため、これから取り組む5つのステップにはポジティブなイメージを思い浮かべて臨むことが大切です。それでは、あまり深く考え込まずにオープンな気持ちで取り組んでください。

ステップ①　心の準備

最初のステップの目標は、あなたの心の中にいる被害者をこの解放のプロセスに参加させることです。あなたはこれまでにも、被害者意識を捨てて過去を忘れ去ろうとしたことがあるかもしれません。ところがそうした途端に「まだ謝られてもいないのに無罪放免にはできない」とか「きっと自分はどこかおかしいんだ。だから周りから邪険にされるんじゃないだろうか」というネガティブな考えが浮かんできた人もいると思います。

被害者意識に支配されているときは、潜在意識が自分を守ろうとするあまり、ほかの誰よりも先に自分自身を不安にさせたり気落ちさせたりすることがあります。潜在意識は相手を許したり執着を解いたりすることを、また傷つけられかねない危険な行為と解釈して強く抵抗するため、次々とネガティブな考えを浮かべて、できれば許すのをやめさせようとするのです。そうしたネガティブな心の声は無視するのではなく、ひとまず耳を傾けてみましょう。そのうえで、あなたが相手を許すことを決めた強い理由でその懸念をかき消せばいいのです。

では、現在、過去を問わず、あなたを傷つけた相手をひとり選んでください。このエクササイズを初めて行うときは、本当に深い傷を受けた相手やトラウマになるような人間関係を思い出すことには抵抗を感じるかもしれません。そこで、憤りを感じつつも、振り返ってもそこまで拒絶反応に襲われないような相手を選ぶようにしましょう。

相手を選んだら、その人に対してどんな感情が湧いてくるかに注目してください。たとえば、幼少期にあなたを執拗にからかっていた兄を選んだとしましょう。幼い頃の腹立たしい出来事を思い返しても、兄に対してはそれほどネガティブな感情はないことに気づくかもしれません。怒りや痛み、不安を感じないのなら、あなたの潜在意識はすでに癒されていて、その相手に対する執着から解放されている可能性があります。

また、高校時代に仲良くしていたのに、人気のある子たちとつるむためにあなたから離れて行った友人のことが頭に浮かんだとします。この友人の裏切りのことは何年も忘れていたかもしれませんが、いま、その人のイメージが頭に浮かんだということは、当時の感情的なもつれが解けていない証拠です。こうした相手こそ、許すのに最適な人と言えます。

▼心の中の被害者の声に耳を傾ける

許す相手が決まったら、あなたは傷つけられたときにどう感じたか、いまはその人のことをどう思っているかを書き出してください。痛み、苦悩、不安、悲しみ、恥ずかしさなど、その相手との関係から連想できることを挙げていきます。あなたの心の中の被害者が求めていることに注意を払い、不満や怒り、失望を言葉にしてください。

思い出すことで湧いてくるネガティブな感情に呑まれずに、その感情の源である被害者意識をあなたの中に存在するもうひとりの人格、心の中の被害者としてイメージしてください。傷ついたときの自分がいまも心の中に存在していると想像してもいいでしょう。心の中の被害者は、傷つけられた当時の年齢のままでいると捉えることもできるのです。

あなたの一部である心の中の被害者に対しては、思いやりと理解を持つべきです。同時に、それがあなたのすべてではないことも理解してください。先ほど説明したように、思いやりを持って接することで、相手の苦悩に巻き込まれることなくその苦しみや悩みを理解し、共感することができるようになります。今回の場合であれば、あなたの思いやりはあなたと心の中の被害者との間に健全な境界線をつくります。あなたは自分自身の一部が感じている痛みを知ることができますが、それ以上踏み込むことはありません。

▼被害者でいることで人生にどんな影響があるのか?

まずはなにより、傷つけられた相手に執着し続けるのは不健全だと自覚することが重要です。そのためには、潜在意識の自己防衛モードがこれまであなたにどれだけの犠牲を強いてきたかを考えてみましょう。たとえば、あなたは他人との衝突を避けようとするあまり、透明人間のように目立たない存在になり、自分を抑えつけてきたかもしれません。批判されることを怖れるあまり、自分には才能がないと言い聞かせ、自分の夢や願望を諦めてきたかもしれません。または、相手に気に入られるために太鼓持ちの役割に徹して、自分の欲求を蔑ろにしてきたかもしれません。

振り返って考えてみてください。相手はあなたを傷つけたことなどすっかり忘れているのに、あなたはその人にされたことを幾度となく蒸し返しては、多くの時間とエネルギーを失ってはいませんか? 心の中の被害者が誰も信用しないせいで、人付き合いが難しくなってはいませんか? 悪い意味で注目を集めてしまうのを怖れて、無難な生き方に甘んじてはいませんか? 相手が悪いのに、自分を責めてしまうことはありませんか?

被害者意識があなたの人生にもたらしたネガティブな影響を、できれば文章にして棚卸ししてみましょう。

▼相手を許した先にはどんな未来が待っているのか？

自己変革の最大の動機となるのは、その先にあるメリットです。相手を許して不健全な人間関係から解放されると、どんな良い結果が得られるのでしょうか？　相手を許すことの利点を見つけるために、執着を解いたときにはどんな心境の変化があるのか想像してみてください。相手を許すことで得られるポジティブな結果を想像して、あなたが前向きになればなるほど、心の中の被害者の反発は少なくなります。心のわだかまりを解くメリットを考えることは、心の中の被害者が視野を広げられるように窓を取りつけるようなものなのです。

ステップ②　ステージ設定

目を閉じて深呼吸をしたら、いまここにいる自分は安全であることを自分に言い聞かせてください。頭の中でどんなことが起ころうと、目を開けるだけでいつでもいまこの瞬間に戻ることができます。次に、美しい劇場のバルコニー席にひとりで座っている自分を想像してください。とても座り心地の良い椅子に腰掛けたあなたは、期待に胸を膨らませながら明るく照らされたステージを見下ろしています。では、その想像のステージに、あなたが許し、心のわだかまりを解くことにした相手を登場させてください。あなたが初めて会ったときのその人の姿が思い浮かぶか、いまのその人の姿が思い浮かぶかにも注目してみましょう。バルコニーにいるあなたの目から見ると、その人はあなたの記憶のなかよりも小さく見え、もう脅威でなくなっているかもしれません。あなたはいま、どう感じていますか？　怒りや不安、心の痛みを感じますか？　それとも、比較的ニュートラルな気持ちで、もうどうでもいいとさえ感じますか？想像のステージにその人を思い浮かべたら、また目を開けてください。

ステップ③　教訓と気づき

進化の歴史に目を向けると、すべての生命の目的は単に生き残ることではなく、成長し、経験から学んでより良い自分になることだと気がつきます。そうした観点から考えたとき、被害者と加害者という関係性をよりポジティブに捉える視点があります。それは、私たちは皆がお互いにとって生徒であり教師であるという考え方です。どんな人間関係であろうと、考え方ひとつで学びと成長の機会と捉えられるのです。

それを踏まえて、自分に問いかけてみてください。「私はステージに上げたこの人からなにを学んだのか？　まだ学べることはあるのか？」と。嫌な相手を教師と考えるのは、最初は少し難しいかもしれません。その人から親切にしてもらったり、サポートしてもらったりしたことなないかもしれませんし、その人自身、特に自立した人間というわけでもないかもしれません。では、そんな相手からなにを学べるのでしょうか？　実は、自分を最も深く傷つけた人からは、最も多くを学べることがあるのです。よく引用されるこんな格言もあります。〝他人の失敗から学びなさい。あなたはすべての失敗ができるほど長くは生きられないのだから〟。ここでは、ステージに上げた人との関係性から、自分自身について、そして相手について知るためのいくつかの質問を紹介します。

▼なぜ自分はこの人が嫌いなのか？

これは受け入れ難いことかもしれませんが、他人の偏見を真に受けるのはそれがある程度は正しいと自分でも感じている証拠なのです。例を挙げてみましょう。あなたが身長180センチで体重113キロの大男だったとしたら、もし誰かに「チビ」と言われても、それを侮辱ではなく冗談として受け取るはずです。では、あなたは嘘が嫌いで、誠実さこそ自分にとって一番大切なことだと考えているとします。そんなあなたがもし、誰かに嘘つき呼ばわりされたらどうでしょう。自分の誠実さに自信があれば、そんな非難も軽くあしらうことができるはずです。でも、まだ自分は十分でないと感じているとしたら、他人からの批判的な発言を真に受けやすくなるのです。

私は20代の頃、自分には誰も頼れる相手がいないと思い込んでいました。人は大抵利己的で他人をサポートすることには無関心だから、というのがその当時の私の考えです。もちろん、こんな殺伐とした人間観になったのも、幼少期に原因があったからです。でも、希望が見えず失望していたのも、そもそもそんな考え方をしていたからです。いま思えば、そんな考え方は他人に対しても自分自身に対しても失礼でした。同僚や友人、家族のほとんどが自分に対してベストを尽くしてくれているというのに、私は感謝できていませんでした。それどころか、誰もが私の期待を裏切り、誰も信用できないという考えがいつか証明されることを心のどこかで期待していたのです。

これから許そうとしている相手にされたことを振り返ってみたとき、その痛みはあなたがもともと持っていた心の傷や固定観念と関連していませんか？　自分には欠陥があるとか、人と違うとか、言いたいことを言う権利がないとか、そのような思い込みがあると、他人の言動で傷つきやすくなります。

ステージの上の相手だけが悪いのではなく、自分の思い込みによるところもあったかもしれない、という視点は心のわだかまりを解いてくれます。そして、それによってケリをつけるべきもっと以前の人間関係が見えてくるかもしれません。

▼他人との境界線はしっかりと引くべきなのか？

この質問に対する答えは明らかに「イエス」だと思う人は多いかもしれません。でも、境界線の必要性はまだ考える余地があります。これまで人からどんな接し方をされてきたかを振り返ると、他人との境界線をしっかり引くことの大切さを学ぶことができます。

私たちの記憶や感情、考え方などは、潜在意識のフィルターとなって現実を歪めてしまうことはすでに説明しました。たとえば、あなたは自分の体重を過剰に気にしていて、自己肯定感の低さにも悩んでいたとします。その結果、他人には太っていることをはっきりと指摘してしまったり、自己肯定感の高さを傲慢だと非難してしまったりするかもしれません。先ほども触れたように、この潜在意識のフィルターは被害者意識や偏見の原因になるのです。

もちろん、その逆もまた然りで、あなたを傷つけた相手の言葉や判断はその人の潜在意識のフィルターに基づくものです。つまり、その人の言動は、その人自身について多くを語っているのです。だからこそ、他人の意見は良いものであれ悪いものであれ、個人的に受け取ってはいけません。この概念については、本書の後半でさらに詳しく解説します。

▼その人との関係ではどんな長所を発揮できたか？

被害者の視点に立ってしまった人は、自分自身を強くもなく前向きでもない人間だと認識しがちです。でも、そこから再起する力はどうでしょうか？　あなたが諦めずに、いまこうして自己変革に取り組んでいるという事実だけでも、まだ心が折れていないことを証明しています。傷つけられた相手からネガティブな感情をもらってしまうこともあるでしょう。深く傷ついているときには他人を傷つけてしまうこともあると思います。人は自分よりさらに弱く見える相手に怒りやフラストレーションをぶつけてしまうものです。あなたも追い込まれたと感じたとき、身近な人に心無い言葉をぶつけてしまったことがあるかもしれません。でも、傷ついた心を癒して自分の成長に責任を持とうとするのは、善悪の価値観や人に対する思いやり、そして根本的な善良さが損なわれていないことの表れです。そうでなければ、あなたはすでにこの章を飛ばしていたはずです。だから、たとえ他人から無視されようが、弱くて価値のない人間だというレッテルを貼られようが、自分の内なる強さを受け入れていきましょう。

ステージの相手との対人関係からは、自分が他人からどう扱われたいか、他人にはどう接していきたいかが見えてきます。

拒絶、無視、虐待、裏切り、軽視――これらは一例に過ぎませんが、あなたも人からされたことがあるはずです。その出来事を何度も思い返したこともあるのではないでしょうか。あなたの心の中の被害者にとっては、そんなネガティブなことをくよくよ考えているのも慣れ親しんだ時間であり、不思議と心地よさすら感じるかもしれません。とはいえ、この人間関係の不健全なパターンを変えるためには、心の中の被害者に新しい視点を与えて、あなたが本当に人からされたいことに目を向ける必要があります。

ステージの相手があなたをどんな風に扱っていたかを表している言葉を探してみてください。その反対の意味を持つ言葉は、あなたが他人からどんな扱いを受けたいかの基準になります。被害者意識を手放して自分の生き方に責任を持つということは、あなた自身が周りの人たちにとって理想的な友人、親、配偶者、同僚、上司になる努力をするということです。

あなたはすでに、自分がされたようなことを他人にはしないと誓っているかもしれません。そうすることで人にはより寛容に、注意深く、思いやりを持って接することができるでしょう。とはいえ、人生で最も重要な人間関係は疎かになりがちです。それは、自分自身との関係です。考えてみてください。他人から受けた傷を癒し、心の隙間を埋めるためにはどう自分をサポートするべきでしょうか？　どうすれば自信や自己肯定感を回復させることができるでしょうか？　もしわからなかったとしても心配はいりません。どうすれば自分にもっと優しくなれるか、自分をもっとサポートできるかということに関しては、あまり考えたことがない人がほとんどです。でも、あなたはいま正しい道を歩んでいます。本書を読み進めていくうちにたくさんの気づきを得て、自分という人間の本質を深く理解できるようになるでしょう。そして自分自身を大切にすることを学べば、自然と自分のニーズや願望に気づき、それを満たす方法を見つけることができるようになります。

▼ステージの相手はあなたとの関係からなにかを学んだのか？

あなたとステージの相手は、人間性も大きく異なると考えるのがおそらく妥当でしょう。もしかしたら、その人はあなたからなにかを学んだのかもしれません。あなたが傷ついたという事実は、その人が自分の行動を反省し、他人には誠意と優しさを持って接するきっかけになったかもしれません。

相手が生徒としては優秀で、あなたとの関係から多くを学んでいたにせよ、あなたが傷ついたことなど気にも留めていなかったにせよ、それはあなたの責任ではありませんし、どうすることもできません。大切なのは、あなたは相手にも学びや成長の機会を与えていたという事実です。

相手からも学びを得たいま、あなたは心のわだかまりを解く準備が整いました。

ステップ④　許すことで自由を得る

あなたを過去に縛り付けているのは感情的な執着だけではなく、相手から植えつけられたネガティブな感情や考え方です。

詳しく説明しましょう。あなたを守るために、潜在意識（ここでは心の中の被害者）はたとえ相手が感情を表に出さなくても敏感に察します。そして相手のネガティブな言動をすべて真に受けて、スポンジのように吸収してしまうのです。あなたに対する相手の批判的で歪んだ認識は、多くの場合、その人自身が抱える問題に根ざしています。

このステップでは、植えつけられたネガティブな感情や考え方をすべて捨て去り、本来の自分を取り戻していきます。

では目を閉じて、もう一度バルコニー席からステージの相手を見下ろしているところを想像してください。あなたは最初にこのシーンを思い浮かべたときよりも、もう相手に対する感情も執着も薄れてきていることに気づくはずです。ここで深呼吸をして、次のことを自分に宣言してください。

- **この人から投げかけられたネガティブな言葉は真に受けない。**
- **自分自身の成長から遠ざかることはしない。**

・この人に対して溜め込んだ負の感情に執着しない。
・この人からの謝罪や償いを期待しない。
・この人に対する怒りや恨みの感情を捨てる。

これから、あなたと相手の両者をあなたの心の傷から切り離します。これは過去の出来事にとらわれることよりも、心の自由を選ぶことを意味します。相手に過去のことを償わせたいという自滅的な欲求よりも、許しを選びましょう。

では、あなたがその経験から得たもの、学んだこと、そしてわだかまりを解く前に言っておきたいことをすべて、心の中で相手に伝えてください。そして心の準備ができたら、声に出すか、心の中で「あなたを許します」と3回宣言します。

宣言するときは、あなたの心からステージに向かって許しと思いやりのエネルギーを送っているのを思い描いてください。あなたの心から発せられるエネルギーがステージの相手を包み込み、浸透していくのをイメージしてみましょう。そして、あなたがその人に植えつけられたネガティブな感情もすべてその中に流し込んでください。

すべて流し切ったと感じたら深呼吸をします。次は、この許しと思いやりのエネルギーの中に、あなたがこれまで感じてきた怒りや恨み、痛み、不安、罪悪感、羞恥心などの感情をすべて流し込んでいきます。相手からの謝罪や償いに対する期待や、習慣になってしまった自己批判や自己嫌悪もここで流してしまいましょう。ステージの相手とあなたを結びつけていた負のエネルギーを完全に手放すことを意識してください。

相手に対する負のエネルギーをすべて解放することで、あなたの中にこれまでに奪われてしまった本来の自分の力を満たすためのスペースが空きます。もう一度深く息を吸い込んだら、すべての力を取り戻していきましょう。その力は、あなたに向かって押し寄せてくるエネルギーの波のようにイメージしてください。

エネルギーを吸収するにつれて、あなたの存在全体が軽くなるのを感じるかもしれません。同時に、ステージの相手はどんどん小さくなっていくように見えます。あなたは自分のものではないエネルギーや感情を手放す代わりに、本来の自分の力を取り戻しています。

もう一度「あなたを許します」と繰り返しながら、ステージの相手があなたの許しと思いやりのエネルギーにどんどん包まれていくのをイメージしてください。ある時点で、その人は光のシルエットだけになり、あなたがその人に返した負のエネルギーは跡形もなくなっています。これはあなたの潜在意識からのサインであり、心のわだかまりがすっかり消えて、この相手との関係を終わらせるための最後のステップに進む準備ができたことを意味します。

ステップ⑤　解放

ステージの相手とあなたは、目に見えないエネルギーでつながっています。あなたはこれまで、その人のことを考えるたびに息苦しさや胸の痛み、胃の圧迫感を感じていたかもしれません。そのエネルギーのつながりを、自分の身体に結びつけられた執着の鎖のように想像してみてください。あなたとステージの相手との関係性は白紙に戻ったのですから、その鎖も断ち切るときです。

もう一度「あなたを許します」と宣言してから、そのエネルギーのつながりを解き、相手から解放されるのを思い描いてください。

すべての執着が断ち切られたら、許した相手がステージから去り、あなたとはまったくべつの自分の道を歩んでいくのが見えます。

ここで、しばらくいまの解放感に浸ってみましょう。深呼吸をしてリラックスし、心が癒されていくのを感じてください。あなたは潜在意識に、被害者意識を解除するように明確な指示を与えました。いまのあなたには本来の自分を探求し、表現するための自由と余裕があります。

それでは、深呼吸をして目を開いてください。これでこの瞑想は終了です。

…………

まとめ

この瞑想を一連の流れで行うのに苦労したり、どこか不完全だと感じたりすることもあるかもしれません。もちろん、そんなときは何度でも各ステップを繰り返して構いません。

因縁の相手から完全に解放されたと確信したら、2通の手紙を書くことで癒しの効果を深めることができます。最初の手紙は、あなたが許した相手に宛てるものです。あなたが得た学びや気づきを要約して、痛みや怒りを思いやりや自信、心の平穏に置き換えることにした理由を書いてください。あなたはもう相手に謝ってもらいたいという気持ちも手放したのですから、実際に手紙を送る必要はありません。でも、あなたの心の中の被害者にとっては、この手紙は被害者と加害者という関係からの卒業を意味するものなのです。

2通目の手紙は、あなたが許した相手の声で、あなた自身に宛てて書きます。この手紙では、相手の口から聞きたかったけれど聞けなかったことをすべて書き出してください。それは心からの謝罪でも、なぜあなたをもっと評価し、もっと真摯に向き合えなかったのかの弁解でも、その人自身が抱えていたであろう問題についての考察でも構いません。あなたは謝罪を求めることを放棄したばかりですが、償いの言葉を聞ければ心の中の被害者は癒されるのです。

もっとも、相手からの手紙を自分で書くなんて、ただの誤魔化しのように感じるかもしれません。でもすでに説明したように、潜在意識にとってはなにが現実でなにが想像かは関係ないのです。潜在意識は私たちが考えたり感じたりしたこともそのまま現実のように受け取ります。そこで、手紙はそれがこの瞑想の最後の仕上げになるということを念頭に置いて書くようにしましょう。

よくある質問

私はこれまでにこの瞑想で数え切れないほどのクライアントをサポートしてきました。その中でよく挙がった質問とそれに対する回答をいくつか紹介しておきます。

Q：どうしても相手を許せない場合はどうすればいいのでしょうか?

A：わだかまりを解くことが難しいと感じる相手もいると思います。その難しさというのは、あなたが相手からもっと学ぶべきことがあるか、または何年もかけて蓄積した負の感情をすべて捨てる心の準備がまだできていないことを意味しているのかもしれません。いずれにせよ、その相手があなたにどんな教訓をもたらしたかをじっくり考えてみてください。そして、あなたの目的は相手の過ちを正すことでも、償わせることでもないことを思い出してください。あなたの目的は自由になることであり、より良い人生を送るために成長することなのです。

Q：許した相手がいまも関わりのある人の場合、その後どう接していけばいいのでしょうか？

A：これは最も多く相談される心配事のひとつです。わだかまりを解いたからといって、金輪際その相手との交流を絶たなければならないわけではないことは覚えておいてください。もちろん、あなたが許した相手の中にはすでに縁が切れていて、もう付き合う必要のない人もいるでしょう。そうした対人関係は過去に置き去りにできます。でも、相手が配偶者や両親、現在の上司などの場合、わだかまりを解いたとしてもその後の接し方に悩むのは当然です。たとえば、自分の両親を許したとしましょう。その後もなにかきっかけがあれば、またすぐに被害者意識が戻ってしまうのでしょうか？

私自身も、かつて父に対するわだかまりを解いたとき、次に会ったらどんな心境になるのだろうかと考えました。そして実際に父に会う前に心の準備をすることにしました。でも驚いたことに、父から頭にくることを言われたとき、進路選択に反対されたとき、将来を悲観されたとき、運転に文句をつけられたときのことを思い出しても、失望や怒りなどが入り混じったおなじみの気分にはならなかったのです。代わりに、清々しいほどのレベルでもはやどうでもいいと感じました。

そして私はこの瞑想の中で父について考えたことを思い出しました。私は父がどれほど不安と怖れを心に抱いていたかを想像していたのです。6歳のときに父親を亡くし、第二次世界大戦で戦い、そして捕虜となった経験がきっと父を自己防衛モードに閉じ込めていたのだろう、と。思いやりというレンズを通して見れば、父が求めていたのは平穏であり家族から愛されているという実感だったことがわかります。私が決めたことにいつも疑問を投げかけたのは、自分が正しいと思っていたからではありません。父はただ、私の反論を聞いて安心したかっただけなのです。私の運転に文句をつけたのも、運転技術がどうこうということではなく、相手を信頼して命を預けることの意味を知っている父の気持ちを反映したものでした。

確かに、父の家族への接し方は模範的なものではありませんでした。でも、私は許すことで父と健全な距離を保つことができるようになりました。そしてそれからは、父を身近に感じられるようにもなったのです。私はもう父の言動を主観で解釈することはなくなりました。その代わり、欠点も含めてありのままの父を愛し、感謝することができるようになったのです。

あなたも許した相手との間に同じような変化が起こることでしょう。被害者意識から学び、それを超えて成長したあなたはもう相手のネガティブな言葉を真に受けたり、自分に責任を感じたりすることもないはずです。これからは明確な境界線を引いたり、不当な扱いには反発したり、自分の方から離れたりすることが簡単にできるようになります。そして、かつての私と同じように、あなたもわだかまりを解いた相手に対して心を開いて柔軟に接し、思いやりを持って相手の短所を受け入れられるかもしれません。

Q：このプロセスは自分自身を許すためにも使えますか？

A：もちろんです。すでに説明したように、自己嫌悪や自責の念を感じることは被害者意識のよくある反応です。あなたも「もっとこうしておけばよかった」、「自分は人より劣っている」、「人からつらく当たられるのは自分になにかしら問題があるからだ」というような自己批判を繰り返しているかもしれません。そんなときは、そうした感情が芽生えた頃の自分自身をステージの上に思い描いてみてください。そしてステージの上の自分に、あなたは過去に縛られていた自己否定的な感情をすべて手放す選択をしたことを伝えます。

その後、次の質問を自分に問いかけてください。

・当時の自分の行動からなにを学ぶことができるか？
・その行動は最善のものだったのか？
・また同じような状況になったとき、いまの自分ならどう対応するのか？

これらの質問に答えたら、あなたの心から思いやりと許しのエネルギーをステージの自分に注ぎ、いままで抱えてきた自己嫌悪や自責の念をすべて溶かして解放します。感情的な重荷が分解して、当時の自分の身体から煙のように放出されていくのをイメージしてください。その煙はどんどん浄化され、軽く、純粋なものに戻っていきます。ここで、その煙をそっと自分の心の中に取り込み、いまの自分に統合してみましょう。こうすることで、かつての自分がどんな人間であったかを心から受け入れ、理解したことを潜在意識に伝えることができます。

Q：自分はいまの社会の犠牲者になっていると感じています。このプロセスで世の中に対する不満を捨てることができますか？

A：ひとことで言ってしまえば、それはできません。雨に濡れたことを雨雲のせいにしたり、空を飛べないことを重力のせいにしたり、この世に生を享けたことを両親のせいにしたりできないのと同じように、人生において遭遇する苦難を世の中や神のせいにするのは無駄なことです。誤解しないでいただきたいのは、私はかなりスピリチュアルな考え方を持っていますし、人生をただの偶然の出来事の連続だとは思っていません。でもどんなに努力しても、人生で直面するあらゆる状況をコントロールすることなど不可能だと思っています。私たちにできるのは、自分に起きたことに対する選択です。あなたがこれまで、そうした人生の困難に対して自分に苛立ちや恥ずかしさを感じるような選択をしてきたとしたら、いまこそそんな自分自身を許すべきタイミングなのかもしれません。

自分の力ではどうにもならない状況にどう対応するか、そんな問題に対してエイミー・コープランドは真のインスピレーションを与えてくれます。ジョージア州スネルヴィルに住む24歳の学生エイミーは、夏のある暑い日に友人たちとジップライン〔訳注／ワイヤーロープなどにベルトハーネスを固定して滑走するアスレチック〕をしに出かけました。ところが、楽しいはずのレジャーから一転、エイミーはロープが切れて転落し、その際に負った傷口から人食いバクテリアに感染してしまったのです。一命は取り留めたものの、彼女は両手両足を失いました。まさに悲劇としか言いようのない出来事です。でも、エイミーはその後のインタビューで、この出来事をきっかけに自分の人生はより有意義で貴重なものになったと語っています。「それまで当たり前だと思っていた命の美しさに気づかされました。すべてのものが以前よりもいい香りに感じられ、目に映る色彩もより鮮やかになりました。私は障害者になったのではなく、人と違った感性を持ったのです」。被害者になるか、現実の創造者になるかは自分次第なのです。

自己責任を持つことは、自己変革への大きな一歩です。リンジーの話に戻りますが、彼女が両親を許したとき、それまで心の中に感じていた大きな重荷がすっと消えていくのが感じられたそうです。それからは父親から虐待される悪夢にうなされることもなくなり、過去とは決別できたかのように思えました。ところが、不安や困難から逃げ出したいという衝動との闘いはまだ続いていました。職場で忙しく働くよりも、安心できる家に引きこもっていたいという気持ちは変わらなかったのです。でも、潜在意識の透明人間モードに対処したことで、リンジーの中ですべてが変わりました。次は、その透明人間モードについて詳しく解説していきます。

第5章
透明人間モード：なるべく目立たないように生きてしまう

〝あなたの中にあるすべての許されざるものが解かれますように。あなたの怖れがなによりも深い静けさをもたらしますように。あなたの中にあるすべての空疎なものが、愛に祝福された未来で花開きますように。

――ジョン・オドノヒュー〟

あなたが自分の存在を消しているような生き方をしているとしたら、普段の平日の朝はこんな感じでしょうか――目が覚めた途端、不安に襲われる。暖かいベッドから出て身支度をするのがもう億劫に思えてきた。オフィスに行って同僚や顧客と接しなければならないと思うだけで、なんとなく憂鬱な気分になる。

配偶者や子どもたちとの会話は最小限に、なにか頼まれる前にさっさと家を出る。そして通勤電車に揺られていると、周囲の音がやけに気になって落ち着かなくなってくる。気を紛らわすために仕事のことを考えても、昇進も昇給もないまま何年も同じ仕事をしているのだと思うとなにもかもが嫌になってくる。表舞台に立つことを避けて仕事をするのが自分にとって理想的な生き方ではあるものの、周りからバカにされたり陰口を言われたりしていないか、仕事の成果が芳しくないことを上司に気づかれて異動させられやしないかと心配は尽きない。いつも不安がつきまとい、自分は孤独で誰からも理解されない、人生を好転させることなどできないと感じている。

いつものように静かに仕事に打ち込み、職場の人間関係に波風を立てないように立ち回る。同僚がやりたくない仕事を押し付けてきても、ただ黙って愛想笑いで頷くだけ。お昼になり、みんながランチに出かけている間はパソコンの前でひとりサンドイッチを頬張る。自分にとっては、人から気を遣われない方が楽なのだ。

仕事を終えて家に帰る。家族が寝静まってからがようやくリラックスできる時間だ。大抵はテレビを見たり、ゲームをプレイしたりして至福のひとときを過ごしている。ゲームの世界では誰かになりきって悪を滅ぼしたり、モンスターを討伐したりして自分の真の力を発揮することができる。画面の向こうに没頭しているときの自分は、現実よりも生き生きとしている。そんな楽しい仮想世界からはなかなか抜け出すことができず、ベッドに入るのはいつも真夜中過ぎになってしまう。翌朝、目覚ましのアラームで夢から引き離されると、なんの変化も望めないまま、また同じ一日を繰り返している。

自分の存在を消す

透明人間モードは、周りからの注目や評価、非難はなんとしてでも避けなければならないという固定観念によって引き起こされます。自分は人と違うので周りに馴染めないと思い込んでいるので、ひとりでいることが安心で快適に感じます。でもその一方で、心の奥底ではなによりも愛や人とのつながり、所属感を渇望しています。

広場恐怖症や社交不安障害などはその極端な例と言えます。透明人間モードに完全に支配されると、社会にいるだけで恐ろしく、気が滅入るようになります。そうなると、心の中の保護者（透明人間モードを動かしている潜在意識）は周りから傷つけられずに日々をやり過ごすためだけに、自分の存在感を薄れさせていきます。透明人間から抜け出せなくなっている人のほとんどは、誰かの助けを必要としているにもかかわらず、他人への不信感から孤独な戦いを続け、沈黙の中で苦しんでいます。

とはいえ、透明人間モードで生きている人が必ずしも苦労しているわけではありません。周りから注目されるのを避けている人たちの多くは、コンフォートゾーン〔訳注／慣れ親しんでいてストレスや不安を感じずに過ごせる心理的な安全領域〕の中にいられる限り、自分の人生にそれなりに満足していると感じています。コンフォートゾーンの問題点はその範囲がどんどん狭くなりがちだということで、私もクライアントから自分の世界が年々狭くなっているように感じるという悩みをよく聞きます。でも、彼らはどんなに狭い世界で生きることになったとしても、ある程度予測可能で安心できる毎日を送ることが自分にとっては最善なのだと思い込み、縮小版の人生に落ち着き続けているのです。

生きとし生けるものは皆、成長と拡大を目指しています。自分の生き方をなるべく小さく、できるだけ安全に保つというのは生物としての本能を抑えつけることになるので、意欲の低下や抑うつに悩まされることにもなりかねません。

意外にも、透明人間は外向的で自信に溢れ、自分はリスクを怖れない大胆な性格だと自負している人にもよく見られます。たとえば、思い通りの人生を歩んでいるような成功者でも、いまの立場にいることが心地良いと感じている反面、常に最高のパフォーマンスを発揮してライバルと競争するのがつらくなっていることからは目を背けている場合があります。

アンドリューは同僚たちから、リスクや困難から決して逃げない大胆不敵なやり手だと認識されていました。心の奥には不安を抱えていましたが、彼はそれを誰にも見せようとはせず、自分でも気づかぬふりをしていました。ある晩、娘をベッドに寝かせたとき、アンドリューは娘がどこか浮かない顔をしていることに気づきました。なにか心配なことがあるのかと尋ねると、娘は「いいの。スクールカウンセラーに悩みを相談しているから。パパとママはロボットみたい。なんでも完璧にこなしているけど、感情がないんだもの」と言いました。

このとき、アンドリューは自分が不安から逃げていただけでなく、誰に対しても心を閉ざしていたことに気づきました。思い返してみれば、妻がのちにライム病と判明する原因不明の病と闘っていたとき、アンドリューは彼女のそばにいることにさえ抵抗を感じていたのです。

「私にとって一番安心できる存在だったはずの妻が、急に怖くなったように感じました。最初は一緒に病気の原因を突き止めようと頑張っていたんですが、なにをしても効果が見られず、徐々に結果が出ないことに対して苛立ちと不安が募っていきました。自分の無力さを痛感しましたが、いつからか、これもすべて病気になった妻のせいだと思うようになっていたんです。私は妻から逃げるように仕事に没頭しました。苦しんでいる妻を見るのがつらかったんです」

最も必要としているときに夫に避けられ、アンドリューの奥さんがどれだけ悲しい思いをしたかは想像に難くありません。でも彼女は、夫の行動が幼少期の問題に関係していることを直感的に悟っていたようです。

アンドリューがまだ幼い頃、母親は乳がんを患っていました。何年にもわたって入退院を繰り返し、ついにはベッドから起き上がることもままならないほど衰弱してしまったそうです。やがて母親は塞ぎ込むようになりました。まだ幼かったアンドリューには、母親がなぜ自分にもっとかまってくれないのか理解できなかったそうです。

最初のうちは、アンドリューも母親にその日の出来事を話して聞かせたり、笑わせたりして元気づけようとしたそうです。でも母親が弱っていき、ベッドから起き上がる気力もほとんどなくなると、彼は徐々に遠ざかるようになりました。自分にはなにもできないのに、苦しむ母親の姿を見ているのがつらかったのです。アンドリューの話では、母親が亡くなったとき、彼はなにも感じなかったそうです。涙すら流れなかったと言っていました。それから長い間、彼は母親の死をなぜもっと悲しめないのかと自分を責めていました。自分は冷たく非情な人間で、誰のことも気にかけていないに違いないと思ったそうです。

でも私とのセッションを通じて、彼は真実が逆であることに気づきました。少年時代のアンドリューはとても繊細で思いやりがあり、病気の母親が元気になることだけを願っていました。そんな少年が母の死という現実に直面しなければならなくなったとき、その絶望と悲しみは彼の許容範囲を超えてしまったのです。アンドリューの潜在意識は、自分を守るために強い感情の起伏を避けることを選びました。その結果、彼は自分の感情がわからなくなっただけでなく、周りの人が感じていることにも無感覚になったのです。そして数十年後、アンドリューはとても立派な大人になり、地域社会の柱となりました。でも、潜在意識が最も繊細で傷つきやすい側面を隠し続けたために、彼はしばしば孤独を感じ、周りからも孤立し、本当の意味での帰属意識もありませんでした。

あなたにも共感できるところはありませんか？　後ほど詳しく解説しますが、この半透明人間は完全に存在感を消して生きるよりもずっと一般的です。この章だけでなく、本書を通してのゴールは普段は目を背けている自分の側面に向き合えるようになることです。なぜなら、そうした側面を癒し、補完し、プラスなものに変えることができればあなたの人生はより有意義で充実したものになるからです。

自分が透明人間に陥っているかどうかを知るには?

全体的に見れば、透明人間は現実逃避型の自己防衛モードと言えるでしょう。もっとも、完全な透明人間は慢性的な不安に悩まされ、有意義な社会生活を送ることもできなくなります。でも、もっと一般的な半透明人間は自分の傷つきやすい側面や恥ずかしいと感じる側面を隠してしまうだけなのです。

次に挙げるのは、この自己防衛モードに陥っている人によく見られる特徴です。

・目立つことを避ける

なるべく他人から注目されないように行動するようになります。ふだんの服装は控えめでベージュや黒を好み、静かに話し、やや俯き加減で他人とあまり目を合わせません。自分自身について訊かれることを不快に感じて、そうした会話はすぐに切り上げようとする傾向があります。自分の長所や才能をアピールしたり、過去の成功を語ったりすることもありません。

・自分の考えや感情を表に出さない

本当の気持ちを誰にも見せず、自信に満ちた自分を演じているところがあります。とにかく周りの人たちと一定の距離を保とうとしますが、それはもし心を開いて自分の考えや感情を表に出したら、他人からの非難や拒絶にさらされるだろうと考えているためです。

このような半透明人間で生きている人は、徹底的に存在を消して生きている人よりも遥かに多くいます。

自分の考えや願望、欲求、不満を表現することを避けているにせよ、自分の性自認や感受性、人と違うところが明らかになることを怖れているにせよ、潜在意識はなるべく目立たないように生きることで傷つきやすい側面を守っているのです。

・他人との深いつながりや関わりを避ける

透明人間は人からの注目を避けるだけでなく、人との深い関わりも避けることで安全を保とうとします。愛や友情、帰属意識を求めてはいるものの、他人との距離を縮めようとすると居心地が悪くなります。心のどこかで他人は信用できない、深く関わったら傷つけられたり利用されたりするかもしれないと感じているので、対人関係では疑心暗鬼になりがちです。究極的には、なにかしら理由を見つけて煩わしい人間関係から抜け出し、仙人のように引きこもるようになります。もっとも、孤独でも安心な方がいいという信条で生きていても、孤立するつらさを完全に拭い去ることはできません。

・決断するのが苦手

仕事になにを着て行くべきか、友人のバースデーカードになにを書くべきか、レストランでなにを注文すべきか、まるで自分の命がかかっているかのように悩みます。そして一旦決断しても、ほんとうにそれが正しかったのかどうかまた悩んでしまうのです。透明人間になっている人にとって選択とは自分の好き嫌いを表すことであり、自分がどんな人間なのかが浮き彫りになるため他人からの意見が怖くなるのです。

・非難や拒絶に敏感

透明人間の目的はネガティブな注目を避けることなので、周りが自分の意見に賛成していないとわかるとすぐに傷ついて殻にこもります。これは他人の意見をあくまでひとつの意見として聞くことや、他人の視点を自分が学び成長するチャンスと捉えることができないためです。あまりに繊細で自意識過剰なため、悪意のない冗談やからかいも自分を打ちのめす一撃として受け取ってしまうことさえあります。

・傷つきやすく常に不安で周りの人に畏縮する

透明人間にとって、他人とのつき合いは楽しいものではありません。少人数のグループでは自分がどう思われているかが気になり、相手の表情や仕草、雰囲気などを注意深く読み取ろうとします。

ショッピングモールや映画館など混雑した場所にいると、疲れて頭がぼんやりとしてきます。他人の感情に敏感なあまり、自分がいま感じているのは自分の感情なのか、それとも他人の感情が伝染しているのかがわからなくなることもあります。競争的で厳しい社会を極端に敏感な感性で生きることは自分自身の弱さを感じることにつながり、その結果、他人と関わる意欲をさらに失ってしまいます。

・自分を卑下する

自分自身に対する非難は潜在意識の声の可能性があります。そうした自己否定の多くは、自分はどこかおかしい、社会に適合していない、だから目立たないようにして他人から目をつけられるのを避けなければならない、といったものです。

・自分に向き合うことを避ける

透明人間モードで生きている人の中には、鏡に映る自分が嫌いで、なるべく鏡を見たくないという人もいます。また、自分はおかしいと思い込んでいるために自分の感情を無視しがちです。そして自分を大切にする余裕などないと感じているので、自分自身の欲求も軽視してしまう傾向があります。

・慢性的な体調不良や無気力に悩んでいる

不安を長く抱えると、身体の慢性的な痛みや高血圧、自己免疫疾患などの身体疾患が引き起こされることがあるのはよく知られている事実です。これはアドレナリンやコルチゾールなどのストレスホルモンの影響として説明がつきますが、身体が私たちの生活にブレーキをかけているようにも思えます。私のクライアントにも関節痛や筋肉痛、慢性疲労や炎症、自己免疫疾患と闘っている人たちがいますが、彼らの多くは病気になる以前は不安に負けるまいと自分を極度に追い込んでいたことを認めています。

ポーラというクライアントはまさにそのひとりです。幼少期の彼女は、暴力的な母親の虐待から逃れることだけを考えて日々を過ごしていたそうです。母親はまだ小さな娘に虐待を繰り返すことで、自分の人生に対する鬱憤を晴らしていました。普段から自分の存在の小ささを感じていた母親は、娘に暴力を振るうことで権力や支配力を得た気になっていたのでしょう。間違いなく、ポーラの生存本能は常に厳戒態勢だったと思います。彼女が18歳になるまでは、階段の下に隠れるか近くの森に避難することが、ただ存在しているだけで与えられる罰から逃れるための最善の策だったそうです。ポーラは自立できる年齢になるとすぐに両親のもとを離れ、それ以来、過去を振り返ったことはありませんでした。

自由と独立への渇望に駆られたポーラは、新しい冒険とスリルを求めて世界中を旅しました。旅の写真は彼女の収入源になり、バックパックとハイキングブーツさえあればどこへ行っても快適に過ごすことができました。アフリカの砂漠を横断するときも、アマゾンの秘境に入るときも、ポーラは大自然の中で生き生きとしている自分を感じていました。さまざまな困難と危険を伴うこのようなライフスタイルを何年も送ったことで、彼女の自信と自己肯定感は高まったようです。

友人の女性と数週間行動を共にしていたある日、ポーラはペルーの市場でふたり組の男から声を掛けられました。彼らは車で次の町まで送ってくれると言います。それまで見知らぬ人にあまり親切にされてこなかったポーラは、喜んでその申し出を受け入れました。ところが、男たちはふたりをそのまま隣町まで送ろうとはしませんでした。その前に近くの農場で仲間を拾わなければならないと言うのです。人里離れた農家に着くや否や、男たちの態度は急変し、ふたりを車から引きずり降ろすと、彼らに従わなければ射殺すると告げました。そしてポーラとその友人に銃を突き付けて階段を進ませ、暗い部屋に閉じ込めたのです。彼女が強い恐怖を感じたのは実家を出て以来のことでした。友人が恐怖で固まっているなか、ポーラはかつての生存本能に再び火がつき、必死に逃げ道を探しました。

ポーラはいま振り返ってみても、なぜその部屋にあった小窓に鍵がかかっていなかったのかはわからないと言います。男たちは突発的に彼女たちを監禁したのか、脱走など試みないと高を括っていたのか。あるいは、ポーラが私に言ったように、彼女の守護天使が鍵を開けてくれたのかもしれません。

ポーラたちはすぐにでも窓から這い出て、助けを求めたい衝動を必死に抑えました。そして辺りが暗くなってから外に抜け出し、息を潜めて農家から逃げ出したのです。ふたりは運よく道路に辿り着き、たまたま通りかかった車に助けを求めて安全な場所に戻ることができました。

でも、ポーラの試練はまだ始まったばかりでした。命が助かったことに感謝した彼女は旅をやめてニューヨークへと戻り、親しい友人とシェアしていたアパートに帰りました。トラウマのような経験をしたときは睡眠と療養が必要なのですが、彼女はそれを知らなかったようです。何日もベッドから起き上がれず、気がつけばそれは数週間に。いくら休んでも、一向に外に出る気力が湧かなかったと言います。ポーラは旅行中になにかの病気にでも罹ったのではないかと心配になり、何人かの医師に相談しましたが、納得のいく答えを聞くことはできませんでした。

それからは、療養の日々が1年以上続きました。かつては世界中を飛び回っていた彼女の生活範囲は、2LDKのアパートのサイズにまで縮小したのです。やがて仕事を再開したものの、車で市外に出かけることも、飛行機で移動することも不可能でした。少し遠出しようと思っただけでパニック発作が起こり、あとから疲労感に襲われてしまうのです。

医師としての視点から見れば、ポーラはおそらく心的外傷後ストレス障害《PTSD》と慢性疲労症候群を患っていたと考えられます。でも潜在意識の働きに目を向ければ、ポーラの原因不明の症状は自己防衛モードが非常ブレーキを引いたと解釈することができるのです。母親から虐待を受けていた彼女の潜在意識は、ずっと周りの世界を安全でない場所と捉えていたはずです。でも家族のもとを離れたことで、ポーラは透明人間モードをオフにして、冒険好きな本来の自分を発見することができました。

ポーラの潜在意識も初めのうちは、広い世界を自由に旅して本当に安全なのかと心配していたに違いありません。でも彼女が辺鄙な場所でのワイルドな生活に習熟するにつれて潜在意識も次第に安心し、大人のポーラの顕在意識に主導権を握らせるようになったのでしょう。ところがポーラが再び深刻なトラブルに巻き込まれると、幼少期を通じて彼女を守ってきた透明人間モードがまたオンになったのです。

脱却したはずの自己防衛モードがこんなにも早く、そして力強く再活性化することに私はいつも驚かされます。ポーラが狭いアパートに閉じこもり、自宅から数キロの範囲から出られなくなったのも、すべて透明人間の特徴のひとつと合致します。ペルーでの事件から15年以上経っても、彼女は車で遠出したり飛行機で移動したりすることはできませんでした。

でも、ポーラが幼少期のトラウマに向き合い、対処し、解決すると、彼女の世界は再び広がりました。セッションを始めて半年後、私のもとにスイスから絵葉書が届きました。そこにはこんなメッセージが添えられていました。「やったわ！　また世界に飛び立つことができました。これも先生のおかげです」

もちろん、無気力や慢性的な身体疾患の原因がすべて自己防衛モードの暴走というわけではありません。でも、私のクライアントが抱えていた慢性的な病気の多くが、実は潜在意識の非常ブレーキだったというのもまた事実です。

……

ほとんどの人はネガティブな注目を集めること、非難されること、拒絶されること、そしてその結果自分の居場所を失うことを怖れています。そして周りに溶け込み、変に注目を浴びたくないというその思いが、ありのままの自分でいたいという気持ちを上回ってしまうのです。私たちは自分が不利になるのを避けるために、自分の本当の考えや感情を表に出すのをためらいます。たとえ傷つくようなことを言われてもスルーするのは、関係がこじれるのを避けたいからです。もっとも、これは多くの人にとって普通のことでもあるので、それによってストレスや不安が蓄積されていてもなかなか気づけません。そして目立たないように日々を過ごすことに集中しているうちに、ますます自分というものがわからなくなっていきます。これは透明人間で生きることが身体的な不調につながる理由でもあり、そこを変えることこそ本当の自分をより深く理解する最大のチャンスなのです。

なぜ透明人間モードに陥るのか？

透明人間モードは、おそらくすべての自己防衛モードの中でも最も早い段階で身につく本能的なものです。幼い頃は自分の安全を確保する能力が非常に限られているので、困難な状況に対処するためには存在感を消して隠れることが最善の選択肢だと潜在的に判断するのです。

過去を振り返るとき、あなたは周りから愛されて恵まれた幼少期を過ごしたと思うようにしているかもしれません。でもその一方で、学校で先生にバカにされたり、友達から突然距離を置かれるようになったり、両親がお金のことでケンカばかりしていたりという経験もあったかもしれません。そうした経験のいずれかが引き金となって、潜在意識が透明人間モードをオンにしていることも考えられます。

ドナというクライアントは複雑な生い立ちながらも、大人になってからはデザイナーとして成功していました。ドナの父親は威圧的な人で、ことあるごとに彼女の母親を非難していたそうです。また、ドナの兄は容姿が良く不良っぽいので異性からとても人気がありましたが、妹を完全に無視することもあれば、存在そのものが気に入らないとでも言わんばかりの態度を取ることもありました。両親がケンカを始めると兄は家を出て友達と遊びに行くのですが、友達が少なかったドナは父の怒鳴り声や母の泣き声が聞こえないように耳に指を突っ込んで寝室のクローゼットに隠れていました。14歳になると、ドナは自分が男の子に興味がないこと、数少ない同性の友達に恋心を抱いていることに気づいたそうです。でも、それを知られて拒絶されることを怖れた彼女は、自分の気持ちを誰にも悟られないように生きることにしました。

ドナにとって、息苦しい日常からの唯一の逃げ場は芸術でした。彼女は狭い寝室に何時間もこもり、幸せそうな家族や子どもたち、楽しそうに遊んでいる動物たちの絵を描いていたそうです。ドナの空想の世界には愛と調和、幸せがありました。その小さな楽園に出入りできるのは彼女だけなので、そこはドナにとって安心して自分らしくいられる世界だったのです。

才能や努力だけでなく人の意見に耳を傾け理解する能力にも長けていたドナは、大人になると一流広告代理店のグラフィックデザイナーとして成功を収めました。彼女は自分自身を内気で内向的な性格だと表現していましたが、売れっ子になり次から次へと仕事を依頼されるようになっても、そのひとつひとつに真摯に取り組んでいました。芸術を通して世界に彩りと美をもたらすことができたときが、彼女が最もやりがいを感じる瞬間だったそうです。でもその一方で、自分の作品を同僚やクライアントから評価される日々は、精神的に大きな負担でもありました。そんなドナにとっては、一日の終わりにクッキーとミルクをお供にひとりアトリエで過ごす時間だけが心休まるひとときだったそうです。

仕事で関わる人たちの多くが彼女の人柄を高く評価している一方で、ドナのプライベートを知る人はほとんどいませんでした。ドナはそんな自分を「仕事だけが生き甲斐で、ほかのことには興味がない無性愛者《アセクシュアル》だと思われているんじゃないかしら」と分析していました。トップデザイナーという華やかな表の顔とは裏腹に、プライベートではひっそりと生きていた彼女の二重生活は、幼少期から抱いていた羞恥心や怖れ、不安を増幅させていきました。自分の作品が注目され、認められれば認められるほど、彼女は繊細で傷つきやすい一面を隠そうとしたのです。それは、弱い自分など誰も見たくないだろうと思っていたからです。

圧し掛かるプレッシャーや厳しい納期、周囲からの大きな期待にも動じず、クライアントや同僚を驚かせる作品をつくり続けるクールなアーティスト。そんな仮面を被って不安を押し殺しながら生きて行くことは、月日を重ねるごとに難しくなっていきました。オフィスを出た途端、ドナは今日も一日、誰にも仮面の下の素顔を見られなかったことに安堵するのです。

そして50代前半にさしかかったとき、孤独な彼女の心の痛みが、透明人間として生きる安心感や心地良さを上回りました。そのとき初めて、彼女は幼い頃から自分の人生を支配してきた怖れや不安、固定観念と向き合おうと心に決めたのです。

………

あなたは自分の内なる守護者（潜在意識）にどんな印象を抱いていますか？　自分を守るためとはいえ、不安や羞恥心を煽ってくるのですから、あまりいい印象はないと思います。おそらく自分の中にいる厄介な小悪魔のようなイメージで、なるべく関わりたくないと感じていることでしょう。でも、これまでアンドリューやポーラ、ドナの話を通じて説明してきたように、この世界には傷つくことがたくさんあるし人は信用できない、と考えるようになった幼き日の自分自身こそ、内なる守護者の正体だと想像したらどうでしょうか？　それでもあなたはこの一面を捨て去ろうと思いますか？　それとも、内なる守護者はなぜあなたを守ろうと懸命になっているのか、その理由を突き止めたいと思いましたか？

内なる守護者の使命

あなたも身に覚えがあると思いますが、なにかを発信したり新しいことに挑戦したりして一歩踏み出したときは、もしかしたら人から批判されたり嘲笑されたりするかもしれない、傍から見たらバカなことをしているように映るかもしれないと不安になるものです。羞恥心を感じると、人は驚くほどやる気を削がれて意気消沈してしまいます。なぜなら羞恥心はほかのどんな感情よりも自分を小さく、ダメな存在に感じさせるからです。

でも、なぜあなたの内なる守護者は自信や自己肯定感よりも、羞恥心や自己否定感を覚えた方が安全につながると考えるのでしょう？　そもそも潜在意識は、批判されたり拒絶されたりすることで自信や自己肯定感が失われるのを懸命に避けようとしているはずではないでしょうか？　この明らかな矛盾を解くヒントは2つあります。まず、あなたの内なる守護者は他人から否定される前に自己否定するという考えを持っています。これは自分をいまも無力な存在だと捉えているからで、思い切った行動に出て他人から非難されるのを羞恥心や自己否定感をブレーキにして予防しているのです。

内なる守護者が自己肯定感や自分らしさと引き換えに安心感を得ようとするもうひとつの理由は、最初の理由ほど明確ではありませんがそれ以上に意味のあるものです。ここで目を向けるべきなのは、この内なる守護者はなにを守ろうとしているのか、ということです。もちろん、大前提として私たちの潜在意識は安全に生き続けるために自己防衛モードに入っています。でも、特に危険にさらされているわけでもないのに、内なる守護者は月曜の朝、出勤前に不安な気持ちを煽ってきます。それに人混みに不快感を覚えたり、知人の誕生日パーティーで自分は場違いだと恥ずかしくなったりするのにもなにか理由があるはずです。では、潜在意識はなぜ危険のない日常的な状況にも強い反応を示すのでしょうか？

透明人間モードは自分が最もか弱かっただけでなく、まだ生来の資質や繊細さがあった幼少期に形成されたことを思い出してください。生来の資質というのは、豊かな想像力かもしれませんし、人の善意に対する無条件の信頼や、目に見えない世界とのつながり、深い願望や夢は必ず実現するという揺るぎない確信だったかもしれません。でも、ひとたび傷ついたり否定されたりすることを経験して、自分が無条件に受け入れられるわけではないことに気がつくと、潜在意識はありのままの自分でいてはいけないと判断します。そして、自分の性格には他人に受け入れられなかった側面があるので、対人関係のトラブルを避けるためにその一面を隠さなければならないと解釈するのです。

潜在意識が透明人間モードに入ったのはこうした理由からで、傷つくことから自分を守るだけでなく、隠す必要があると判断した側面を守るためでもあるのです。逆説的に聞こえるかもしれませんが、羞恥心とは自分にはどこかに問題があるという思い込みで、こうした側面を隠す盾の役割を果たしています。人は恥ずかしいと感じている限りは、その側面をさらけ出すことはありません。

もっとも、本来の内なる守護者の意図はありのままの自分の側面を一生隠しておくことではありません。透明人間として生きている人も、子どもの頃は「大人になったら好きなだけ遊びたい」とか「18歳になったらすぐにひとり暮らしを始めたい。そうすればもっと自分らしくいられるはずだ」と自分に言い聞かせていたかもしれません。雪の下に埋もれた球根のように、いつか暗くて寒い冬が終わり、自分の才能と夢が花開くという希望があったことでしょう。でも年月が経つにつれてそんなことは忘れ、トーンダウンした生き方をする癖がついてしまっただけなのです。

子どもの頃の私は、ブロンドの髪に青い瞳の笑顔を絶やさない少年でした。その頃はまだ、人生には夢も楽しいことも無限にあるように思えていました。太陽の光を浴びながら風に踊る木の葉を眺めたり、プールに落ちた小さな虫を溺れないように助けたりしているだけで、時間を忘れて過ごすことができました。そして植物や動物が生きているように、すべてのものにエネルギーが宿っているように思えました。不思議なことに、子どもの頃は夜になると寝室の壁の模様が動くのが見えて、ずっと眺めていたのを覚えています。それはまるでアリのように小さな粒子が何千と集まり、絶えず模様を変化させているかのような感じで、映画『マトリックス』には近い映像が出てきます。でも、それを母に話しても、この子は熱でもあるんじゃないかと言うだけでした。もちろん、体温を測っても平熱です。私が見たものは発達途上の脳がつくり出した幻だったのか、それとも本当にエネルギーの動きを知覚できたのかはいまでもわかりません。

その不思議なエネルギーの世界は、私が11歳になった頃に消え去りました。そして私の内なる守護者が目覚めたのもちょうどその頃なのですが、その引き金となった出来事はひとつではありません。最初のきっかけは、両親の言い争いが激しくなったことです。原因は主にお金のことや、父がなぜか嫌っていた母の両親のことでした。そして私がハイスクールで初めてD判定を受けたとき、母の怒りの矛先は私にも向けられたのです。母からの叱責と侮辱の嵐に、心の痛みと恥ずかしさで胸が張り裂けそうになったあの感覚はいまでも忘れません。そして私が無邪気さや無条件の信頼を失くした、あるいは隠したもうひとつのきっかけは、見知らぬ人からかけられた言葉でした。

ある日、両親が頼んだピアノの調律師が家に来ました。その調律師は中年の物静かな男で、私が作業を興味深そうに眺めていても気に留めていない様子でした。彼は弦を調整するたびに鍵盤を優しく叩き、目を閉じて頭を少し傾け、その音を注意深く聴いていました。

彼は絶対音感を持っていて、音叉を使わなくても音程を正しく聞き分けることができるのだと言います。私は強い感銘を受けて、この調律師にさらに興味を持ちました。それからしばらくは音楽のことや私の学校のこと、彼の仕事のことなど、いろいろな話をしました。すると彼は突然「きみは神を信じているかい？」と私に聞きました。

私はどう返せば正解なのかを知っているつもりだったので、元気に「イエス」と答えました。するると彼は微笑みながら「それはいい心掛けだ。いつか、きみが本当に神を信じているかどうか試される日が来るよ」と言いました。

私は呆気にとられました。このちょっとしたひとことで、怖くなってしまったのです。試す、という言葉が失敗することへの恐怖心を呼び起こしたのか、あるいは、神は私を無条件に愛してくれるわけではないのだと感じたのかもしれません。その日を境に、神の愛に対する私の信頼は忽然と消えてしまいました。

私の潜在意識はその出来事から、無垢な心のままでは傷つきやすいので、現実に即した警戒心に置き換える必要があると学習したようです。

私は自分自身に、いまできることは神から試されないように、なるべく目立たず良い子でいることだけだと言い聞かせていました。そのうち第三次世界大戦や、両親の離婚、成績の低下（もともとそんなに優秀だとは思っていなかったのですが）といったかたちで自分の試練がやってくるのではないかと心配になり、私は強迫観念を抱くようになりました。

当時の私は、家の絨毯をきれいに整えて毎日少なくとも100回祈れば、予期せぬ大惨事を防げるのではないかと考えていました。神さまは家の中が乱れているのを快く思っていないだろうし、毎日100回は祈りを聞きたがっているに違いないと、なぜか信じ込んでいたのです。両親は家の至るところにさまざまな絨毯を敷いていたので、家族の安全を守り不幸を遠ざけるという新しい仕事は私をかなり忙しくさせました。強迫性障害に悩まされたことがある人なら、この行動がどれほど疲れるものかわかると思います。強迫観念のループは、やるべきことがひとまず終わると束の間の安堵感に包まれ、物事がうまくコントロールできているような錯覚に陥ります。でも、心の平穏や安心感を得るという点では、これは真冬にマッチ棒で暖を取るようなものなのです。

私の強迫性障害は、家族を不幸から守るために神に気に入られなければという意識によって引き起こされました。そしてさらに、学校で良い成績を取ることだけが両親からの愛と承認に値するという思い込みから、クラスで一番になりたいという欲求も生まれました。私が陥っていたのは、それほど完全ではない半透明人間モードだったと言えます。というのも、私の場合は小さく目立たないように生きることよりも、神と両親を喜ばせることに重点を置いていたからです。

私は問題を起こさず期待に応える良い子を演じることで、家族の平和を守る役目を担っていました（私の名前のフリーデマンは平和の人という意味なので、そもそもこの役目に縁があったようです）。でも、私は父に対する怒りと不満、そして忙しさからストレスを抱えがちな母から、もっと愛情を受けたいという願望を抑えつけていました。この頃の私の中にはまだ、かつての純粋で無垢な側面もたくさん隠れていたのです。

透明人間になり自分を守るために心を閉ざしていると、気づかないうちに本来の自分らしさは失われていきます。周囲の危険を察知するためにセンサーを外に向ければ向けるほど、自分自身は見えなくなってしまうのです。それだけでなく、この自己防衛モードで生きて行く苦痛は、他人からの非難や拒絶がもたらす苦痛よりもずっとつらいものです。慢性的な透明人間モードで生きることは、卵の中のひよこのように常に誰かに殻を破られることを怖れ、自分で殻を破る勇気もないため身動きができずにつらくなるのです。本来の自分を見失い、自分の可能性を見いだすこともできない――これが自己防衛モードで生きることがとても有害な理由で、不安や抑うつに悩まされる人がこの21世紀に急増している理由でもあります。

誤解しないでいただきたいのは、私は自己防衛モードで生きている人を批判しているのではありません。私自身も長年抜け出せずにいたひとりです。ただ、自分の内面に目を向けて、忘れていた本来の自分を取り戻すことがいかに大切かを知ってもらいたいのです。私は頑固なのか鈍感なのか、おそらくその両方なのでしょうが、数十年もかかってようやく気づいたことがあります。それはどんなに成功しても、どんなに弱さを隠しても、自分の内面を無視していては永続的な安心感を得たり、自分の本当の価値を見いだしたりはできないということです。本当の意味で心の平穏や安心感を得ることができる唯一の方法は、自分自身を知ることだったのです。そしてそこに辿り着くには、自発性や好奇心など、本来の自分の資質を発掘する必要がありました。

本来の自分らしさを取り戻すのは簡単なことではありません。でも、本書を手に取ったということは、あなたにはそれを成し遂げる強い意志があるはずです。

第6章　自慈心《じじしん》：本来の自分らしさを取り戻す鍵

〝自分自身と良い関係でいるために大切なことは、他人からの注目や評価を怖れている自分、そして他人から注目も評価もされないことを怖れている自分を思いやることにほかならない〟

自慈心《じじしん》とは簡単に言えば、自分への思いやりです。思いやりとは、他人が苦しんでいるときにそのつらさを和らげてあげたいという気持ちになること、と定義されています。思いやりによって、私たちは他人に対して肉体的、精神的、霊的にサポートしようという気持ちになるのです。ダライ・ラマも、私たちが集団として生き残っていくためには、相手をコントロールしたり避けたりするのではなく、お互いに愛と思いやりを持つことが大切だと説いています。でも、私たちの内なる守護者は思いやりを必要なものではなく、余裕があるときの贅沢品のように捉えています。それは思いやりを持つことで過度に感情的になり、他人からの評価や非難で傷つきやすくなると考えているからかもしれません。

実は、思いやりは人間だけでなく動物にもある本能だということがわかっています。ラットを使ったある実験では、溺れている仲間を助けるか、おいしいチョコレートを食べるかの選択を迫られたとき、ラットは仲間を助ける方を選んだそうです。さらに興味深いのは、水でトラウマ的な経験をしたラットほど、溺れている仲間を助けようとする傾向が強かったという実験結果です。

人間の本能的な思いやりも、ラットに劣らず発達していることは間違いないでしょう。ドイツのマックス・プランク研究所の調査では、1歳8ヶ月の幼児にも大人が落としたペンを取ろうと手を伸ばしたり、大人の手がふさがっているのを見てキャビネットの扉を開けようとしたりする行動が見られたそうです。

激しい嵐や山火事、大地震など、世界のどこかで災害が起こるたびに、被災者を支援するべく数えきれない人たちがボランティア活動を行っています。彼らは避難所を設営したり、行方不明者を捜したり、衣類や食料を寄付したり、自分の身の危険を顧みずに困っている人たちを救助しています。でも残念なことに、そんな並外れた無私の思いやりによって命を落としてしまうケースも世界中に数え切れないほどあります。こうした例は、どんなにお互いを疑ったり不信感を持っていたりしようが、私たち人間の根底には善意と思いやりと愛が宿っていることを示しています。透明人間をやめて心のガードを取り払うための最も効果的な方法は、お互いを支え合うという人間の本能にアクセスすることかもしれません。世界的に深刻な課題が無数にある現状を踏まえると、いまほど人類が互いに支え合うことが必要な時期は歴史上初めてなのではないでしょうか？

いったいなにを言い出すんだ、と思った方もいるかもしれません。この章を読み進めればわかると思いますが、思いやりはあなたの心の中にある宝物であり、透明人間モードから抜け出すための鍵でもあります。

子どもの頃の純粋さが失われることと、透明人間のスイッチがオンになることは密接に関係しています。この2つは通常、幼少期に自分では対処できない状況や予期せぬ変化、混乱、批判、拒絶に直面した際に起こります。

子どもが純粋さを失ってしまう一般的な例をいくつか挙げてみましょう。

- 兄弟姉妹や学校の子どもたちにいじめられる。
- 精神的、身体的、性的虐待を受ける。
- 両親の激しいケンカ、事故、自然災害など、トラウマになるような出来事を目撃する。
- 親やほかの家族、友人、動物などを離婚や転居、死によって失う。
- 親しい友人に裏切られる。
- 親、兄弟、友人から無視された、理解してもらえない、見捨てられたと感じる。

・大きな病気や怪我に苦しむ。

こうした試練に直面して心の痛みや自分の無力さ、脅威を感じれば感じるほど、潜在意識は自己防衛に入ります。自分は安全でも、無条件に愛され守られているわけでもないと判断した潜在意識は、これ以上傷つくことから逃れるにはとりあえず隠れるしかないと結論づけるのです。これは潜在意識にとってもやむを得ない決断です。なぜなら、そのためにはありのまま自分を表現したいという自然な欲求を抑えなければならないからです。

私は11歳で天真爛漫さを封印し、本来の自分を閉じ込めてしまいました。ハイスクールを卒業したらまた自分らしく生きられると言い聞かせることで、自分を抑え込んでいたのです。この頃は、将来は役者になるのが夢でした。さまざまな役柄に入り込むのはなによりも楽しいだろうと思っていたからです。繊細で何事にもすぐに感情移入できる自分なら、きっと成功するだろうという自信もありました。でも、医師である両親は違う計画を立てていました。親の跡を継ぐために、まずは医学部に行けと言うのです。父は「それでも諦めきれなかったら役者の道に進めばいい。マリアンネ・コッホ（マカロニ・ウエスタンや冒険映画で名を馳せたドイツの女優）だって医学部生から女優になったんだ」と言って、私を説得しようとしました。

両親は私が大学で6年間、膨大な知識を頭に詰め込めば子どもの頃の夢など忘れ、医学の道をまい進するだろうと考えていたようです。そして、少なくともしばらくの間はその通りになりました。でも、循環器内科の研修医時代にパニック発作を起こし、眠れない夜が続いたとき、私はこの先25年間もこんな人生を送りたいのだろうかと悩み始めました。やがて私の中のなにかが、それまでの実績や評価によって築き上げた安全な場所から飛び出そうとしていました。そこに論理的な考えはなく、自分のアイデンティティを白衣と聴診器に限定してしまうのはつまらないことだと本能的に感じていたのです。自分の人生にもっと意味と目的を見いだしたいという探求心が芽生えたのもこのときです。もっとも、私がずっと探していたのは11歳のときに封印してしまった本来の自分だということは、このときはまだ気づいていませんでした。

私はなぜパニック発作を起こしたのか、疑問に思った方もいるでしょう。私の中の目標達成主義者と危機回避主義者はおそらく、それまで築き上げたキャリアの陰に隠れて安全に暮らせていた現状に満足していたと思います。でも潜在意識の別の側面が、私が本来の自分とはかけ離れた生き方をしていることを心配していたのです。潜在意識には自分を守りたいという面と、自分を幸せにしたいという面があります。私の医師としての生き方は退屈とも言えるほど安定したものだったので、幸福感と充実感を得るのが仕事である方の潜在意識がパニックを引き起こして警鐘を鳴らしたのだと思います。これは、不安は外にある危険を知らせるために感じるだけではないことを示しています。現状が本来の自分の生き方から逸れているとき、不安がそれに気づかせてくれることもあるのです。

透明人間モードに話を戻しましょう。注目すべきなのは、透明人間はある意味ではほかの自己防衛モードよりも克服が難しいということです。なぜなら、目立たないように生きることが染みついてしまうと、自分が変わることや成長することも怖くなってしまうからです。

太平洋戦争が終結してから29年もの間、日本の敗戦を信じずにフィリピンの孤島でひとり戦い続けた旧陸軍少尉、小野田寛郎の話を聞いたことがありますか？　あなたの内なる守護者も、おそらくこの忠実な兵士と同じような信念を持っているはずです。そして小野田寛郎のように、子どもの頃の脅威や危険がまだいまもそこにあると思い込んでいるのかもしれません。

透明人間の変化を嫌う性質は自己変革への道のりを阻む最大の障害となり得るので、時間をかけて潜在意識を安心させることが重要です。とはいえ、幼少期の戦いは終わったことをどうやって潜在意識に伝えればいいのでしょうか？

ありのままの自分で生きるための5原則

あなたの潜在意識に、目立たないように生きる必要はもうなくなったこと、むしろいまは支障があることを伝える前に、ありのままの自分で生きるための5原則を紹介します。

1．目立たなければ安全というのは幻想

クライアントのウィルは初めて会ったとき、子どもの頃は周囲に馴染めず、自分の居場所が

なかったと話していました。感情をあまり表に出さない両親のもとで育った彼は、そんな自分を気にかけてくれる仲間をいつも望んでいたそうです。でも彼は内気で不器用だったので、他人と絆を深めようとしてもなかなかうまくいきませんでした。「家でも学校でも、どこにいても自分は蚊帳の外にいるような気分でした」と言って、ウィルはため息をつきました。「でもあるとき、考え方を変えてみることにしたんです」と彼は誇らしげに言いました。「自分の周りに壁をつくって、誰も近寄らせないのはどうだろうと。実際にやってみると、いくらか安心感が得られました」

その後のことを聞いていくと、ウィルは自分が完全に孤立し、周囲から切り離されていたことに気づいたと言います。ウィルは妻にさえ、本当の自分を見せてこなかったようでした。「壁をつくれば安心だと感じていたけれど、自分で自分を監禁状態に追い込んでいることに気づいていなかったんです」と彼は認めました。他人と距離を保つためにつくった壁は人間関係で傷つくことを防いだかもしれませんが、気の置けない仲間に囲まれたいという子どもの頃の願望を実現することを妨げていたのです。

〝安全というものは、そのほとんどが幻想に過ぎません。安全なんて現実には存在しませんし、子どもたちも安全など経験することはありません。危険を避けるのも、長い目で見れば危険なことなのです。人生はまさに大胆な冒険なのですから〟。この説得力のある言葉は、百戦錬磨の兵士や勇敢な冒険家のものではありません。１９４０年に出版された『Let Us Have Faith』

（未訳）という本の中にあるこの格言は、その困難を考えれば透明人間になっていてもおかしくはなかった人物によって書かれたものです。ヘレン・ケラーは耳が聞こえず目も見えないために、人から注目されることを怖れることはありませんでした。それどころか、彼女は自分を障害者として認識することも、世間から同情を向けられることも拒否していました。むしろ、自分の人生は重要なもので、自分には世界に大きく貢献できる強さや勇気、知恵が備わっているという自信を持ち続けていたのです。彼女はどんな困難にも負けず、やがて世界的に有名な作家となり、講演家としても女性と労働者の権利を熱心に訴えました。ヘレン・ケラーの物語は、自分の限界にとらわれず、一日一日を大切にし、楽観主義と自信を持って生きるようにといまも多くの人を鼓舞しています。

2. あなたの人生は誰のものなのか？

これは原則というよりも質問のように聞こえますね。あなたは「私の人生はもちろん私のものだ」と思ったことでしょう。でも、潜在意識の働きで行動が制限されているとしたら、それは本当に自分の人生を歩んでいると言えるのでしょうか？

コーネル大学で人間発達学の教鞭を執っているカール・ピルマー教授は、70歳から100歳以上の高齢のアメリカ人1200人を対象にした調査で、若い世代が幸せな人生を送るためのアドバイスを募りました。そのときの質問のひとつが「自分の人生を振り返って後悔していることは？」というもの。教授が驚いたのは、最も多かった回答が失敗や傷ついた経験に関するものではなかったことでした。ほとんどの高齢者が答えたのは、あれこれ心配して時間を無駄にしてきたことへの後悔だったそうです。参加者たちの間でほぼ一致していたのは、心配事を減らす、できれば完全になくすことが、大きな幸福感と充足感を得るための大切な一歩になるという意見でした。参加者のひとり、87歳のジェームス・ファンは「先のことを心配して時間を無駄に過ごすのをやめて、自分が楽しいと思えることに目を向けるべきです。心配などなんの役にも立たないと気づいたとき、私は言葉では言い表せないほど自由になった気がしました」と語っています。

人生とは、無数の紆余曲折や躍進と低迷、拡大と縮小を繰り返しながら変化し続ける有機的なエネルギーの流れです。夢を追い求めることで生じる変化やリスクを避けて無難に生きることは、貴重な時間を無駄にしてしまった後悔につながります。そして人生の先輩たちの知恵によれば、豊かな経験や学び、成長に満ちた人生を自ら拒否したことへの後悔は、周りから嘲笑される痛みよりも大きなものなのです。

3．人生にはただ生き抜くことよりも大きな意味がある

〝人生で最も重要な日をふたつ挙げるなら、それは生まれた日と、生まれてきた理由を見いだした日だ〟という格言があります。自己防衛モードに陥ってしまうと、人生はただ日々をやり

過ごすことに大きく傾きます。どんな一日を過ごしていても、私たちの日常のほとんどの行動にはなにかしらの目的があります。でも、生きている目的を問われてもほとんどの人はただ呆然とするか、そもそも考えようともしないでしょう。

人生に意味を見いだすためには、人生は戦いであり競争であるという考え方を捨てる必要があります。その代わり、人生は生まれたときから始まり、寿命が尽きたときに終わる旅だと捉えてみましょう。

4．現実は相対的

この原則は〝他人は自分を映す鏡〟という言葉に置き換えることもできます。自己責任の章でも説明したように、他人や自分自身に対する私たちの認識ほど歪んだものはありません。ここで例を挙げてみましょう。私は20年以上にわたってヨガに取り組んでいます。ヨガは自分のエネルギーを再生して、心と身体、精神のバランスを取ることができる素晴らしいエクササイズです。私は一時期、ホットヨガの元祖であるビクラムヨガにハマっていました。これは35度から42度に温めた部屋で行うヨガです。でも、毎回ヨガのクラスに行く時間になると〝デスバレーのような環境でポーズを取るなんて馬鹿げている〟と心の声が聞こえて、私は葛藤していました。でも、クラスを終えたときの達成感だけ考えればいいという友人のアドバイスを思い出すと、マットとタオルを用意してヨガスタジオに向かう意欲が湧いてきました。

ある日、上級クラスでレッスンを受けていた私は、見覚えのない受講生の迷惑な態度に集中を乱されました。まず、その30代半ばと思われる女性はインストラクターの方を向かずに真横を向いて座っていました。さらに、インストラクターがポーズの説明をするたびにそのヨギーニ（ヨガ愛好家の女性）が質問をするのですが、回答をろくに聞かずに自分のポーズに移るのです。インストラクターが天使のような忍耐力で正しいポーズの説明を繰り返しても、その女性は顔を向けもしません。

暑さと渇き、それにすでに疲れていたこともあって、私の神経は限界に達していました。でも私の心は、リラックスできない自分に苛立つよりも、この不愉快な受講生と、質問攻めでクラス全員の時間を奪っておきながら指示に従おうともしないその大胆さを責めることにしました。一体自分を誰だと思っているのか？　それにインストラクターもどうして注意しないのだろうか？　そんなことを考えてしまう私には明らかに禅の精神が足りていませんから、やはりヨガのクラスは必要です。

90分のレッスンが終わったとき、ほっとしたのは私だけではなかったと思います。でも、私を含めて心の中で不平不満を呟いていた受講生にとって本当の意味で教訓となったのは、最後に部屋を出ようとしたときの出来事でした。ひとりの受講生がその女性の腕をそっと摑んで立ち上がるのを助け、ゆっくりとスタジオの外まで送り出したとき、私はようやく理解しました。彼女は目が見えなかったのです。パイを丸ごと顔にぶつけられたような気分でした。それまでどうして気づかなかったのか。私は医師として、すぐに気づくべきだったはずです。ちょっと不快に感じただけで、どうして彼女に対してこんなにも思いやりのない評価を下してしまったのでしょうか。

障害があるにもかかわらず、厳しいヨガの実践を続けている立派な人を自分は心の中で非難していたのだと気づき、私は身の締む思いでした。そして私たちが現実として認識していることなど、大抵はその瞬間に自分がどう感じ、考え、信じるかに基づいた解釈に過ぎないのだと思い知らされたのです。

私たちの思考や感情、考え方は、自分を取り巻く限りない情報を歪めたり一般化したりするフィルターの役割を果たしています。このフィルターの目的は、私たちの心が過負荷の状態に陥ってしまうのを防ぐことです。でもその欠点は、たとえば朝から嫌なことがあった日は、ポジティブなことには気づきにくくなり、ネガティブなことばかり目につくようになることです。

もちろん、このフィルターにも良い面はあります。それはこのフィルターが現実を歪めて解釈する鏡であることを知っていれば、誰もが自分の主観から見た現実の中で生きているという事実を理解できることです。だからこそ、人の評価を真に受ける必要はないのです。

5. 思いやりは最強の自己防衛

私たちが個人的な解釈で現実を見ているということは、他人があなたをどう見ているかは、実はその人について多くを語っていることになります。それに気づいたとしても、まだ透明人間から抜け出して本来の自分を取り戻す準備ができたとは言えないかもしれません。特に過去に傷つけられたり失望させられたりして他人を信頼することが難しくなっている場合、あなたの内なる守護者は〝相手に気づかれる前に自分の欠点に気づく〟という信条で動いているかもしれません。透明人間モードは〝隠れる〟と〝スキャンする〟という2つの面を持っています。潜在意識は自分の安全を守るために感受性を敏感なセンサーとして使い、他人の行動や感情、気分に脅威がないか、注意深く察知しようとしています。

ところが、あまりに感受性のセンサーの感度を高めると、周囲の人たちの感情や気分を察知すると同時に、それが自分にも伝染してしまうという問題があります。感受性が高まるにつれて相手から察知した感情が溢れ、自分の感情との区別がつかなくなってしまうのです。その結果、安心感を得るどころかかえって神経質になり、ストレスを感じてしまいます。

よくあるのは、仕事の会議などに参加したとき、周りが緊張しているとその緊張感が自分にも移ってしまうケースです。そんなとき、もし自分が誰かの感情に同調しやすいとわかっていれば「いま感じているのは自分の感情じゃない。こんなに緊張しているのは誰だろう？」と気を紛らわすことができます。

不安が人から人へ伝染するという現象には、科学的な裏付けもあります。いくつかの研究では、不安を感じている人が発する匂いが他人の不安を煽るトリガーになることが示されています。感受性のセンサーが裏目に出てしまう例をもうひとつ挙げてみましょう。たとえば、友人と会ってコーヒーを飲むことになったとします。相手の気分に敏感なあなたは、友人が不機嫌でストレスを感じていることをすぐに察知します。とはいえ、不機嫌な理由はあなたとはなんの関係もないことは明白です。それでも、あなたの防衛的な感受性は彼の感情を脅威と見なして、すぐに帰りたくなったり口数が減ったりといった反応を引き起こします。そんなあなたの気持ちを友人が感受性のセンサーで察知すると、友人はあなたになにか誤解されている、嫌われていると感じるかもしれません。そして友人も防衛的になって、それが声のトーンや表情、仕草に表れると、あなたの防衛反応はより強く出ます。こうしてフィードバックの悪循環が繰り返され、最終的には両者の防衛反応が友人同士のなんてことのない会話をぎくしゃくさせてしまうのです。

感受性のセンサーで相手の感情を察知して反応することが、必ずしも人間関係を円滑にするわけではありません。それどころか、かえって悪化させてしまうこともあります。とはいえ、敏感な感受性を持つことは欠点ではありません。むしろその逆です。繊細さや敏感な感受性はその人の長所であり、素晴らしい資質なのです。ただ、それをうまくコントロールすることが重要です。もしあなたが超人ハルクのような肉体的な強さを持っていたら、他人の怒りを個人攻撃と受け取らないことを学ぶ必要があるでしょう。なぜなら、あなたが手を出せば相手はひとたまりもないからです。コントロールできない感受性もまた、多くの害を引き起こす可能性があります。でも、ハルクの鋼の肉体が威圧の壁となって安心感を生み出すのとは対照的に、感受性は相手の心の壁の向こうにある気持ちを理解するのに役立ちます。そして、感受性をこの特別な力に変える鍵こそが思いやりなのです。

子どもの頃は暗闇が怖かったという人は多いと思います。部屋の隅のラックにぶら下がっているコートが幽霊に見えたり、床板が軋む音で動揺したり、猫が突然ドアをひっかいて恐怖で飛び上がったり。でも起き上がって明かりをつけてみると、怖れるようなことはなにもないのです。思いやりと感受性の融合は、心の明かりをつけるようなものです。思いやりのある感受性を持つことで、相手の心の壁の向こうに怖れや不安、心の弱さや痛みが潜んでいるのを察することができます。

失われたつながり

本来の自分を覆い隠している幼少期の刷り込みや思い込みを捨て去るにはかなりの時間がかかります。でも、本来の自分を取り戻すだけならもっと簡単な方法があります。それは心の奥にいる幼い頃の自分（インナーチャイルド）とつながることです。

そんな昔の自分とどうやってつながればいいのか？　その方法は、自己防衛モードに陥る以前の自分を思い出すことです。その頃のあなたは誰に対してもオープンな性格で、人に対する猜疑心などなかったかもしれません。あるいは感受性が豊かで、誰かが悩んだり悲しんだりしているとすぐに気づくような子だったかもしれません。そんなまだ純粋だった子どもの頃の自分を思い出してみてください。

子どもの頃の記憶を呼び起こすのに役立つ質問をいくつか挙げてみます。

・子どもの頃の幸せな思い出は？
・お気に入りだったぬいぐるみの名前は？
・子どもの頃に住んでいた家で一番好きだった部屋とその理由は？
・一番仲の良かった友達とはどんな遊びをしましたか？
・空想の世界をつくるときはどんな役が好きでしたか？
・自然や動物とどんな風に接していましたか？
・小さな頃に好きだった映画や本は？
・休日や家族団らんのときの一番の思い出は？
・世界や人生、神についてどんな風に考えていましたか？
・サンタクロースの存在を信じていましたか？
・空想上の友達はいましたか？　その子とどんな話をしましたか？
・子どもの頃の自分を5つの言葉で表すとしたら？

子どもの頃を思い出すのが難しい場合は、両親や兄弟、幼なじみなどに自分はどんな子だったか尋ねてみるのも手です。また、昔のアルバムや家族旅行のときに撮ったビデオなどを引っ張り出したり、両親の誕生日に贈った似顔絵など探したりしてもいいでしょう。あなたがどんな子で、周りの世界とどう関わっていたかを示す手がかりを見つけることで、純真無垢な自分の核心を思い出すことができます。

私の妻のダニエルはまだ付き合い始めの頃、私が「僕はおっとりしていて楽観的な性格だから……」と言うのを聞いて笑っていました。彼女は私のどこにそんなところがあるのかと思ったようです。でも、私がダニエルの前でもありのままの自分を出すようになるにつれて、彼女は本来の私を知り、愛してくれるようになりました。

子どもの頃の無垢な資質は、大人になったあなたにそぐわないわけでもなければ、いまの生き方と無関係でもありません。あなたも生きている実感や、本来の自分らしさをあまり感じられず、自分の中のなにかが欠けているような感覚を長年抱いてきたかもしれません。飄々として他人を近寄らせない雰囲気の陰にも、もっと親密な対人関係を築きたいという願望を秘めていたかもしれません。たとえ感情を表に出したり言葉にしたりはしなくても、私たちはとても繊細で傷つきやすいのです。あなたの中には、まだ自分でも気づいていない隠れた一面が眠っています。その無垢な一面を発掘し、いまの人生の光に照らすことで、あなたはより完全な自分になれたように感じるはずです。

育ってきた環境が厳しかった人ほど、早くから自己防衛モードで生きることを余儀なくされています。でも安心してください。あなたの中にはいまも、潜在意識が世間の目から隠して守ってきた無垢な自分がいます。これから紹介するのは、子どもの頃の自分と再びつながり、本来の自分を取り戻すための瞑想です。

………

心のエクササイズ

▼心の奥の無垢な自分に出会う旅

〝子どもは誰もが芸術家だ。問題は、大人になっても芸術家でいられるかどうかだ。

——パブロ・ピカソ〟

子どもの頃の自分と再びつながることは、透明人間モードから脱却するきっかけになります。

潜在意識の助けを借りて時間を遡り、なるべく目立たないようにすることが傷つかずにいられる唯一の方法だと思い込んでしまった子どもの頃の自分に会いに行きましょう。大人になったいまのあなたなら、インナーチャイルド（心の奥にいる幼い頃の自分）の不安や混乱を解決することができるはずです。

この瞑想は目を閉じて行います。まずはこの説明を読んで手順を頭に入れてください。その後に一連の流れで、または休憩を挟みながら一歩一歩進めていきましょう。

ステップ①　思いやりのある大人を体現する

きっとあなたもこんなタイムスリップ現象を経験したことがあると思います。それはどんなに歳を重ねても、親元を離れてから長い月日が経っていたとしても、実家に帰ってしばらくすると、子どもの頃や10代の頃のような気分や行動に戻ってしまうという現象です。どういうわけか、家族だけはあなたが何年も前の自分に戻るボタンを押すことができるのです。

あなたはそんな退行を恥ずかしく感じているかもしれませんが、これはインナーチャイルドの存在を強く示している現象です。自己防衛反応が強く出るたびに、かつて校庭でいじめられたり、兄弟にからかわれたり、親に叱られたりしたときと同じような気持ちになるのはなぜでしょう？　そんなときは、怖れを抱えたあなたのインナーチャイルドが小さくなって隠れることを望んでいるのです。私はそうした不安や怖れと闘ってきた人たちを20年近くサポートしてきた結果、過去の傷が癒されるのにかかる時間は、どれだけインナーチャイルドと向き合えるかによって変わることに気づきました。

これからあなたは、傷ついて隠れてしまったインナーチャイルドに会いにいきます。インナーチャイルドは、いまも無垢なままのあなたの一部です。子どもの頃まで時間を遡りながら、どんな記憶が出てきても冷静さと思いやりを保つように心掛けてください。許せない出来事を思い出して腹を立てたり苛立ったりすれば、インナーチャイルドの不安を煽ってしまいます。それよりも、子どもの頃のあなたが安心して信頼するような、しっかりした思いやりのある大人でいるように努めましょう。

まずは静かな場所で座ってください。これからあなたの心の奥にある愛や優しさ、思いやりの源に触れていきます。では、あなたの大切な人たちのことを思い浮かべてください。次に、悲しんでいる子どもを慰めているとき、愛する人を抱きしめているとき、迷っている友人の背中を押すときの気持ちを思い出してみてください。もちろん、無条件の愛をくれた愛犬や、膝の上で寝るのが好きだった愛猫など、大切な動物たちのことを想ってもいいでしょう。そんな大切な思い出を振り返っていると気分が穏やかになり、心が開かれて軽くなっていくのが感じられるはずです。これで、あなたはインナーチャイルドに会う準備が整いました。

ステップ②　過去に戻る

では、目を閉じてください。深く息を吸って5秒ほど止めてから、口から静かに吐きます。さらに3回、同じように息を吸って、止めて、吐きましょう。次は子どもの頃に不安や心配、失望を感じたときのことを思い出します。記憶の中から、自分の純粋さが少し失われてしまったように感じた出来事を探してください。子どもの頃の一番つらかった思い出やトラウマになった記憶である必要はありませんが、人生で初めて萎縮したり、逃げ出したいと思ったりしたような出来事を探しましょう。細かなことまで思い出す必要はありません。そのとき自分がどんな状況にいたかがわかる程度で十分です。

それでは、あなたが当時の家の前に立っているのを思い浮かべてください。見慣れた家で、安心する匂いがして、まるでいまもそこに住んでいるかのように感じられることに注目してください。いまは夜で、先ほど思い出したつらい出来事はちょうどその日の昼に起きたばかりです。家に入ると、子どもの頃のあなたが座っています。その表情や姿勢からはなにが読み取れますか？　その子はいまなにを感じていると思いますか？　そして、あなた自身はその子を見てなにを感じますか？　感情が動かされ、この子を慰めてやりたいと感じていますか？　それとも、意外にも無関心で客観的に見ている自分がいますか？　もし後者だとしたら、もう一度最初のステップに戻って優しさと思いやりの源に再び触れてください。心を開いていなければ、あなたの潜在意識の繊細な側面に近づくべきではありません。

ステップ③　インナーチャイルドとの対話

インナーチャイルドに思いやりを持って接する準備が整ったら、あなたの方からそっと近づいて、遠い未来から会いに来たことを伝えてください。向かいに座って、優しい笑顔でかつての自分を見てみましょう。では、その日はなにがあったのか、どんな風につらかったのか、怖かったのかを尋ねてください。そしてその子がまだ引きずっている感情を察してみます。それは誰かの言動に対する怒りですか？　それとも心の痛みや悲しみ、失望でしょうか？　または後ろめたさや恥ずかしさを感じていたり、自分はダメな人間だ、どこにも居場所がないと思っていたりするのでしょうか？　あなたの想像力でその子に声を与えて、なるべく目立たないように生きることを選んだ理由を説明させてください。

では、その問題を解決するのは難しいことなのかどうか尋ねてみてください。もしかしたらまだ、なぜそんなことになったのかわからずに混乱しているかもしれません。その子が感じていること、いまのあなたが同じ立場だったとしたら感じるであろうことを深く理解するために、辛抱強く、注意深く耳を傾けてください。ここであなたがやるべきことはその子の痛みや不安を引き受けることではなく、愛と思いやりを持った大人としての役割を果たすことです。

次は、子どもの頃にこんな風に接してくれる大人がいて欲しかった、と思うような対応でその子の悩みに答えていきます。子どもの頃のあなたが話したつらかった今日の出来事について、前向きな視点を与えてあげましょう。たとえば、人からされたことはそれがどんなことであれ、自分のせいではないと言うことができます。人が他人を傷つける理由で最もよくあるのは、自分の痛みや怖れに対処する方法を知らないからです。誰より威圧感があって強そうに見える人ほど、実際はとても臆病で繊細なものです。

子どもの頃の自分に、あなたはもうひとりぼっちではなく、いつも心の中には安全で温かい居場所があり、そこでは安心して自分らしくいられるのだと伝えてください。

ステップ④　本来の自分を知る

ここからは、あなたが本来の自分を取り戻すために、さらに過去の出来事を振り返ってみましょう。その記憶の中で、子どもの頃のあなたはなにをしていますか？　自分や周りの世界についてなにを考え、なにを感じていますか？　いくつかの出来事を振り返って、子どもの頃のあなたの自分らしさを思い出してください。

子どもの頃のあなたが遊んだり、空想したり、探検したりしているのを観察しながらその心の中を覗いて、奥深くにある特徴的な光を見つけるようにイメージしてみます。あなたは透明人間モードに陥り、なるべく他人の注意を引かないようにその光を隠してしまいました。でも、その光は内なる太陽のように明るく輝いています。その輝きを見つめて、どんな要素があるかに注意を向けてみましょう。感受性、優しさ、純粋さを感じますか？　好奇心、解放感、喜びを感じますか？　それとも信頼、勇気、愛を感じるでしょうか？　頭で分析しすぎることなく、直感であなたのインナーチャイルドにはどんな資質があるかを感じ取ってください。

純粋さを失う前のあなたはどんな子だったかを少しずつ思い出しながら、心の空白を埋めていきましょう。あなたはこれまで、その空白の存在には気づいてはいたものの、どうすれば埋められるのかわからなかったのかもしれません。その空白は、どんな達成感や人間関係を以てしても埋めることはできません。なぜなら、あなたに欠けていたのは外から得ることができないものだからです。

ステップ⑤　現実に戻る

いまのあなたはおそらく、この旅が始まったときよりもずっと大きな感謝の気持ちを持って幼い頃の自分を見ていることでしょう。傷つきやすいこの子を放っておけないと強く感じているかもしれません。

ここで、インナーチャイルドに最も重要なことを問いかけます。「これからは私と一緒にいる？」と聞いてみてください。辛抱強く返事を待ち、子どもの頃のあなたが「うん」と言ったらそっと腕の中に抱いて、あなたの心の温かさで包んでください。そこはインナーチャイルドの快適で居心地の良いこれからの居場所になります。この新しい居場所にいればもう自分を守る必要はないことを、その子にそっと伝えてあげましょう。

この瞬間から、インナーチャイルドはあなたの保護下にあります。すでにあなたのキャパシティがいっぱいなことを考えると、子どもの保護者でいることは大変な仕事のように思えるかもしれません。でも安心してください、インナーチャイルドは常にあなたの注意を必要としているわけではありません。それでは、目を開けて現実に戻りましょう。

………

自分という存在を定義するのはなにか？

〝自分の内なる声を怖れなければ、外からの非難も怖れることはありません。

——ナタリー・ゴールドバーグ〟

安全よりも自由を、快適さよりも目的を選ぶのは勇気がいることで、自分がどんな人間であろうと、なにを心に秘めていようと、自分の存在はこの世の中にとって意味があるのだと強く思う必要があります。テキサス出身のリジー・ベラスケスという若い女性のように、世間から嘲笑された経験がある人にとっては、生涯を隠れるように生きるという選択肢も悪くないように思えるかもしれません。もっとも、あなたはリジーと違って何百万人もの人から嘲笑された経験はないはずです。

リジーは珍しい組み合わせの遺伝性疾患を持って生まれました。全身の結合組織の働きに影響を及ぼすマルファン症候群と脂肪をつくることができない脂肪萎縮症を患い、157センチの身長に対して体重は30キロ未満、さらに右目は失明していて、皮膚が紙のように薄いので怪我をしやすく、人より老化も早いのです。幼少期から手術と検査を繰り返してきた彼女には、子どもの頃を振り返っても病院に通っていた記憶しかありませんでした。それでもリジーは、健康な兄姉と同じように接してくれる愛情深い家族のもとで育ったので、自分は恵まれていたと語っています。

彼女は幼稚園に入るまで、そんな家族からの愛と支えはごく当たり前のものと感じていたそうです。リジーの両親はいつも「あなたは美しくて、賢くて、どんなことも成し遂げられる。あなたはどこも悪くないわ。ただほかの子よりも少し小さいだけ」と彼女を励ましていました。ところが学校に通い始めると、リジーはほかの子どもたちから指を差されたり、避けられたりするようになります。自分がなにかしたわけでもないのに、どうしてそんな扱いを受けるのか、彼女には理解できませんでした。

リジーが自信を取り戻し始めたのは、ハイスクールに入ってからのことでした。勇気を出してさまざまな活動に参加したり、友達をつくったりしているうちに、もっと積極的になるべきだと学んだそうです。最初の一歩を踏み出すのは恐くても、その努力が報われることを知ったのです。リジーは学校新聞の製作チームに入り、イヤーブックのカメラマンになり、チアリーディングにも挑戦しました。そしてようやく、同級生の前でも自分らしくいられるようになったと言います。

リジーが17歳のとき、頭の中が真っ白になるような出来事が起きました。宿題に取り掛かる前にユーチューブを見ていると『世界一醜い女性』という動画が目に入ったそうです。なんの気なしに動画を再生すると、恐ろしいことに、そこに映っていたのは自分の姿でした。誰かが勝手に彼女の写真を動画にしてアップしていたのです。動画の再生回数はすでに400万回以上で、コメント欄には怪物だとか、母親は中絶するべきだったとか、自殺すべきだったとか、さらにひどい書き込みも並んでいました。リジーは呆然としながらコメント欄をスクロールして、自分を擁護してくれている人を探したそうです。でも、そんな良識と勇気のあるコメントは1件も見つかりませんでした。

リジーがどれほど打ちのめされたのかは想像に難くありません。彼女はそれから何日も心を閉ざして泣きじゃくり、もう終わりだとすべてを諦めていたと言います。でもしばらくすると、心の奥底からすべてを変える気づきが湧き上がってきたのを感じたそうです。

ユーチューブの『TEDx Talks』というチャンネルに上がった1本の動画の中で、リジーは聴衆にこう問いかけています。「あなたは自分自身をどう定義していますか?」。それから彼女は、自分の細すぎる脚や腕にも細長い顔にもうんざりしていたと、かつてはいかに自分の外見を気にしていたかを語り始めます。リジーは毎晩、どうにかしてこの病気が治るように、治療方法が見つかるようにと祈っていました。ユーチューブで偶然自分の動画を見つけた日から、外見に対する自己否定に自分自身が耐えられなくなったそうです。でも、絶望と自己憐憫の日々から数日後、彼女の中でなにかが動きました。人生を楽しいものにするのも、つらいものにするのも自分次第だと気づいたのです。自分という人間の定義を心無い人たちに決めさせてしまうのか、それとも自分自身で決めるのか、それは彼女の選択なのです。リジーは講演の中で、そう気づいた瞬間からユーチューブのコメントにショックを受けることはなくなり、むしろそんなネガティブな発言を自分の燃料にできるようになったと話しています。

動画を発見してから数年後、リジーは大学を卒業して3冊の自己啓発本を出版しました。さらに自身の半生を描いたドキュメンタリー映画にも出演、リジー本人のユーチューブ動画は5400万回以上再生されています。彼女はそれらの作品の中で、自分には価値がない、世間には認められないと思い込んでいた多くの人たちに希望を与えてきました。そしてあるインタビューでは「あの『世界一醜い女性』の動画を投稿した人がわかったら、花束とお礼のカードを送りたいわ」と語っています。

リジーのストーリーから学べるのは、自分を愛すること、自分の価値を正しく評価することができれば、心無い非難や拒絶も気にならなくなるという教訓です。ところで、リジーはどうやって自分自身を受け入れる強さと勇気を手に入れたと思いますか？　リジーによれば、彼女が折れない心と楽観主義を持てたのも、いつも無条件に彼女を愛し、支えてくれた両親のおかげだそうです。娘には人の目を避けたり自分は人よりも劣っていると感じたりする理由はない、という両親の確固たる考え方が、世の中に自分の存在を示すという彼女の選択を支えたのです。

では、両親からそんな愛に満ちたサポートを受けられなかったら？　両親が忙しすぎて子どものSOSに気づかなかったとしたら？　透明人間に陥った人は自信を得たり周りを信頼したりもできずに、永久に隠れて生きることになるのでしょうか？

隠れることから輝くことへ

〝誰もが皆、戯れたがる子どもを内に秘めている。

――フリードリヒ・ニーチェ〟

ここからは少し話を戻します。あなたの潜在意識は人生のどこかのタイミングでありのままの自分でいては傷つくだけだと感じるようになり、無垢な側面を隠してしまったことは説明しました。そして何年も透明人間として生きることで、いつの間にか本当の自分を忘れてしまいます。透明人間はもはや傷つかずに生きるための手段ではなく、自分のアイデンティティの一部となってしまうのです。

でも、あなたは先ほどの過去への旅で、本来の自分らしさを思い出しました。もっとも、あなたはまだ懐疑的で、何十年も続けてきた生き方を捨てて、子どもの頃の自分らしさを取り戻すことなんて本当に可能なのかと感じているかもしれません。

アンナというクライアントの生き方が、本来の自分の資質を取り戻したことでどう変わっていったのかを紹介しましょう。30代の若手作家だったアンナは、自分が繊細な性格であることを自覚していました。誰かに少しネガティブなことを言われただけで自分を完全に否定されたように感じてしまい、編集者から文章の修正を提案されれば、いつもは理解者のふりをしているだけなんだと思ってしまうと言うのです。

透明人間に陥っていたアンナは社交的な集まりはなるべく避け、参加したとしても会話や交流は控えめにしていました。

アンナが繊細で内気な性格になったのは、幼少期の2つのことが大きな原因でした。まずひとつは、東欧出身の母親から、アンナ曰く「ものすごく時代遅れな服」を着せられていたことです。アンナのカラフルな東欧の伝統的なドレスと膝上まである靴下は、ロサンゼルス育ちの都会的でスタイリッシュなクラスメイトたちから変な目で見られていたそうです。そしてもうひとつの原因は、母親が彼女を体操の選手にしたがっていたことです。ほかの子どもたちが仲良く遊んでいる間、アンナはジャンプやフリップを練習し、ときには転倒して痛い思いもしていました。複雑な動きを覚えなければならないストレスと、毎週の競技で勝たなければならないというプレッシャー、つまり母親とコーチを喜ばせなければいけないという重圧が彼女を苦しめていたのです。学校を卒業し、体操を辞めてから何年も経っても、アンナは周囲から常に監視されているように感じていたそうです。

私とのセッションで幼少期に戻ったとき、アンナは4歳の頃の記憶を呼び起こしました。プールで怖れることなく3メートルの飛び込み台に登ったときのこと。そこから水に飛び込んだときの喜びと興奮。長い間そのときの気持ちを忘れていたアンナは、本来の自分には勇気と前向きに生きる力があったことに気づきました。彼女は涙を流しながら「私は本当は怖いもの知らずで、楽しく生きられる人間だということを忘れていたみたいです。この小さな女の子は、ありのままの自分で生きることの大切さを思い出させてくれました」と話しました。

それから数週間、アンナは心の中に連れ戻した少女と毎日ふれあうように努めました。朝はソファに座ってホットチョコレートを飲みながら、その日の予定について語りかけたりしていたそうです。少女が不安や心配を抱いたとしても、アンナは「安心して、どんな問題が起きても大人の私に任せておけばいいよ」と言い聞かせました。そして、職場でのミーティング、母親への電話、デートなど、それまでつまずくことも多かった状況には、かつての自分から取り戻した勇気と明るさで臨んでいたそうです。

アンナの変化には友人たちもすぐに気づき「なんか最近、いい感じね」「堂々としたいまのアンナが好きよ」「年齢より若くて元気に見えるけど、なにか秘訣があるの？」と褒められることが増えました。もっとも、好意的な言葉は嬉しいものですが、アンナはあまり真に受けないようにしていたそうです。それは批判されようが、褒められようが、他人の意見はあくまでその人の主観でしかないことを理解していたからです。

本来の自分らしさを取り戻すことは、私も含めて多くの人の人生に新たな豊かさをもたらしています。アンナのように、勇気と明るさを取り戻した人もいます。クリスティンという私のクライアントは、子どもの頃は注意力がないとよく叱られていましたが、空想にふけったり、夕日の美しさや自然の香りを愉しんだりすることのできる感性を取り戻しました。クリスティンはインナーチャイルドに向き合うことで何十年も悩まされた不眠症を克服し、またぐっすりと眠れるようにもなったそうです。

私自身に関して言えば、かつては終わったことをいつまでも反芻したり、かなり先のことまで綿密に計画したりしていたのですが、子どもの頃の自由な心を取り戻したいまでは自分の一挙手一投足を深く考えたり、先のことを細かく管理したりする必要性を感じません。そして自分でコントロールできることとできないこと、つまり、なるようにしかならないことを見極めることができるようになりました。

第７章
先延ばし屋モード：やるべきことを後回しにしてしまう

〝明日は週で一番忙しい日かもしれない

――スペインのことわざ〟

解放感から後悔へ

やるべきことをつい先延ばしにしてしまうのは、怠け心や計画性のなさの表れとよく言われます。でも、先延ばし癖は必ずしもそうしたことが原因とは限りません。私もかつて（いまでもたまに）、とても忙しくなるといろいろなことを後回しにしていました。デスクの上に仕事が山積みになればなるほど、掃除機をかけたり、窓を拭いたり、電球を変えたりと、なぜかほかのことをしてしまいます。そんな風にせわしなくなにかをするのは、もっと大変なことを先延ばしにするための自分への言い訳なのです。

あなたは違うかもしれませんが、私はやるべきことを先延ばしにしてしまった日はぐっすり眠れません。大抵悪い夢を見るのです。勉強しないまま数学のテストを受けたり、クリスマス・イヴの当日になって両親へのプレゼントを買っていないことに気づいたり、特に最悪だったのは、ズボンを穿き忘れて街を歩いている夢でした。これは明らかに、潜在的に不安を感じている証拠です。

あなたはズボンを穿き忘れるような夢を見ることはないと思いますが、やるべきことを先延ばしにして安心したことはないはずです。先延ばしをするのは大抵の場合、怠け心があるからでも計画性がないからでもなく、その大変さに圧倒されたり、自信がなかったり、面倒に感じていたりするからです。私たちの潜在意識は精神面の安定のために気晴らしを必要としていて、その結果、大変に感じる物事を先延ばしにしてしまうのです。この自己防衛モードは、回避系の3つのタイプ（被害者、透明人間、先延ばし屋）のひとつではありますが、それほど特別なものではありません。先延ばし行為は自己防衛の習慣の中で最もよく見られるもので、誰にでも身に覚えがあると思います。

さて、あなたはもしかしたら、自分は忙しすぎるのでどうしてもいろいろなことが先延ばしになってしまっているだけだ、と思っているかもしれません。でも、普段の生活に注意深く目を向けてみると、なにか特定の物事に先延ばし癖が表れているはずです。誤解しないでいただきたいのは、何事にも優先順位があるのは当然です。いまは仕事や子育てを最優先にしているからといって、その人が先延ばし屋というわけではありません。英語にも〝誰にでも物事を先延ばしにすることはあるが、誰にでも先延ばし癖があるわけではない〟ということわざがあります。では、あなたが自己防衛モードの先延ばし屋モードに陥っているかどうかは、どうすれば判断できるのでしょうか？

先延ばし行為が日常に支障をきたしていないか？

研究によると、先延ばし癖はおよそ5人に1人にあるそうです。また、カルガリー大学が行ったメタ分析の結果は、大学生の80～95パーセントに先延ばし癖があり、特に学習課題を先延ばしにする傾向があることを示していました。50年ほど前と比べると、現代人の多くは職場や家庭で大きなプレッシャーやストレスを感じている一方で、気を紛らわす方法も無限にあります。無数のチャンネルがある動画配信サービス、さまざまなスポーツ観戦、ネットサーフィン、いつでも食べられるファストフード店など、しんどい努力をするよりも即席の満足感を得たいという誘惑にはなかなか抗えないものです。

ここで、あなたの内なる先延ばし屋が活発すぎるかどうかを見分ける6つのサインを紹介します。

1．いつも特定のことを先延ばしにしてしまう

先延ばし行為にありがちなのは、楽なことを優先して大変なことを放置してしまうことです。あなたがどんな人であれ、まさか自分に深刻な先延ばし癖があるなんて考えたこともないかもしれません。でも、毎回ダイエットをしようと誓ったそばから甘いものを食べてしまったり、パートナーとの約束を何ヶ月も実行できていなかったり、読んでいない本がどんどん溜まっていったりするのはなぜでしょう？

あなたも〝人生の輪〟をどこかで見聞きしたことがあるかもしれません。人生の輪とは、バランスの取れた生き方ができているのかを明確に視覚化してくれる便利なツールです。人生の輪はＳＭＩ（サクセス・モチベーション・インスティテュート）の創設者、ポール・Ｊ・マイヤーが考案したもので、輪の各セクションは人生における８つの項目になっています。各項目に対する自分の満足度を中心から外側に向かって色鉛筆などで塗りつぶして表し、その形が円に近いほどバランスの取れた生き方ができているということになります。

2．気が散りやすい

ここ最近で、なにかの問題や期限、面倒なことに対処する必要があったときのことを振り返

図２　人生の輪

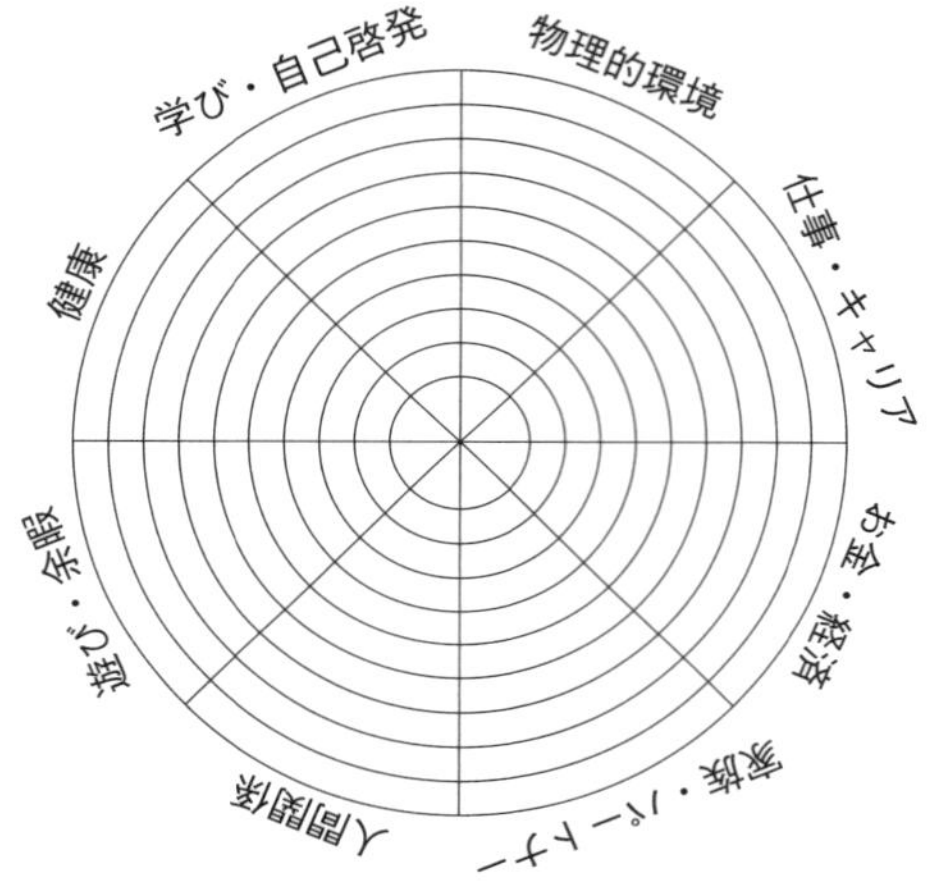

この輪は人生の８つの項目について自分がどの程度満足しているか、どこに注意を向けるべきかを示しています

ってみてください。あなたはそんなとき、ふと部屋が散らかっていることに気づいて、急に掃除をしなければと思い立ったりしませんでしたか？　メールボックスの受信トレイの整理に没頭し始めたり、特に目的もないのにネットサーフィンをしたり、あるいは、まずはコーヒーを飲んでから取り掛かろうとしたり、一旦仮眠をして眠気をとる必要があると自分に言い聞かせたりしていませんか？　こうした行動は軽度のＡＤＨＤと診断されることもありますが、しんどい思いをしたり、結果にがっかりしたり、ミスをしたりするのを避けようとするあまり、結果的に時間を浪費してしまう先延ばし屋モードに陥っている可能性も大いにあります。

3．なにかを決断するのが苦手

先延ばし屋にとって選択は怖いことです。それは間違った選択をしてしまうリスクを怖れているだけでなく、どんな決断も自分を反映するものだと感じているからです。たとえば、どの服を着て出勤するか、どんなプレゼントを母親に買うか、どこのお店でランチを食べるか、といったなんてことのない選択でさえ大きな決断になってしまうのです。もし後で後悔したら？　もし誰かにその選択を批判されたら？　と考えてしまってなかなか決めることができません。

4．目の前のことから逃れるためにアルコールに頼る

先延ばし行為とアルコールは密接に関係していることが多くあります。いまはまだ気が乗らない、取り掛かるのが不安だというようなことを考えていると、潜在意識が自分を救うために気晴らしを求めます。そして、どうしても先延ばしにすることが難しいときは、そのストレスから逃れるためにお酒に頼ってしまうのです。

5．自分の（そして他人の）言葉を信用していない

あなたは何度約束を破られたら相手の言葉を信用しなくなるでしょうか？　ほとんどの人の答えは1～5回の間に入ると思います。では、あなたはいままでに何度明日こそやろうと決めてやらなかったことがありますか？　他人にも宣言しておきながら守らなかったことは何度あ

りますか？　さらにはその言い訳をするために、嘘や中途半端な真実に頼ったことはありませんか？　明日こそはやると宣言した瞬間に家族や友人から鼻で笑われることがよくあるなら、あなたは先延ばし屋モードに陥っているかもしれません。そうなると周りからの信頼を損なうだけでなく自信も失い、自分自身も含めた親しい人間関係に支障をきたしてしまいます。

6．ストレスが原因の健康問題と闘っている

研究によると、先延ばし行為は過度のストレス、不安、抑うつ、不眠、疲労、そのほかの病気とも関連しているそうです。もちろん、ストレスやそれに関連する健康問題は先延ばし行為のほかにもさまざまな要因によって引き起こされます。とはいえ、やることリストが増えるにつれて身体的にも定期的に不調が見られるようになったら、そろそろ変化を起こさないといけません。

もしこれらのどれかに思い当たる節があったとしても、深刻に悩む必要はありません。これらは多かれ少なかれ、誰にでもあることです。要するに、なにかをするのをためらうのは、それが大変なことに思えるからです。自分や誰かにとって重要なことだとわかっていても先延ばしにしてしまうなら、それは潜在意識の先延ばし屋が手綱を引いていると考えられます。

そこでこんな疑問が浮かんできます。後から不安やストレスを感じることになるのは明らか

なのに、どうして潜在意識は先延ばしにしたいという衝動をもたらすのでしょうか？

なぜ潜在意識は先延ばしをさせるのか

先延ばし行為が潜在意識の働きによるものなら、本人には責任がないように思えます。では、すべては潜在意識のせいなのでしょうか？　実際のところ、すべての自己防衛モードは本質的には悪いものではないので、先延ばし行為も誰のせいでもありません。私たちの潜在意識はストレスを溜め込んだり、心が傷ついたりしないように仕事をしているだけなのです。もっとも、先延ばし行為の多くは子どもの頃に身についたものなので、それを見直し、修正するのは自分の責任です。先延ばしに限らず、まずは自分の癖に気づくことが自己防衛モードを更新する第一歩です。では、心の中の先延ばし屋がなぜ、どのようにあなたの意志を挫くのか、その理由を詳しく見ていきましょう。

・面倒なことや退屈なことを避けるため

こんなに大変に感じるということは、そもそも自分には向いていないのかもしれない。人生は短いのだから、楽しくないことをしていてはもったいない。こんなことをしてもつまらないし、時間の無駄だ。

こんな思考パターンはまさに先延ばし行為の典型的な言い訳と言えます。まず大切なのは、目の前の問題を解決したり、ずっと放置してきた課題に取り組んだりするために時間とエネルギーを使おうという意志をしっかりと持つことです。それは皿洗いにせよ、請求書の支払いにせよ、毎年の健康診断の予約にせよ、どんなことにでも言えます。今度こそやるぞと意気込んでも、いざ行動を起こそうとすればするほど億劫になっていくことは誰にでもあります。それはバンジージャンプをする前に橋の縁に近づくような心境です。一歩一歩前に進むごとに、飛び降りることへの抵抗が増していくのです。日常生活では、その抵抗に屈したときに「とりあえず少しだけテレビを見てからにしようかな」という心の声が聞こえてきます。または「そういえばインスタグラムのあの投稿に〝いいね!〟はどのくらいついたかな」とほかのことが気になってきたりもするのです。

最初は途中で投げ出したいという誘惑に逆らっていても、諦めた途端に不思議と気分がほっとして、まるで学校をずる休みをした子どものような解放感に包まれます。いまはまだ余裕がある、自分は追い込まれないと最高のパフォーマンスを発揮できないのだ、と自分自身を納得させたことのある人は多くいるでしょう。それは高校生や大学生のときはぎりぎりになってからテスト勉強を始めても、徹夜をすればそこそこの成績が取れたりしたからです。

でも、時間が経つにつれてその解放感も薄れていき、やがて挫折感に襲われます。そしてその後は自分を説教して、明日からちゃんとしようと気持ちを切り替えるのです。

あなたの潜在意識の先延ばし屋は、映画『ビッグ・リボウスキ』でジェフ・ブリッジスが演じた〝デュード〟のような不精者に思えるかもしれません。でも実際には、先延ばし屋はなるべく責任を逃れようとする怠け者ではありません。先延ばし屋の目的は、退屈で面倒なことに取り掛からなければいけないという苦悩からあなたを守ることなのです。食べるとほっとするおふくろの味のように、先延ばし屋はあなたの人生を改善する解決策こそ提供してはくれませんが、張り詰めた気分を和らげ、即効性のある満足感を与えてくれます。

また、それほど大変ではないことを先延ばしにするのは単なる面倒くさがりや怠け者と解釈されるかもしれません。でも、その動機をよく考えてみると隠れた理由が見えてきます。美容院に行くことを先延ばしにしているなら、それは美容師と会話したり、鏡に映る自分の顔と長時間向き合ったりすることへの不快感が関連しているのかもしれません。また、健康診断を後回しにしてしまうのは悪い知らせを受けたり、体重が増えているのを指摘されたりすることへの恐怖が引き金になっている可能性があります。大切なのは、やるべきことを先延ばしにしているのはだらしがないからだと決めつけるのではなく、あなたの潜在意識が一体なにを警戒してブレーキを踏んでいるのかを読み解いてみることです。

・失敗するリスクを避けるため

これは大事なことだから万全の状態で臨みたい。とりあえずもう少し準備を整えてから取り掛かろう。

先延ばし屋が活発になる最も強い動機は、期待に応えられずに失望されてしまうかもしれないという怖れです。誰かに期待されている状態で失敗のリスクが現実的に見えてくると、心の中の先延ばし屋が消防士のように押しかけてきて、あなたを不安と心配の炎の中から救出します。

大学生のレイチェルは小さな頃から、特別な才能に恵まれているので将来は世界的に成功するだろうと言われて育ちました。幼い頃は両親や祖父母から褒められたり期待されたりするのが大好きだった彼女も、思春期に入ると常にクラスで一番でいなければならない重圧に苦しみました。その頃はまだ家族からのプレッシャーもそれほど大きくなく、彼女が幸せになることだけを望んでいると言ってくれていたそうです。実際のところ、レイチェルの重荷になっていたのはクラスで一番になることだけでなく、数学やスピーチ、史学のコンテストで常に優勝しなければならないという自分自身で立てた無茶な目標でした。

15歳になった頃から、レイチェルは学校の課題に取り掛かるのを先延ばしにするようになり、さらには授業もさぼるようになりました。レイチェルの話では、なにもかもに疲れきってしまい勉強に集中できなかったと言います。テストの準備のためにデスクの椅子に座ろうとすると、身体が麻痺したような疲労感に襲われたそうです。そんなときは昼寝をするか、ユーチューブを見て気を紛らわすしかありませんでした。そして残念なことに、この先延ばし行為は大学に入ってからも続きました。今度の試験でA評価を取ることができなかったり、良いエッセイを書くことができなかったりしたらと思うと、疲労感がさらに押し寄せてきたそうです。そして、平凡な成績で終わるくらいならいっそ試験を受けないほうがましだとさえ思ったと言います。

0か100かの偏った思考は、あなたも身をもって体験したことがあるかもしれません。そしてレイチェルのように、自分自身に課したノルマとそれを達成できないかもしれないという不安がぶつかったときこそ、先延ばしにしてしまいたい衝動に駆られる人も多いと思います。完璧主義者ほど、失敗する可能性を前にするとその挫折感や恥ずかしさから逃れようとするのです。私はレイチェルに、なぜ平凡な評価だとF評価より悪いのか尋ねてみました。すると彼女は、自分の最高のポテンシャルを発揮できないのなら、いっそのこと諦めてしまった方が気持ちの整理がつくのだと答えました。そうすることで、次に挑戦するときこそ最高の結果を出せると思っていられるそうです。どうやらこのタイプの人には先延ばしを正当化する独自の理論があるようです。

・気持ちが圧倒されることを避けるため

いまは忙しいから無理だけど、あれとこれとそれが終わったらすぐに取り掛かろう。スケジュールがびっしりで余裕がないときは心が過負荷になります。そんなとき、潜在意識はトリアージ〔訳注／多数の傷病者が同時に発生した場合に、傷病の緊急度や重症度に応じて治療の優先順位を決めること」を行い、やることリストにある緊急性が低い、または時間がかかることを後回しにします。私がこれまで見てきた中では、サービス精神が旺盛な人ほど自分の夢や願望の追求を後回しにして、そのエネルギーを他人のために使っているというケースがよくありました。

また、向上心の高い人は楽しいことを後に取っておくことで、それにかまけて高い目標に到達できなくなるのを避けようとする傾向があります。

忙しさに圧倒されることは、先延ばし行為を引き起こすトリガーになり得ます。あなたも忙しさや時間のなさという無難な言い訳を意図的に使って、やるべきことを先延ばしにしているかもしれません。

・変化を避けるため

まだ取り掛かるべきときではないんじゃないか？　それより、ほかにやることを思いついた。人生が変わるような野心的な目標に取り組もうとするときは、潜在意識がブレーキをかけることがあります。たとえば、あなたの新年の抱負が3月までに20キロ瘦せることだったとしましょう。でもいまの快適な生活から抜け出すことに不安を感じると、すぐに潜在意識の先延ばし屋が目を覚まします。その結果、あなたは4月になっても（ゴールド会員にもかかわらず）ジムには行かず、ファストフード店に通うこともやめていません。このままなにもしないでいると負けだという思いを潜在意識が認識すると、なにか新しいことや最初の目標から気を逸らすようなものへとあなたを誘導します。

ブライアンは初めて私を訪ねてきたとき、将来はライフコーチとして人生に行き詰まっている人たちをサポートしたいと語っていました。でも、その夢を抱いたきっかけは、自分自身もまだ現状を打破できていないからだと言うのです。そして彼はこう続けました。「意欲が足りないのではありません。自己啓発の本を読んだり、セミナーに参加したり、ユーチューブで関連動画を何時間も見たりして勉強しています。でも、なにかを始めるのは得意ですが、それを継続するのが苦手なんです」

ブライアンが言うには、将来的なプランを立てたり学んだことを実践したりしようとした瞬間、ひとまずリラックスしたり、ビールを飲んだり、タバコを吸ったりしたくなるのだそうです。急に頭の中に、人生は短いんだからもっと楽しいこともするべきだとか、勉強しすぎても退屈な人間になるだけかもしれないという心の声が聞こえてきたり、友人たちはいま頃パブにいるから行ってみようかという考えが浮かんできたりするようです。これはなにかの依存症を患っている人によく見られる傾向です（依存症的な行動は先延ばし癖の極端なかたちであることも事実です）。とはいえ、誰かの行動を理解するためには、そもそもなにがその行動を駆り立てているのかを明らかにする必要があります。

ブライアンの父親は彼が4歳のときに家を出て行ったそうです。母親は働きながらふたりの息子を育てていたのですが、とてもだらしのない人でした。酒浸りで、いつもどうしようもない男と付き合ってはすぐに別れていたようです。ブライアンと弟は母親を喜ばせたい一心で、学校では一生懸命勉強していました。でも、ふたりがどんなに頑張っても母親から褒められることはなく、まともな食事や清潔な服も与えられず、宿題も見てもらえなかったそうです。ふたりは学校に行けば予習が不十分だと教師に叱られ、同級生からも小汚い服装や不潔さをバカにされていました。

ティーンエイジャーになると、ブライアンと弟はもう良い子でいるのはやめようと考えました。母親が家にいることも少なかったので、ふたりは学校をサボって釣りに出かけたり、通りをぶらついたりしていました。その方が、退屈な授業よりもずっと有意義だと思えたのです。

ブライアンは涙を流しながらこう話してくれました。「私と弟は子どもの頃、どんなに孤独だったことか。私たち兄弟と一緒にいてくれるのは、同じような家庭環境のいわゆる不良少年たちだけでした。そんな仲間たちと10代前半でアルコールを覚えたとき、酒を飲むと自分が明るい人気者になれることに気づいたんです」

でも、ブライアンは人生に行き詰まっていました。かろうじてGED〔訳注／高校卒業と同程度の学力を証明する認定資格〕には合格したものの、大学に通うまでには至りませんでした。仕事も嫌なことがあったりプレッシャーを感じたりするとすぐに辞めてしまうので、1年以上続いたためしがなかったそうです。ブライアンの先延ばし行為は、私とのセッションにも影響を与えていました。彼は毎回、私が出した課題をきちんとこなすと強い決意を表明するのですが、次に私と顔を合わせたときには、たった数日しかその気持ちが続かなかったと認めるのです。

ブライアンは私とのセッションから最大限の成果を得ようと努力していたものの、心のどこかで変わることを望んでいなかったのだと説明しました。というのも、それまで友人を獲得してきた〝楽しく生きる〟という自分の唯一の長所を失うのを怖れていたからです。楽しい日々を過ごすにはアルコールの力が必要でした。酒を飲めばリラックスできるので、物事に対して深刻にならずに済むのです。ほろ酔い気分で友人と楽しく過ごすか、シラフのまま家で自分の成長のために頑張るか、ブライアンは葛藤していました。彼にとってはキャリアや経済的な安定性よりも、再び仲間外れになることの方が問題だったのです。

ブライアンは生活を改めず、徐々に絶望的な状況に陥っていきました。彼は「母からネグレクトされて見捨てられたと感じていたのに、まさか今度は自分が自分自身に同じことをしていたなんて……」と嘆き、ついに依存行動を断ち切ることを決意しました。ブライアンはそれまでの自堕落な生活をやめるべく、リハビリ・プログラムに参加しました。アルコールを覚えて以来、初めて飲酒をやめても自分らしさや友人を失うことにはならないと思えたのです。さらに、飲酒をやめて健康的な生活を送ることで、少年時代には持てなかった自分を大切にする気持ちも芽生えたそうです。

………

これは先延ばし屋の一例に過ぎません。この自己防衛モードは主に2つの不安によって目を覚まします。まずひとつは失敗への怖れ。これは自分にはたいした能力も才能もないという固定観念と密接に結びついています。そして困難への不安。これは慣れ親しんだ楽な生き方から離れたくないという気持ちです。自分が生き方を改めてどれだけうまくやれるかは誰にもわかりません。

あなたが行き詰まったり挫折したりという人生の問題に取り組むのは、今回が初めてではないかもしれません。何度も改善を試みても、最初の一歩を踏み出す直前や直後にためらい、その度に先延ばしにしてきたのかもしれません。挫折を経験して、この自滅的な習慣を克服するのは無理だと諦めてきた人もいるでしょう。でも、これまでのあなたは先延ばし癖を自分の短所や欠点として捉え、その保護的な役割を理解していなかっただけなのです。次の章では、潜在意識の先延ばし屋をプラスに変える方法を解説していきます。先延ばし屋もほかの自己防衛モードと同様に、その働きがマイナスに働くことが多々あるにせよ、本来はあなたを守る潜在意識のチームの一員として常に最善の利益を考えているのです。

第8章
自己信頼：自分の行動をコントロールする鍵

〝自分に対する誠実さと信頼は、自信を持ち穏やかな心でいるための要です。自分の言葉すら信用できなければ、誰も信じることはできません〟

「もう怠けるのはやめよう」「頑張って一歩踏み出そう」「時間を大切にしよう」これらは〝先延ばし癖のある人に言ってはいけない10のこと〟に入るであろう典型的な言葉です。あなたの先延ばし癖がどんなに人生に悪影響を及ぼしていたとしても、怒りや非難、羞恥心は長期的な動機にはならず目を背けたいという気持ちが強まるだけです。この習慣を卒業しようと思うなら、まずは先延ばし癖はそもそも悪いことではなく、自分の心を守るための潜在意識の働きだということを念頭に置きましょう。そしてこれから紹介する４つのステップに強い意志を持って取り組んでみてください。

ステップ①　立ち止まり、耳を傾け、自問する

自分が先延ばし屋に陥っているかどうかはどうすればわかるのでしょうか？　先延ばし行為を促すのは潜在意識なので、意識的に判断できることではないかもしれません。朝起きて寝ぼけたままメールをチェックしていたり、気づいたら窓の外をぼうっと眺めていたりするのと同じで、無意識のうちにしていることなのです。でも、そんな潜在意識の自動操縦で物事を先延ばしにする直前に、心の声がネガティブなコメントを発していることに気づいてください。

あと20分くらいゆっくりしてから取り掛かろう、いまはまだ難しいからもう少し先に延ばそう、といった心の声は、潜在意識があなたの決意を揺るがせようとしている証拠です。

神経学では、私たちの脳は相手の発言と質問にはそれぞれ異なる反応を示すといわれています。ハーバード大学の心理学者ダニエル・ギルバートが行った嘘の科学に関する研究では、私たちは相手の発言に対して、それがどんなにとんでもない内容でも2段階のプロセスで反応していることが示されたそうです。それは――(1)聞いた内容を一旦真実として受け止める(2)その後に信じるか否かを判断する――というプロセスです。ギルバートの研究では、(1)は一瞬で行えても(2)は労力がかかるため、容易に妨げられてしまうことがわかっています。

つまり、考えている時間がなかったり特に反証がなかったりすると、私たちの脳は聞いたことを信じるべきかどうかきちんと判断せず、そのまま鵜呑みにしてしまう可能性が高いのです。

そしてもうひとつ、私たちの脳が相手の言葉を真実か嘘か判断するのを妨げる大きな要因があります。それは、絶え間ない情報の流れです。あまりにも情報量が多いと脳は過負荷になり、真実と嘘を見分けるのを諦めてしまうのです。

ギルバートの研究は他人とのコミュニケーションに焦点を当てたものですが、これは自分自身との内なるコミュニケーションにも当てはまります。あなたももう気づいているように、ネガティブなセルフトークは事実よりも思い込みや偏った視点に基づいていることが多いものです。気が乗らないということはやらない方がいいのかもしれない、やったところでうまくいかないだろう、いまの自分にはまだ難しすぎるなど、物事を先延ばしにするための口実は、脳がすべて嘘だと判断してもおかしくありません。でも、こうしたネガティブな思考は不安や心配、フラストレーションなどの強い感情を生み出し、(2)の真実か嘘かの判断を妨げるのです。自滅的な思考は執拗に繰り返されることも多いので、脳の理性的な側面である意識が、真実を見極めるプロセスを放棄してしまうのも不思議ではありません。そのため、たとえそれが思い込みであったとしても、私たちの脳は真実として受け取ってしまうのです。

ここでちょっとした質問をします。あなたのお母さんの旧姓はなんですか？　あなたはいま、思い出そうとして少し目線を上げませんでしたか？　質問は効果的に脳を刺激します。マサチューセッツ工科大学の神経科学教授、アール・K・ミラーによると、私たちの脳は2つ以上の知的タスクを同時に処理することが難しいそうです。つまり、質問は私たちの脳の神経細胞《ニューロン》をハイジャックすることができるのです。となると、私たちが自問するときも脳の全神経を集中させていることになります。

ここでマジックが起こります。ネガティブな思考を質問に変えると、脳の神経細胞が活性化されるだけでなく、(1)の一旦真実として受け止める過程をスキップして(2)の真偽の判別に進むのです。つまり、ネガティブなセルフトークをそのまま受け止めることがなくなります。

ネガティブな思考を質問に変えるテクニックは、ほかの自己防衛モードにも有効です。そうすることで、あなたの生き方を制限していた固定観念を捨てて、物事の捉え方を自分で決めることができるのです。大切なことなので繰り返します。「これは安全ではない」と聞くのと「これは安全だろうか？」と聞くのとの違いに注目してください。

ステップ②　分かれ道に気をつける

あるセミナーの講師は「成功する人は、常に長期的な結果に目を向けて行動しています。苦労している人は、早く結果が出ることとやすぐに満足感が得られることに目が行きがちです」と説いています。女性解放運動のパイオニアであるグロリア・スタイネムも「裕福な人は三世代先のことまで考えていますが、貧しい人は次の土曜の夜のことしか考えられません」と述べています。私は物事の一般化や単純化をあまり支持していませんが、その場しのぎ的な生き方は先延ばし癖のある人の特徴のひとつであることは確かです。私は潜在意識の知性の高さを知っているので、そんな潜在意識が先延ばし行為の悪影響に気づいていないとは思っていません。やるべきことを後回しにしようとする直前には、2つの選択肢に直面します。その選択に対する意識的な分析こそ、先延ばし癖のある人に欠けているものなのかもしれません。

分かれ道に立っている自分を思い浮かべてみてください。左の道はよく踏み固められていて、先延ばし行為の先にある結果へと続いています。この道を選べば一旦はやるべきことから解放され、ひとときの安堵を感じるかもしれません。でも、その後に罪悪感や不安に襲われ、最終的には挫折感を味わうことになるでしょう。

この先、数週間も数ヶ月間も同じことを繰り返した1年後の自分を想像してみてください。あなたは先延ばし行為によって自分の成長や成功が妨げられたり、人間関係にひびが入ったりするリスクに気づいていますか？　また、先延ばし行為が未来の自分に与える精神的、感情的な影響についても理解することが大切です。

では、右の道に目を向けてみましょう。その道の始まりには、葛藤や抵抗が見えるかもしれません。でもその道を突き進めば、途中にある小さな目標を達成することでさえ自信につながります。私の友人のゲルハルトは、自転車で険しい山道に挑むときは「頂上に辿り着いたときの気分だけを考えろ」と言っています。目標を成し遂げた自分をイメージすることは大切です。きれいに畳まれた洋服でいっぱいのクローゼット、請求書や散らかったものがない机、満面の笑みでジムの体重計に乗っている自分。先延ばしにしないという決断が、どんな変化につながるか想像してみてください。それはあなたの内と外の世界に大きな波及効果をもたらします。

分かれ道を前にしたら、自分に正直になってください。仕事や責務、目標を保留にすることで生じる自分自身や自分の人生への悪影響をあなどってはいけません。このステップの目的は、自分の将来を明確に描くことではなく、その場しのぎ的な考え方から脱却することです。目標を先延ばしにするのが得策か、それともすぐに取り掛かるべきか、それを決めるのはあなた自身です。この意識的な決断によって、あなたは自分自身をコントロールしている感覚を得ることができるでしょう。

行動科学の研究では、人は今後の行動について尋ねられると、実際のその後の行動に明らかな影響が出ることがわかっています。ヴィッキ・モルヴィッツが同僚たちと行った調査では、今後数ヶ月以内に新車を購入したいかどうかを質問された被験者グループは、そうでないグループと比較して実際の購入率が35パーセントも上がったそうです。また、ある都市で市民に次の選挙で投票するかどうかのアンケートを行ったところ、投票率が例年より25パーセント上昇したという報告もあります。このような質問による効果は運動の頻度を調査した研究でも確認されています。研究者たちはこうした現象が起こる理由を、未来の行動について考えることでそのイメージが自動的に潜在意識に刷り込まれるためだと結論付けています。この効果は他人の行動よりも、自分の行動をイメージしたときに顕著になるそうです。

では、先延ばし癖の克服に話を戻しましょう。正しい選択をイメージすることで、その意図を実現できる可能性は格段に高まります。これは、請求書の代金を支払っているところ、ジムで会員証を提出しているところ、テスト勉強をしているところなどを思い浮かべればいいのです。もちろん、逆に先延ばしにしている自分を思い描けば実際にそうなる可能性は高まるでしょう。つらい経験や傷つくことを避けて、楽しさや喜びを求める潜在意識の特性はここで役立ちます。先延ばしにしている自分をイメージするときは、自分に失望し、後々山積みになった問題に直面するときの苦しい気分もはっきりと直感的に思い出してください。そうすることで、潜在意識の苦痛を避けようとする動機が刺激されます。次は、正しい選択をしたことで自分を誇りに思い、達成感を味わっているところをイメージして潜在意識の動機に火をつけてください。

注意が必要なのは、先延ばし癖はすぐに直るわけではない、という点です。次のステップ③と④は、より強い自己信頼に基づいた意識と潜在意識のコラボレーションを生み出すのに役立ちます。

ステップ③　自分の言葉を大切にする

言葉は最も強力なツールのひとつです。言葉には創造したり、伝えたり、鼓舞したり、結びつけたりする力もあれば、欺いたり、壊したり、萎縮させたり、疎外したりする力もあります。言葉の持つ力を軽視しているとしたら、それは大きな間違いです。特に自分自身との関係において、言葉は強い力を持っています。あなたは落ち込んだとき、自分を強い言葉で責めたり否定したりしていませんか？　自分を責める言葉は不安や抑うつ、自己肯定感の低下などを引き起こします。そして、さらに深刻なのは自分に嘘をつくことです。

嘘について少しお話ししましょう。ほとんどの人は嘘をついたり、大袈裟に盛った話をしたり、意図的に情報を隠したりしたことがあると思います。私たちはそんなとき、これは悪気のない嘘だと自分に言い聞かせたり、この嘘は例外的なものだと言い訳をしたりすることで後ろめたさを感じないようにしています。ところが、ソーシャルメディアの登場によって、最近は嘘も日常的なコミュニケーション形態のひとつになってきました。フェイスブックやインスタグラム、ティックトックは虚栄心を満たす場とも呼ばれていて、実際には平凡な生活を送っていたり孤独を感じていたりするのに、そこでは〝友達〟に華やかな暮らしぶりをアピールする人がたくさんいます。逆に、恋人に愛想を尽かされたかもしれないとか、ベッドから起き上がれないほど落ち込んでいるとか、借金苦で家を失うかもしれないといった心配事を投稿する人はあまりいません。ソーシャルメディアの中では、自分を過度に演出するという一種の嘘が普通のことになっているのです。

２０１６年のアメリカ大統領選挙以来、政治家とメディアは現実を脚色するようになりました。世の中は〝オルタナティブ・ファクト（もうひとつの事実）〟や〝フェイク・ニュース〟をはじめ、露骨な嘘が蔓延《はびこ》り、真実が希少なものになる時代に突入したのです。

もちろん、嘘は古来より問題視されてきたので、ほとんどの宗教で嘘はいけないことだと教えられています。私は確信していますが、嘘はつく側にもつかれる側にもマイナスでしかなく、破滅的な結果につながることもあります。でも、特に心の中で先延ばし癖と綱引きをしているときは、自分自身に不誠実になってしまいがちです。

自分に嘘をついて物事を先延ばしにすることには3つの重大な問題があります。まずひとつ目は、脳が嘘に慣れてしまうこと。脳科学者たちの研究によって、嘘はつけばつくほど罪悪感や後ろめたさなどの感情が薄れていくことがわかっています。そして真実から離れれば離れるほど、もっと大胆に、頻繁に嘘をつくようになるそうです。つまり、はじめは例外的に嘘をついたはずが、いつの間にかそれが普通になってしまうのです。

ふたつ目は、目標を先延ばしにした結果を隠すために周りの人たち、特に大切に思っている人たちに対して真実をごまかすようになることです。自分はだらしがなく、どうしようもない人間だと思われることを怖れて、目標の進捗状況などに関して嘘をつくのです。でも、そんな嘘はつくたびに後から不安が増していきます。というのも、嘘をつくことで現実の上にではなく虚構の上に安心感や価値観を築いているからです。先延ばしのための嘘や言い訳はやがて裏目に出て、周りから信頼できない人という烙印を押されてしまうでしょう。

そして嘘をつくことの最大の問題点は、自分ですら自分自身の考えや言葉を信じられなくなることです。ロシアの偉大な作家であり哲学者であるフョードル・ドストエフスキーの作品の中には〝なにより大切なのは、自分に嘘をつかないことだ。自分に嘘をつき、その嘘に耳を傾ける者は、自分の中にも周りの人の中にも真実を見つけることができなくなり、やがて自分にも他人にも尊敬の気持ちを持てなくなる。そして人を敬うことができなくなった者は、人を愛することもやめてしまうだろう〟という言葉があります。自分に嘘をつき続けると、私たちは自分への信頼を失います。そして自分を信じることができなくなると、改善のために努力をしようとしても、変化を怖れる潜在意識がブレーキを踏むようになります。要するに、私たちの潜在意識は信頼できないガイドに従って未知の世界に足を踏み入れるよりも、慣れ親しんだ快適な場所に居続けようとするのです。

自分の言葉を大切にして自己信頼を高めるために、ここで実践的な方法を3つ紹介します。

(1)自分への信頼を取り戻す

あなたを頻繁に失望させる人がいたとします。その人があなたの信頼を取り戻すにはなにが必要でしょうか？　誠実さを見せることでしょうか？　電話をすぐに折り返すことでしょうか？　約束を守ることでしょうか？　おそらく、あなたが求めるのはそのすべてでしょう。そして、相手を再び信頼できるようになるまでには時間もかかるかもしれません。自分への信頼を回復するためには、まずは自分がどんな風に誠実さを欠いていたかを自覚する必要があります。

(2)完璧を目指すのではなく前進を目指す

億万長者や大スターを崇拝する世界では、いまの自分にできるのは小さな変化を積み重ねていくことだと認めるのは複雑な心境かもしれません。でも、自己防衛モードから脱却するためには一貫して小さなステップに取り組むことが大切です。だからこそ、これまで先延ばしにしてきた物事に片っ端から手をつけるのはやめましょう。まずはひとつのことだけに集中すれば、圧倒されずに最後までやり遂げることができます。マルチタスクを処理できる人が有能だと広く信じられているのとは裏腹に、ひとつのことだけに集中する人の方が成功する可能性が高いという研究結果もあります。

重要なのは、現実的で達成可能な目標を立てて、それをやり遂げたときに自分を褒めてあげられるようにすることです。まずはできることから始めましょう。

(3)現実的な計画を立てる

目標は明確で準備が万端でも、突然風船が割れたように意欲が消えてしまうことはありませんか？　意欲の風船に穴を空けてしまう原因のひとつは、間違った種類のエネルギーを燃料にしていることです。〝〇〇をやらなければならない〟という考え方は切迫感やプレッシャーを呼び起こし、進んでやる気になったというよりも強制のように感じてしまいます。ある研究によると、私たちは〝やるべきこと〟という言葉からは熟考が必要な物事を連想して、まだ先のことだと感じるのだそうです。

そこで、代わりに〝〇〇をやりたい〟や〝いまなら〇〇できる〟と考えた方がストレスも少なく、潜在意識にやる気を起こさせることができます。

意欲を大きな成果に変えるもうひとつの効果的な方法は、目標を達成するためにいつ、どこで、どのように行動するかという実行計画を立てることです。はっきりとした計画がないと決意が揺らいでしまったり、それを追求する時間やエネルギー、理由がまだ足りていないという先延ばしのための言い訳をしてしまったりしがちです。もちろん、いい加減な計画はそれ自体が最大の障害になることもあります。難易度が高すぎる計画、達成まで時間がかかりすぎる計画などは避けましょう。たとえば、毎日ジムに通い、食事も一日千キロカロリー以内に抑えて、最低でも50キロは痩せるという計画を立てたとしても、潜在意識の先延ばし屋が必然的な挫折を嗅ぎつけ、ジムの会員費などを理由にブレーキをかけてくるでしょう。

よく練られた計画とは次の基準を満たすものです。

・大きな目標を小さな目標に分割する。

ダイエットが目標の例

1．2ヶ月間のワークアウト・ルーティンをつくる。
2．甘いものや炭水化物の多い食事を減らす。
3．体重に関する精神面・感情面の問題にも対処する。

・内容はできるだけ具体的に。

例：月、水、金の午前7時から30分間、ジムで運動をする。

・忘れないようにする。

スマートフォンのスケジュールを活用したり、目につく場所にジムウェアを並べておいたりして、やるべきことを忘れないようにしましょう。

・計画を共有する。

あなたが計画を立てて目標に向かって全力を尽くしていることを、身近な人たちに宣言するのも手です。そうすることで責任感が生まれて達成できる可能性が高まります。

・日々を大切にする。

新しい習慣を確立するのは、終着点の見えない長い道のりに感じられます。だからこそ、今日一日、意志を貫くことも小さな目標だと考えましょう。

・自分の進歩をチェックして努力に報いる。

日記に毎週末、なにを達成したか、なにを学んだか、どんな障害を乗り越えたか、どれだけ上達したかを書き留めましょう。そしてたまには自分へのご褒美としてマッサージを受けたり、新しい靴を買ったり、ゆっくり休んだりすることも大切です。

潜在意識はあなたの計画が安全で現実的なものであることを理解すると、自然とあなたが目標に到達するための機会や創造的な方法を見つけるのをサポートします。私のクライアントのハリエットはこう言いました。「この間うちの夫に、私が先生のところに通うようになって一番変わったと思うところはどこかと聞いてみたんです。すると夫はすぐに、君は自分の行動をコントロールできるようになったと思う、と言ってくれました」。私が初めてハリエットに会ったとき、彼女は自分の現状を「なにかをする意欲も湧かないし変わりたいという気持ちもない、どうしていいかわからない状態です」と表現していました。不幸な出来事（失業、結婚生活の疲れ、健康問題）が重なったのをきっかけに一日のほとんどをベッドの上で過ごすようになり、食事や入浴すら億劫に感じていると言うのです。

ハリエットは自己愛の強い母親と、麻薬中毒の父親のもとで育ちました。子どもの頃の生活は、安定したものでも安心できるものでもなかったそうです。両親からの愛情の欠如に悩み、傷ついたハリエットは12歳のときに自殺未遂を起こしました。それは現実から逃れるためというよりも、両親に振り向いてもらうためだったと彼女は認めています。そしてそんな娘の行動があっても家族が変わらなかったとき、ハリエットの自己防衛モードが目覚めました。絶えることのない両親のケンカ、母親からの暴言、ろくに食事を与えてもらえず常に空腹感に苛まれる日常から逃れるには、部屋にこもって勉強に没頭するのが一番だと考えたのです。透明人間モードで学業に励んだことが功を奏し、彼女は17歳で大学に進学して実家を出ました。

ところが、大学の授業についていくのが難しくなり、ボーイフレンドにも浮気されると、また自己防衛反応が働いて彼女は先延ばし屋に陥りました。そしてやる気と努力が欠如した結果、大学を中退して自暴自棄になり、やがて社会から孤立していったのです。そんなハリエットが自分を変えなければと感じたのは、妊娠がわかったことがきっかけでした。

私を訪ねてきた彼女は、最初のセッションでこう言いました。「いちいち決意しなくても朝ベッドから出られるようになりたいし、知らない番号からかかってきた電話にも出られるようになりたいです。とにかくもう一度、生活を立て直したいと思っています」

ハリエットの生活は、母親になったことをきっかけに好転しました。「自分の赤ちゃんを見て、その無邪気さや愛にあふれた魂に触れたとき、私も赤ちゃんの頃はこんなに愛すべき存在だったんだと感じました。その瞬間、私自身もまだ愛されるべき存在なのだという微かな気づきがあったんです」。この閃きが、若い母親であるハリエットが過去の傷を癒し、そこから成長しようとする意欲に火をつけたのです。

ハリエットは自分への思いやりと優しさを持ち、無理やり努力するのではなく、小さな改善をひとつずつ積み重ねていくことだけに集中しました。彼女は当時を振り返り、毎日朝食をとりシャワーを浴びるという単純で小さな目標が、やがて完全に変身するきっかけになったと語っています。「あれから1年経ったいま、外見はずいぶん変わりました。体重は50キロ減りましたし、笑顔も増えて落ち着いた雰囲気になりました。人と接しても緊張して汗をかくことはなくなったので、グレーのトップスも着られるようになりました。でも、一番大きな変化は内面に起こりました。以前は悲しみや苦しみの中で孤独を感じていましたし、落ち込んだり不安になったりすることのない日々が訪れるなんて夢にも思いませんでした。でも、いまはもう孤独を感じる瞬間はありません。私にはいつも私自身がいます。それで十分でしょう？　私はいまの自分を愛しています」

ステップ④ 先延ばし屋に新しい役割を与える

ほかの自己防衛モードと同様に、先延ばし屋も役割がなくなった後はどうなるのでしょうか？ 潜在意識から一部を取り除くことができるわけではありませんから、最善の選択肢は先延ばし屋に新しい仕事を与えることです。とはいえ、先延ばし屋はほかにどんな働きができるのでしょうか？

あなたは自分の子どもや甥っ子、姪っ子と休日に出掛けた経験はありますか？ 休む間もなく遊び回った後も、子どもたちは疲れてベッドに向かうどころか、まだ全然眠くないから起きていたいと駄々をこねます。でも、そんな子どもたちの態度は、実は疲れていて眠気を覚ますのに必死な証拠なのです。同じような現象は、子どものような騒々しさこそないものの、就寝時間の先延ばしというかたちで大人にも起こります。忙しい一日を乗り切った後はすぐに寝るべきだとわかっているのに、ついだらだらとテレビを観てしまったり、ユーチューブの果てしない動画の世界に迷い込んだりしてしまうことはありませんか？ それは就寝時間の先延ばし行為と言えます。睡眠を研究している神経科学者のクリストファー・ウィンターによると、就寝時間の先延ばし行為は他人の世話に追われて自分の時間が持てない人に特に多く見られるそうです。オランダの研究でも、仕事に追われて忙しい一日を過ごした人ほど就寝時間を守ることが難しくなる傾向が見られたといいます。特に興味深いのは、就寝時間の先延ばしの程度は、食事をする、昼寝をする、友人に連絡を取る、ネットサーフィンをするなどの欲求を前日にどれだけ我慢していたかと密接に関わっていたという研究結果です。

なぜ潜在意識は十分な睡眠をとることまで妨げようとするのか、不思議に思った方もいると思います。どうやら潜在意識は、過剰な忙しさは幸福感の欠如につながると考えているようです。楽しむのを我慢することと、就寝を先延ばしにすることとの間に相関関係があるという先ほどの研究結果を踏まえると、潜在意識は楽しむのに集中することで、それまで我慢した分を取り戻そうとしているのではないかと考えられます。そしてそれこそが、先延ばし屋に新たに与えるべき役割なのです。

誤解しないでいただきたいのは、私は就寝時間の先延ばしを推奨しているわけではないということです。とはいえ、先延ばし屋があなたを守ることに集中する必要がなくなれば、やるべきことと楽しみや余暇とのバランスのとれた、健康的で楽しいライフスタイルを送ることができます。もっとも、先延ばし屋を克服したからといって、今度はオーバーワークに陥ってはいけません。楽しいことに没頭できるのも、人生に健全なバランスをもたらしてくれる才能です。そう、先延ばし屋の新しい役割は、あなたに楽しむことの大切さを思い出させることなのです。

PART 3

自分を尊重する

第９章
カメレオンモード：周囲に馴染もうと無理をしてしまう

〝私がどんな人かを聞くよりも、どんな人であってほしいかを教えてください〟

あなたもご存じの通り、カメレオンは皮膚の色を変えて環境に溶け込むというユニークな能力を持つ生き物です。もちろん、タコやイカをはじめ、素早く擬態して姿を消す生き物はほかにもいます。でもカメレオンこそ、相手の機嫌を取るために行動や態度、さらには信念さえも変えてしまう人に対する比喩表現の代表格です。

次のような場面を想像してみてください――週に一度の会社のランチ会で、上司はいつものように得意げに最近の旅行の話を始めました。周りを見ると、同僚たちはその話の一言一句に耳を傾け、相槌を打ったり、頷いたり、笑ったりしています。でも最悪なのは、あなた自身もまるで遠隔操作されているかのように同じ反応をしていることです。そして仕事が終わって同僚たちと飲みに行ったあなたは、愚痴や噂話ばかりの飲み会は楽しくないといつも家族に溢《こぼ》しているのに、どういうわけかまたその場に溶け込んでしまっています――こんな状況、実際に身に覚えはありませんか？

私たちは皆、心の奥底でどこかに所属したい、周囲に溶け込みたいという願望を持っています。だからグループの中では自分自身を周りに合わせる傾向があり、服装や話題、観る映画やスポーツ、聴く音楽なども影響を受けるのです。お互いに共通点があるほど、人間関係や交流はスムーズになります。会話をしているときも、私たちは無意識のうちに表情や姿勢、ジェスチャー、言葉のアクセント、話し方のリズムなどを相手に合わせて自分が仲間であることを示すことがあります。実際〝神経言語プログラミング〟〔訳注／『脳の取扱説明書』とも言われる、人間の脳や心の仕組みを理解する学問〕には、マッチング（身振り手振りや言葉遣い、声のトーンなどを相手に合わせること）やミラーリング（相手の仕草を鏡のように真似すること）といった技術があります。

どこかのグループの一員になる必要性は、人類がまだ食物連鎖の下層で野生動物や厳しい環境にさらされていた頃に生じたものです。進化の観点から見ると、部族主義は環境に適応するうえで必須でした。ほかの動物と比べて人間は体力や回復力がかなり劣っていたため、単独では生き残れなかったのです。部族主義には、団結のために行う儀式や、従うべきルール、個人の利益よりも一族の安全を優先させるための約束事がつきものです。そして規範や合意に従わない者は罰せられるか追放されました。部族の中に居続けるために周りに合わせるのは、自己防衛のために不可欠なことだったのです。

人類が進化し、自然を克服する方法を見つけるにつれて、部族は村、町、都市、国家といった人々がより緩やかに結びついた集団になっていき、その中ではより自由な自己表現と多様なライフスタイルが認められるようになりました。それでもなお、変わらなかったのが私たちの帰属意識です。最近の調査によると、アメリカ人の約半数が孤独を感じているといいます。これは、現代人は個性を表現したり自分だけの幸せを追求したりする自由がある一方で、本能的に集団の一員になるのを求めていることを示しています。深く心に根ざしたどこかに所属したいという願望と、拒絶されたり見捨てられたりすることへの怖れが、周りの人たちに迎合するカメレオン人間を生み出すのです。

もっとも、周囲に適応して帰属意識を得ることは有益です。では、カメレオンモードがマイナスに働くのはどんなときでしょうか？

どこかへ所属したいという自然な欲求

テリーはかつて州の保健福祉機関で輝かしいキャリアを積んでいましたが、退職してからは不安と抑うつに悩まされ始め、私を訪ねて来た頃にはすっかり自分を見失っていました。自信に溢れ、有能で勇気ある女性だったはずの自分が、どうして突然こんなことになってしまったのか理解できないと語った彼女は、自分の現状を「哀れな負け犬のよう」と表現しました。

私が幼少期について尋ねると、テリーの不安そうな表情は消えて、昔は大人しくて繊細な子だったと話してくれました。そしてテリーはこう続けました。「そうですね、問題と言えば、面白くて優しい父がほとんど家にいなかったことです。母はどちらかというとストイックな厳しい人で、妹と弟は騒がしいし自己中心的で要求が多かったです。私自身は自分の感情や繊細な一面をあまり表には出せなかったように思います。たとえば5歳のとき、私は両親になにか特別なクリスマスプレゼントを贈ろうと決めました。そしてクリスマスの朝、きれいにラッピングした小さな箱をふたりにプレゼントしたのですが、その包みを開けた両親は驚いた顔で私を見ました。箱の中は空っぽだったからです。私は意気揚々と『それは神さまの愛よ』と言いました。私が両親を愛していること、そして神さまもふたりを愛していることを伝えたかったんです。でも、そんな私からのプレゼントは両親を感動させるどころか、家族全員を大笑いさせるだけに終わりました。恥ずかしくなった私は自分の部屋に駆け込んで、泣きながらこんなバカな計画を立てた自分を責めました。そのとき、恥ずかしい思いをしないためには、もう出しゃばらずに自分の気持ちは胸にしまっておくのが一番だと思ったんです」

その日を境に、テリーの幼少期はより困難なものになっていきました。まず、多国籍企業の重役として成功していた父親が、苦境にあえぐ会社を立て直す事業に着手しました。それからというもの、テリーの生活は変化の連続でした。父親は2年ごとに、アメリカ中西部からコスタリカ、ブラジル、ベルギー、オーストリア、そしてまたアメリカへと家族を連れて引っ越しを繰り返しました。繊細な子だったテリーが一番苦しんだのは、次々と変わる環境にその都度適応しなければならないことだったそうです。

「それまで通った学校での最後の日と、新しい学校での最初の日がいつも一番つらかったです。新しい学校でもクラスメイトたちに受け入れてもらえるだろうかという不安があったし、国が違えば新しい文化や言語、気候、ありとあらゆることに慣れなければならなかったから。でも、ある時点でそんな不安や心配に疲れ果てて、私は周りの人たちやその土地に愛着を持つのをやめて、ただ溶け込むことだけに集中するようにしました」と彼女は当時を振り返りました。そう、テリーはカメレオンになっていったのです。アメリカ中西部に行っても、南米やヨーロッパに行っても、テリーは自分がどんな服装や話し方をして、どんな風に振る舞えば学校や近所で受け入れてもらえるかがすぐにわかったそうです。でも、それのどこに問題があるのでしょうか？　どんな環境にもすぐに溶け込める適応力は、特に幼少期の彼女のような状況であれば、望ましい能力と言えるのではないのでしょうか？

テリーが言うには、問題は（自分も含めて）誰も本当の彼女を知らなかったことだそうです。「引っ越すたびに、新しい環境に適応することや、周りに受け入れてもらうことを考えるばかりで、自分自身について改めて考える余裕はありませんでした。その結果、周りの人たちの期待や要求に応えることがなによりも重要だと思い込むようになってしまったんです。周りに受け入れてもらうのは私にとって死活問題でしたし、そうやって他人に合わせることに喜びすら感じていました」。テリーの言葉を聞いていると、彼女が高校を卒業して看護師になることを決意したのも納得できます。看護師として働き始めると、もともと適性があったテリーは頭角を現してすぐにリーダー的な立場に昇進し、やがて看護師長にまで上り詰めました。

テリーは仕事にとてもやりがいを感じていて、地域社会に貢献していることを誇りに思っていました。そして野心的で結果重視という自分の新しい一面を知ったことで、かつての自分からも脱却できたように感じていました。この頃には、もう周りに合わせて生きる必要はないのだという確信があったそうです。というのも、人生で初めて自分の貢献が認められ、評価されていることを実感できたからです。それから数年後、結婚した夫がカルト的な宗教団体に入信し、テリーを誘い込もうとしたことがありました。でも彼女は自分の意志を貫き、興味のない団体に入るくらいなら離婚することを選びました。

離婚から数年後、テリーは勤めていた病院から、若い後任のためにポストを譲ることを促されました。早期退職に応じたテリーは、これからは旅行や趣味の時間が持てると前向きに考えていました。ところが、最後の勤務を終えた直後から、不安と憂鬱のどんよりとした雲に覆われたように感じたそうです。自分の存在価値をすべて仕事に見いだしていたこと、仕事がなければ自分が何者なのかもわからないことに気づいたとき、彼女はひどく落ち込みました。そしてテリーは一夜にして、安定した自分の居場所を求める繊細な子どもの頃の性格に戻ってしまったのです。

そこでテリーは、定年退職したばかりの兄の家に身を寄せることにしました。兄夫婦と一緒に暮らせば、安心感が得られると考えたのです。でも、残念ながら兄の方も定年退職者という新しい生き方に苦戦していました。兄は次第にそのストレスを妻と妹を罵ることで発散するようになり、テリーはさらにカメレオンに戻っていきました。

テリーは兄と似た系統の服を着て同じような口調で話すようになり、釣りやドキュメンタリー番組を観ることが趣味になりました。ところが、この溶け込み作戦が裏目に出て、兄はさらに傍若無人に振る舞うようになったそうです。テリーは兄の家を出てひとり暮らしを始めましたが、もはや心は限界に達し、ついに専門家に助けを求めました。

テリーの例は、カメレオンでいることの難しさと限界を示しています。透明人間と同様に、カメレオンはネガティブな注目を集めないことで安全を確保しようとします。もっとも、透明人間とは対照的に、カメレオンは他人を避けるのではなく、他人から受け入れてもらうことに社会での生存がかかっていると考えています。そのためカメレオンは〝目立たずに消えてしまうより周囲に溶け込んで生き続ける方がいい〟という生き方をするのです。

あなたの心の中のカメレオン

本物のカメレオンと違って、人間のカメレオンはあまり評判がよくありません。世間では風見鶏のように意見をコロコロ変える、自分の意志のないイエスマンとして認識されています。だから、誰もが心にカメレオンを飼っているという事実は受け入れ難いものかもしれません。心のカメレオンは利己的で権力や支配力を得ることに重点を置く日和見主義者とは違い、どこかに所属して安心感が欲しいという欲求に支配された無邪気な存在です。テリーのように幼少期に頻繁な引っ越しで次々と環境が変わったり、不安定な生活状況が続いたり、両親が多忙だったり、兄や姉からいじめられたりした経験がある人はカメレオンモードに陥りやすい傾向があります。子どもの視点から見ると、カメレオンの順応的な生き方は困難な状況を乗り切るための得策のように映るのです。

テリーの話にもあったように、カメレオンの主な問題点は、周りに合わせて生きるために真の自己意識が育ちにくいことです。自分らしさを探求し、表現したいという自然な気持ちを自ら否定してしまうと、不安も承認欲求も増すばかりになります。カメレオンにとって、自分は何者なのか？　自分の長所はどこなのか？　自分はなにを望んでいるのか？　といった探求心を持つことは、ありのままの自分が人から評価され認められるのと同じくらい無縁なことなのです。

カメレオンモードに陥っていることを示す典型的な特徴をいくつか挙げてみましょう。

・相手に合わせて器用に自分を変えている。
・これだけは譲れないという強い信念や特定の好みは持っていない。
・簡単に他人に流されてしまう。
・人の心を読むのが得意。
・正しくあることより好かれることの方が重要なので、人と違う意見を持っていたとしても口に出さない。
・本当は楽しくなくても、相手をがっかりさせないように楽しんでいるふりをしがち。
・社交的な場面でどう振る舞えばいいかわからないときは、ほかの人の行動を手本にする。
・社交的な集まりなどに参加した後は自分の言動を振り返り、嫌われるようなことを言っていないか、他人からどう思われただろうかと反芻する。
・いつも虚しさや自分に対する違和感があり、どこか迷いを感じている。
・大勢の人の中にいると疲れることもあるが安心できる。

さて、あなたもいくつか心当たりがありましたか？　特に困難な幼少期を過ごしていなくても、カメレオンになる人はたくさんいます。実際、近年ではインターネットやソーシャルメディアが人と人とのつながりや交流に大きな影響を与えていることを踏まえると、カメレオンモードに陥る人は増えていると言えます。そこには4つの理由があります。

周りに溶け込むことが主流になったわけ

現代社会では、自分自身と世の中をはっきりと理解するのは簡単なことではありません。自分はどうあるべきかを教えてくれる影響力のある声や情報源は、巷に溢れているように思えます。ほんの数十年前までは、自分がどう成長し、どう人生を歩んで行くべきかを学ぶのは主に家族や友人、教師、宗教の指導者、そのほかのコミュニティの権威者たちからでした。でもいまは、そのときとは比べ物にならないほどの情報があります。なにが受け入れられ、なにが望ましく、なにが勝ち組と負け組を分けるのか。日々発信されるそんな情報に、私たちは常にさらされて生きています。その結果、どんなアドバイスを受け入れ、どのトレンドに乗ればいいのかがわからなくなり、多くの人が慢性的なストレスや不安を抱えてしまうのです。カメレオンに関して言えば、特にこのタイプの人がギアを入れるきっかけになる4つの怖れがあります。それは周りから浮いてしまうことへの怖れ、存在感を示せないことへの怖れ、自分だけ取り残されることへの怖れ、そして自分と異なる人たちへの怖れです。これらすべてに共通するのは

〝どこにも居場所がない〟ことへの怖れですが、自分がどんなグループに所属したいかによって、それぞれの恐怖が微妙に異なる反応を引き起こします。

1．周りから浮いてしまうことへの怖れ

ドイツで15ヶ月間の兵役に就いたとき、私はまだ19歳でした。配属された空軍基地へ向かう途中、先のことを考えると胃が痛くなりました。軍服に身を包んで銃を撃ったりするのはどんな気分だろう？　新兵訓練所には厳しくて容赦のない鬼教官がいるのだろうか？　寮の仲間とはうまくやっていけるだろうか？　などと不安は尽きません。最初からわかっていたのは、まずは大勢の新兵の点呼がとられることです。私は身長が193センチもあるので、周りから浮いてしまうのは避けられません。しかも私のフリーデマンというファーストネームはドイツでも珍しい名前で、平和の人という意味です（この場にもふさわしくないですね）。つまり、私は白いワイシャツについたケチャップのシミぐらい目立ってしまうことは明白なのです。このときばかりは、両親にピーターやミヒャエル、それかハンスと名付けてほしかったと切に思いました。

空軍基地に到着すると、心配していたことが現実になりました。練兵場で私の名前が呼ばれたとき、ほかの新兵たちが鼻で笑ったのを感じただけでなく、軍曹から「変な名前だな。しかも覚えづらい」と言われたのです。そして軍曹はなんの遠慮もなく、私のことはセカンドネー

ムのユリウスで呼ぶと言い放ちました。この自己紹介をきっかけに、私の中のカメレオンは厳戒態勢に入り、ほかの若い下士官たちの言動をお手本にして、どうすれば周りに溶け込めるかを研究し始めました。

不要な注目を浴びるのを怖れるカメレオンがまずどんな反応を示すかは、あなたもよく知っているかもしれません。まずはそのグループ内での模範的な言動を知ろうとほかの人たちを注意深く観察します。そして、周りから浮いてしまうことなく仲間として認められるという微妙なバランスを取ろうと、自分の外見や行動を調整してカモフラージュを行います。ここで透明人間と違うのは、カメレオンは自分の存在が消えてしまうのは好まないという点です。その代わり、あまり注目されすぎず、心地よく受け入れられるというスイート・スポットを目指します。顔と名前は知っていても、べつに好きでも嫌いでもない、そんな無難な存在が理想的なのです。

たとえば、学生時代は一匹狼として過ごすという選択肢はなかったはずです。クラスの人気者たちのグループ、スポーツ部に所属しているグループ、音楽好きのグループ、どれもダメなら自然と存在感の薄い者同士のグループに入ることになります。大人になってからは、親戚などの集まりで自分がカメレオンだと気づくこともあります。義務的な集まりが苦手でも人間関係に溝ができる方がもっと怖いので、仕方なく顔を出して良い人を演じるのです。義理の父親の場違いなジョークに笑い、親戚の誰かの政治批判にも黙って頷きます。親戚の中で煙たがられている人ともうまく付き合えているとしたら、それはあなたがその人の意見に反論せず、常に無難な反応ができているからです。また、夫婦関係でもカメレオンになることがあるかもしれません。確かに、円滑な人間関係はお互いの妥協の上に成り立つものかもしれませんが、良い関係を築いて長続きさせるためには正直さと誠実さも必要ではないでしょうか？

多くの人にとって、周りから浮いてしまうのを怖れるのは特定の状況に限った話ではなく、もはやモットーのようになっています。いわゆる伝統主義者のような人は、家族、宗教、勤勉といった社会的規範や価値観を固く守ります。そうした人たちは自分の夢や目的を追い求めるよりも世の中からはみ出さずに生きることに価値を見いだしているので、世間に順応することに安心ややすらぎを感じているのです。保守的な人ほど、学校を卒業したら就職し、結婚して子どもをもうけ、地域社会のコミュニティに参加し、定年退職したら孫の世話をして余生を楽しむというように、人生を順序よく歩むことが大切だと考えています。これは一昔前の考え方だと思われがちですが、いまの若者の中にも自分は年齢相応の生き方ができていないと悩む人が増えています。20代や30代前半の私のクライアントの中にも、職場で上級職に就いていない、結婚していない、住宅ローンを抱えていない、退職金制度がないなど、同世代の中で後れを取ることを怖れている人がいます。つまり、社会の一員として認められるためには、年齢相応のライフステージに立っていなければならないと思い込んでいるのです。周りから浮くことへの怖れと、一般的な型にはまる必要性によって、私たちは皆が唯一無二の存在であり、それぞれ違った資質や才能、目的を持っていること、そして自分だけの道を歩んでいるということを忘れつつあるのです。

2. 存在感を示せないことへの怖れ

現代人が抱えている大きなパラドックスのひとつは、ありのままの自分を出したいという気持ちが募る一方で、周りから評価されないことへの怖れも増していることです。多くの人が、自分らしくありたいという欲求と、周りから受け入れられたいという願望との間で葛藤しているのです。ソーシャルメディアの登場によって、なにが最先端で、どんなものが流行っているのかをリアルタイムで知ることができるようになったと同時に、その流れに乗ることが周りに溶け込むための新たな立ち回りにもなりました。多くの人の意識が〝周りに追いつきたい〟から〝最先端を追いたい〟に変わったのです。

周りから浮いてしまうことへの怖れと、存在感を示せないことへの怖れはどちらも自分の居場所がないことへの怖れにつながりますが、前者ははみ出さないように周りに溶け込もうとするのに対し、後者は周りから取り残されないようにいろいろな活動をしたり、新しい物を手に入れたりして目立とうとします。カメレオンになったきっかけが浮いてしまうことへの怖れだった人は、周りからはみ出さないように厳しく自分の行動を律します。存在感を示せないことへの怖れがきっかけだった人は、周りからの注目を集める方法をソーシャルメディアのインフルエンサーたちから学びます。最新のガジェット、トレンドの服、流行りのクラブやレストランにお金をかけたり、新しい言葉を使ったり、ソーシャルメディアで華やかなライフスタイルをアピールしたりするのです。

周りに馴染むために存在感を示すという考え方は、自分を執拗に他人と比較することにもつながります。すると自分の足りない部分が目につき、羞恥心を感じるようになるのです。羞恥心はほかのどんな感情よりも自分を小さく、取るに足りない存在だと感じさせます。そして怖れと羞恥心というコンビネーションは、どんな代償を払ってでも人並外れたことをしたい、人が羨むものを手に入れたい、すごい自分になりたいという衝動をもたらします。

全インド医科大学ニューデリー校などの調査によると、２０１１年10月から２０１７年11月の間にスマートフォンでの自撮り（セルフィー）中の事故で亡くなった人の数は２５９人に上っていて、その4分の3近くは30歳未満の男性だそうです。調査を行った研究者たちは、事故のほとんどが自撮りの際に崖の上に立つ、火遊びをする、銃器を使うなどの危険な行為が原因であることを指摘しています。目立つためにあえて危険を冒す例としてはほかにも、身体の一部に火をつける、窒息して失神する、スプーンに山盛りのシナモンを食べる、擦り傷ができるまで消しゴムを肌にこすりつけるなど、ソーシャルメディアに動画を投稿するためのクレイジーなチャレンジがいくつもあります。このようなチャレンジは主に10代や20代の若者の間で行われていて、世界中で数え切れないほどの怪我人や死亡者が出ています。一見、こんな行為を真似する若者が続出して人気コンテンツになるというのは理解し難いかもしれません。でも、彼らにとってはどれだけ危険であろうが、退屈な日常から逃れることの方が重要なのです。つまり、自分の居場所が欲しいという渇望は常識をも覆すと言えるでしょう。

3. 自分だけ取り残されることへの怖れ

自分だけ取り残されることへの怖れを意味する〝FOMO《フォーモ》（Fear of missing out）〟という言葉は、ソーシャルメディアの台頭により浸透してきました。とはいえ、私自身はマーク・ザッカーバーグがオムツを卒業するずっと前からこのFOMOを経験しています。私が13歳のとき、近所に定期的に集まってゲームをしている少年グループがいました。私からすると、それは土曜の夜に両親と一緒にトースト・ハワイ（ドイツのオープンサンドイッチの一種）にケチャップをかけて食べながら、つまらないドイツのお笑い番組や下手な吹き替えのハリウッド映画を見るよりもずっと楽しそうに見えました。私がその少年たちの輪に加わりたいと思っていることは、彼らから見ても明らかだったのでしょう。少年たちは、私にかなりいじわるなゲームを提案してきました。2週間の間に規定ポイントを稼ぐことができたら、彼らの集まりに参加させてくれるというのです。そのポイントは、彼らのために雑用をしたり、宿題を手伝ったり、小さい子をからかったりすることでもらえます。でも、ポイントは貯まるだけでなく、なにかしら理由をつけて無効にされてしまうこともあるのです。相手が意地悪な連中だとわかってはいたものの、どうしても仲間に入れてもらいたかった私はそのゲームに喜んで参加しました。

取り残されてしまうことへの怖れから、私は自分を見失い、自ら自尊心を傷つけるような選択をしたのです。そしてこのグループに入ることがなにより重要なのだと思い込んでいた私は、なかなかポイントが貯まらないことにストレスを感じるようになりました。でも、母のおかげで身についた料理の腕を買われたらしく、結局1年もかからずに少年たちのグループに入ることができました（そこで新しい友達もできました）。実は途中で一度諦めようとしたのですが、もうくだらないゲームに付き合う暇はないと言うと、向こうから歩み寄りがあったのです。

取り残されることへの怖れは、周りの人たちの活動と常につながっていたいという欲求と、自分が知らない間になにか楽しいことが起きているかもしれないという不安から生まれる感情です。これは〝FOMO《フォーモ》〟という名前で呼ばれる以前から誰にでも経験がある感情ですが、ソーシャルメディアが発明されて以来、飛躍的に拡大しました。世界には約30億人のソーシャルメディアユーザーがいて、これは世界人口の4割以上に相当します。アメリカでは国民のほぼ8割の人がソーシャルメディアのアカウントを持っているそうです。フェイスブックやインスタグラムなどによって世界中に〝友達〟を持つことが可能になったこともあり、いまや多くの人にとってソーシャルメディアは社交のための主要なツールになっています。こうしたツールの利点は、数えきれないほど多くの人たちと簡単につながれること、そして相手の生活の最新情報をチェックして取り残されないようにできることです。いくつかの研究によると、孤独感に駆られた人は毎日かなりの時間をソーシャルメディアに費やす傾向があるそうです。うつ病や不安障害に苦しむ人がソーシャルメディアに惹かれる背景には、社会的孤立があるのかもしれません。

もっとも、ソーシャルメディアを社会生活の中心に置くことで、圧倒的な量の情報や他人の意見が氾濫することは問題です。バーチャルな友人と交流したり、行動を追ったりすることで一定の満足感を得る人がいる一方で、ソーシャルメディアの利用によって不安や憂鬱をさらに感じるようになったという人もいます。大学生を対象に行ったある調査によると、程度の差こそあれ、ＦＯＭＯに悩まされている参加者は全体の75パーセントに上ったそうです。その中でも最も顕著だった人は、朝起きてすぐと寝る直前にソーシャルメディアにアクセスする傾向があったといいます。また、逆にソーシャルメディアへのアクセスを制限することで、孤独感や憂鬱が減少することも実証されています。

私のクライアントのひとりはこう話していました。「ＳＮＳのグループで周りから見限られてしまったときはパニックになります。理性的に考えることができなくて、それまで自分が築いてきたものが一瞬で崩壊したように感じるんです。そして自己嫌悪に陥って、自分は誰からも愛されていない、ずっとひとりぼっちなんだと頭の中で繰り返してしまいます。こんな自分には居場所なんてない、自分がいなくなればあのグループはもっと良くなる、などと考えたりもしますね。大袈裟なのはわかっています。でもリアルにそう感じるんです。その後は本能の赴くままに誰かとつながる方法を必死に探したり、インスタグラムになにか投稿したりするのがお決まりのパターンです。誰かから反応があったり〝いいね！〟をもらったりするとほっとすると同時に、もう二度と仲間外れにされたくないという気持ちに駆られます」

　ＦＯＭＯはカメレオンにとって行動の大きな動機です。特にソーシャルメディアがきっかけのＦＯＭＯは、選択肢も居場所も多すぎるのが大きな問題になります。楽しいイベントは絶対に見逃したくないので常にネットに目を光らせ、友達のポストをチェックしていないと不安になります。そして仲間が自分抜きで楽しんでいるのを知ると、心が打ち砕かれたような気持ちになるのです。そんなときは心のカメレオンが、自分も楽しい時間を過ごしているポストをするように促してきます。また、こうした人はたとえ病気や旅行中でも決してソーシャルメディアから離れることができません。いまこの瞬間に楽しめることや経験できることに集中するよりも、他人とつながり続けることに時間を費やしてしまうのです。

4．自分と異なる人たちへの怖れ

　ペンシルベニア大学で経済学の教鞭を執るグイド・メンツィオ準教授はある日、飛行機の機内で出発を待つ間に数学の問題を黙々とノートに書いていました。それを見た隣の席の女性は、よくわからない数式を書き込む彼に違和感を覚えました。そして離陸まであと数分というところで、彼女は客室乗務員に隣の男はテロリストかもしれないと伝えたのです。彼はそれから数分後に機長に声を掛けられ、ゲートで待機していた警備担当者のもとに誘導されました。

こうしたケースは年々増えています。テロの恐怖に煽られた乗客は、ほかの旅行者に疑いの目を向けます。〝用心するに越したことはない〟という考えは理解できますが、それも度を越せば偏見や被害妄想と変わりません。

私たちは奇妙な矛盾を抱えて生きています。一方では、人と人とのつながりは近年、どんどん広がっているように見えます。現代のテクノロジーは、世界中の人たちが瞬時につながり、交流することを可能にしています。世界の動向に関する最新情報はリアルタイムで知ることができ、海外旅行もより身近で手頃なものになりました。そして私たちの生活も文化的な多様性が増し、自分のライフスタイルを選べる自由が広がっているように思えます。でもその一方で、同じ価値観や考え方を持たない人に対する恐怖や怒りをイデオロギーの基盤とした政治運動も急速に勢いを増しているのです。

ドイツで育った私は、第三帝国時代にナチスがどれほどの蛮行に及んだかについて、子どもの頃から徹底的に教えられてきました。ホロコーストのことや、ユダヤ人やロマ、そしてゲイ、レズビアンなどの人々が受けた想像を絶する残虐行為の数々を知ったとき、自分がドイツ人であることに後ろめたさと恥ずかしさを感じたことを覚えています。実際にオーストリアのマウトハウゼン強制収容所を訪れたときは、それまで聞いたり、本で読んだり、映画で見たりしたことのすべてが、より現実のものとして感じられました。私は医師たちが恐ろしい医学実験を行った不気味な実験室や、公共シャワールームに見せかけたガス室を見て回りました。特に衝撃的だったのは、火葬炉が未だに煙と灰の強烈な匂いを放っていたことです。ドイツ人が犯した人道に反する罪は、苦しみながら死んでいった何百万人もの犠牲者を弔うために、そしてこのような歴史を繰り返さないためにも常に心に刻んでおかなければなりません。

私は常々、オーストリア出身の小男がどうしてドイツの国家全体をそそのかし、総統にまでのし上がることができたのか不思議に思っていました。なぜドイツ人のほとんどがこの病的なまでに自己中心的な男を救世主だと信じ、彼の嘘と教義を真実として受け入れたのか？　どうして普通の人たちが隣人を糾弾し、政府の残虐性と非人道性には目を瞑っていたのか？　第二次世界大戦当時は10代だった私の両親から聞いた話では、ヒトラーが政治の表舞台に登場したとき、ドイツ人は変化を切望していたそうです。第一次世界大戦とヴェルサイユ条約の余波がまだ残っていたために、ヒトラーのような人物がドイツを再び偉大な国にしてくれるという期待があったのでしょう。

ナチス・ドイツの崩壊から70年余り、私たちは世界的なポピュリズムと民族主義的傾向の復活に直面しています。ほとんどの西洋諸国では、体制に権利を奪われたと感じている人々の不満や不安を煽るために、対立構造をつくり上げる〝我々対彼ら〟というメッセージを利用する政治家の人気が高まっています。ヒトラーの台頭と同様に、世界中の宗教的、政治的な運動はより安全でより良い暮らしを求める人々の不安や怖れ、怒りを利用しているのです。中絶、性転換、同性愛は邪悪な罪のレッテルを貼られ、米国市民の雇用を守るために不法移民は動物のように檻に閉じ込められています。そして国家を守るため、戦争の影響で貧困に苦しむ地域から必死に逃げ出した難民たちは、テロリストの可能性があると警戒の目を向けられています。

最近では偏ったニュースや、なにかしらの脅威や陰謀論がソーシャルメディアを通じて絶えず発信され、人種差別、外国人嫌悪、同性愛嫌悪が増加の一途を辿っています。〝人は人、自分は自分〟という人道的な哲学は〝我々対彼ら〟という自己防衛的なドグマに取って代わられているのです。

このように誰かを悪者に仕立て上げて不安を煽る行為には、私たちの心のカメレオンが反応します。自分とつながりがあり、安心感を得られる人たちとより密接に身を寄せ合う必要性に駆られるのです。これは極端に言えば、不安と怒りに燃えた行動をさまざまな理由で正当化しながら、自分たちのリーダーとされている人に無自覚に従うようになることにもつながります。2021年1月6日に起きたアメリカ合衆国議会議事堂襲撃事件も、この危険な傾向を示す一例に過ぎません。人は理解できないものを怖れ、それを避けたり攻撃したりします。自分とは異なる考え方、信念、生き方をしている人に対して先入観を持つことは、自己防衛のための潜在意識の働きなのです。

ほとんどの人には、小さな頃は校庭で、大人になってからは職場でいじめに加担したことや、少なくとも目撃した経験があると思います。そんなときは、いじめられている人に対する哀れみと、自分がいじめられる立場でなかったことへの安堵とが入り混じった気持ちで黙って傍観していた人も多いかもしれません。心のカメレオンが目を覚ますと、どこかに所属して安心感を得たいという欲求が私たちの良識や人間性を抑えつけてしまうのです。とはいえ、そんなカメレオンを間違っていると非難してはいけません。自己防衛モードには私たちの最悪の部分と最良の部分のどちらも引き出す可能性があるのです。すべては無難に生きることに集中するか、より良い人生を送ることに専心するかにかかっているのです。

第10章 内省：本当の自分を知る鍵

〝周りに合わせるために本当の自分を抑え込んで、どうして自分自身と良い関係を保てるのでしょうか？〟

カメレオンモードの生き方は、本当の自分と引き換えに安心感や帰属意識を得ているようなものです。周りの人たちの考えや行動、信念に同調して順応していくうちに、本当の自分を表現するという生まれ持った権利を放棄してしまっているのです。

人生を旅に喩えるなら、誰かの後ろについて行っても自分にとって最も有意義で充実した道を歩むどころか、その道を見つけることもできないでしょう。相手の期待通りの自分を演じても、そこには本当の自分らしさを見つけられないのと同じです。カメレオンの問題点は、自分がどんな人間であるかにそれほど興味がないことです。そのため、自分自身を探求する努力をしなくなり、代わりにその高い感受性を使って周りの環境をスキャンし、自分はどうあるべきか、どう振る舞うのが正解なのかを模索します。確かに、この戦略は周りからの孤立を避けるためには有効かもしれません。でも透明人間と同じように、本当の自分を知り自分らしく生きるのを放棄したことに対する後悔の方が、後々ずっと大きくなるのです。

自分の本質という自分自身の核となる側面を知ることができたら、あなたの生き方はどう変わるでしょうか？　そして自分らしく生きて行くことは、ただ周りに順応する不毛な生き方をするよりも遥かに有意義なことではないでしょうか？

本当の自分を知る

いつも周りに合わせて生きてきたか、時と場合によって合わせる程度だったかにかかわらず、カメレオンモードで生きている人は自分自身を見つめることにあまり興味がありません。だから「ずっとこんな生き方だったけど、本当の自分ってなんだろう？」と感じていても、それをどうやって探し始めたらいいかわからないかもしれません。まず言えるのは、おそらくあなたもこれまでに本当の自分を垣間見ているはずです。本当の自分を探してどんな発見をしたとしても、それはこれからの生き方を大きく向上させることでしょう。

たとえ本当の自分を知りたいと思っても、なにを手がかりにすればいいのかわからない人がほとんどだと思います。本当の自分の探求は、なにも聖杯を探し求めるようなことではありません。それはジグソーパズルと向き合うように、すべてのピースを見比べて、少しずつ空白を埋めていくことから始まります。たとえば、愛を例に考えてみましょう。愛の本質を言葉で表現することは難しいですが、あなたは人から受けた愛がどんな風に感じられるか、自分の愛を人にどう伝えるのかは知っています。だから愛とはなにかを定義しようとするなら、愛に触れたときの自分の気持ちを思い出すことから始めるのが正解です。同じように、本当の自分を探すには、これまであなたが世の中とどう向き合ってきたかを振り返ることから始めればいいのです。

人生を振り返るときは、探検家の考え方をする人と批評家の考え方をする人に分かれます。残念ながら、ほとんどの人は自分の長所や才能を発見しようとする探検家の考え方ではなく、自分の短所や欠点を指摘しようとする批評家の考え方をします。きっと子どもの頃から両親や教師に、あまり自分を高く評価すると傲慢になると教え込まれてきた人が多いのでしょう。だから私たちは自分の長所や才能よりも、短所や欠点にばかり目が行くようになり、やや歪んだネガティブな自己イメージをつくり上げてしまうのです。

自分に足りないものばかりに気を取られていては、自己肯定感を高めることはできません。私たちは皆、自分が思っているよりも、そして他人からの評価によって思い込んでいるよりも素晴らしい存在なのです。生まれながらにして持っている長所や才能に気づきの光を当てるとき、私たちは自分が何者なのか、なぜここにいるのかを探求するためのより正確で客観的な視点を持つことができます。それでは、あなたの素晴らしい本当の自分を発見するために、さらに深く踏み込んでいきましょう。

自分の長所を知る

これまでの人生を振り返ることで、本当の自分を探す旅を始めましょう。これまでに経験したいろいろな出来事を思い出しながら、あなたの人格をつくり上げている資質を理解していきます。先ほどのジグソーパズルの喩えで言うなら、あなたのさまざまな資質のピースをひとつひとつはめ込んでいけば、徐々に本当の自分が見えてきます。

オープンな心で自分自身を振り返ってみましょう。これまでに成し遂げた目標や乗り越えた困難を、たいしたことではないと蔑ろにしてはいけません。ここでの目的は過去の出来事を評価したり比較したりすることではなく、これまでのあなたの生き方には自分らしさがどのように表れていたかを自覚し、受け入れることなのです。

それを念頭に置いて、次の質問に答えてください。

・**これまでの人生であなたが成し遂げたことを6つ教えてください**（目標達成、成功体験、前向きな変化など、その大小は問いません。自転車に乗れるようになった、掛け算の九九を覚えた、自立するためにひとり暮らしを始めた、結婚したなど、どんなことでもいいのです）。

・これまであなたが乗り越えてきた困難やつらい出来事を6つ教えてください（学校でのいじめ、両親の離婚、病気や事故、つらい別れの経験など、そこから立ち直ることが要求される出来事であればなんでも構いません）。

・あなたの幸せな思い出を6つ教えてください。

・本当の自分は、あなたがこれまでどんな行動をしてきたかではなく、なにがその行動の原動力になったかを探ることで見えてきます。〝資質のリスト〟の中からあなたがこれまで成し遂げたこと、乗り越えた困難、幸せな思い出の項目ごとに、**そのときの原動力になったものを2つ選んでください。**よく考えて、その2つはなるべく異なるものを見つけましょう（リストになくても、あなたが自分の資質だと思うものを自由に追加して構いません）。

・資質のリストの中で、普段のあなたを最も表しているものはどれですか？

・あなたの資質の中で、普段は隠れてしまっているものはどれですか？　また、もしその資質をもっと表に出すことができたら、あなたの人生はどんな風に変わると思いますか？（経済

的に難しいので旅行などの冒険的なことができていない、創造性を発揮できていない、学ぶことができていないなど）

・もし無人島に取り残されたら、あなたは自分のどの資質を頼りにしますか？

・他人のどんな資質を最も尊敬しますか？

・最も身近な人ふたりに、あなたの資質のどれが一番素晴らしいと思うか尋ねてみてください。

《資質のリスト》

冒険心がある／素直／利他的／野心的／愛嬌がある／自立している／信頼できる／バランスが取れている／大胆／冷静／カリスマ性がある／献身的／思いやりがある／自信に溢れている／言動が一貫している／協調性がある／勇気がある／創造的／好奇心旺盛／頼りになる／決断力がある／熱意がある／勤勉／自制心がある／意外性がある／学習意欲がある／おおらか／効率的／共感的／好きなことに夢中になれる／表現力がある／公平／誠実／自由／フレンドリー／寛容／面白い／寛大／余裕がある／善意がある／気品がある／なにごとにも感謝できる／些細なことにも幸せを感じることができる／仕事熱心／ムードメーカー／人の役に立つのが好き／

正直／謙虚／ユーモアがある／想像力豊か／独立心が強い／無邪気／探求心がある／洞察力がある／理解力がある／直感が鋭い／陽気／親切／博識／どんなことからも学ぶ姿勢がある／聞き上手／活発／愛情豊か／忠実／意識が高い／オープンマインド／楽観的／まめ／外向的／忍耐強い／情熱的／穏やか／言葉に説得力がある／遊び心がある／礼儀正しい／志が高い／期待を裏切らない／逞しい／臨機応変／誰にでも敬意を持てる／責任感が強い／真面目／無私／繊細／社交的／メンタルが強い／思慮深い／人を疑わない／温かい／賢い

この9つの質問に答えるだけであなたのすべてがわかるわけではありませんが、あなたの心のカメレオンが周りに同調しているかどうかは見えてきます。あなたの身体に喩えて説明しましょう。身体の各部位にはそれぞれに不可欠な役割がありますが、それ単体では身体全体を定義するには不十分です。すべての部位が全体の中に統合され、細胞の叡智に支配されて初めてあなたの身体は完全なものになります。手足や臓器だけではあなたの身体の全体像が見えてこないのと同じように、本当の自分とはあなたの資質の集まりというだけではありません。あなたという存在を定義するものは本質であり、それこそがあなたのすべての資質の源であり核なのです。自分の本質を言葉で言い表すことは不可能だとしても、感じることは確実にできます。少し難しく聞こえますか？　確かにそうかもしれません。でも、心の中にあるその源につながることで、自分自身に対する理解が変わり、その結果、生き方も変わると想像してみてください。それなら、懐疑的になるのを少しやめて、自分の本質を探してみる価値があるのではないでしょうか?

自分の本質とは?

自分の本質について説明する前に、よくある疑問を解決していきます。

この世に生を享《う》ける前からあなたの意識は存在し、それは肉体の有効期限を過ぎても存在し続けると仮定してみましょう。スピリチュアルな考え方を持っている人にとっては、この概念は目新しいものではないと思います。また、不可知論者や無神論者であっても、生まれたばかりの赤ちゃんにもそれぞれに違った個性があることにはおそらく同意するはずです。もしあなたの考え方は違うのなら、自分の本質というのは唯一無二な個人であることの象徴と捉えて、比喩的に受け止めてください。

私はルーテル教会の教えを受けて育ったので魂の存在を信じていましたが、医師になるために科学を学んでいくうちに自分の本質、つまり魂という概念を懐疑的に見るようになりました。でも、生き方に迷いを感じていた時期に自分の本質に実際に触れることができたとき、私はそれまで経験したことのないような心の平穏とやすらぎを感じました。私のクライアントにも同じような経験をした人が多くいます。最初は半信半疑だった彼らも、自分の本質に初めて触れたときは涙を流していました。いまの私は、誰もが自分の生き方や考え方、行動パターンの根底に本当の自分の源である魂を持っていると信じています。子どもの頃は誰もがまだこの真実を覚えていますが、両親や教師からの期待に応えたり、プレッシャーに対処しようとしたりするうちに忘れてしまうのです。

もっとも、どんなに自分の本質を見失ったとしても、それは心の奥に核として存在しています。自分の本質こそ、無条件の愛や思いやり、無私無欲、寛容さなど、その人が持つ最も強い資質の源です。それは私たちが人生の深く暗い谷間を通り抜けるときに希望や強さを与えて道を示してくれる光であり、私たちが何者で、なにを望み、なぜここにいるのかを知っている内なる叡智でもあるのです。

多くの人は、本当の自分の探求を自分の存在意義を知ることと同一視しています。でも、自分の存在意義を知るためには、まずは自分自身を知る必要があります。だからこそ、過去を振り返ることが重要なのです。自分の本質に基づいた存在意義とは、世の中に対して自分なりの貢献をすることです。それは必ずしも輝かしいキャリアを追求することではありません。大きな仕事をしているからといって、本当の自分の人生を歩んでいるとは限らないのです。私の場合、医師の道は自分が本当に歩むべき道ではありませんでした。

さらに言えば、正しい道を歩んでいても、世の中にほとんど影響を与えることもなく、人から認められることもない場合だってあります。難民の定住を支援したり、野良猫の保護活動をしたり、昆虫や鳥のために環境保全に取り組んだり、一部の層にしか理解されない芸術作品を創ったりすることに本当の目的を見いだす人もいるかもしれません。人生の終盤になって初めて、孫たちを愛情深く見守ったり、配偶者を献身的に介護したりすることに生き甲斐を感じる人もいるかもしれません。重要なのは、私たちの本質はなにをするかではなく、どんな人間であるかによって定義されるということです。言い換えれば、私たちはなにをするかに関係なく、自分の本質に沿って生きることができるのです。

本当の自分というのは、他人の視点からの方が見えてくるものです。あなたは自分の両親や兄弟、パートナー、子どものどんなところが好きですか？　たとえ言葉でうまく言い表すことはできなくても、あなたはその人たちの本質を知っているのではないでしょうか？

はっきりとした出典はわかっていませんが、こんな言葉があります。〝私たちは音波と光波を減速させたものであり、宇宙に同調した周波数の歩く一団なのです。私たちは神聖な生化学的衣服を身に纏った魂であり、私たちの身体は魂が音楽を奏でるための楽器なのです〟アルベルト・アインシュタインが述べたともいわれるこの言葉は、私たちの本質を見事に捉えています。

私と妻のダニエルが初めて出会ったとき、私たちはすぐに、お互いに感じているものが恋愛感情を超えたなにかであることに気づきました。一緒にいるだけで安心感が得られて、とてもくつろいだ気分になれたのです。それはきっと、お互いに相手の本質を感じ取っていたからだと思います。とはいえ、それから20年が経ったいまでも、その本質を言葉ではっきりと言い表すことはできません。でも、私たちはどんなに変化と成長を繰り返しても、なぜ恋に落ちたのかがわからなくなることはありませんでした。

自分は何者なのか、という問いかけは人類の歴史と同じくらい古いものです。明確な答えを見つけたと主張する人もいますが、そのほとんどは深く掘り下げるのを諦めてしまった人たちでしょう。なぜなら、私たちの心は自分の本質を理解するにはあまりにも限られているからです。私は長年にわたって自分の本質について理解を深めてきましたが、未だに新たな発見があります。たとえば、ダニエルとフランスに引っ越して以来、私は自分が農夫に向いていることを知りました。トラクターや馬に乗ること、畑を耕すこと、柵をつくることは大好きな生活の一部です。オープンな心でなにごとにも好奇心を持ち、勇気を持って活動の幅を広げていれば、あなたも自分の意外な一面に驚かされることでしょう。

本当の自分を探し求めることとは、自信を取り戻そうともがいたり、自分に対する認識に疑問を抱いたりすることではありません。むしろその逆です。自分の本質を探求しているうちに、まるで家に帰る道を見つけたかのようなやすらぎを感じる瞬間が訪れるのです。そこに到達できれば、自分という存在が心地よく感じ、欠点すらも受け入れられるようになるでしょう。

私は以前、『Joy from Fear』と『Aging Joyfully』（共に未訳）という本の著者であるカーラ・マンリー博士にお会いしたことがあります。マンリー博士は、人は誰もが純粋な喜びを持って生まれてきていて、それはガラスのキャンドルポット〔訳注／コップ型のキャンドルホルダー〕に入ったティーライトキャンドルのように私たちの心の中で明るく輝いているのだと話してくれました。でも、人生を通して失望や苦悩、怖れ、トラウマ、悲しみを経験するにつれて、そのキャンドルポットには心の澱《おり》や固定観念が溜まっていき、喜びというキャンドルの光が遮られていくのだそうです。つまり、人生の試練に打ちのめされて暗く重い気持ちになったとき、私たちは喜びを失っているのではなく、見失っているだけだということを思い出す必要があるのです。

この彼女の比喩もまた、私たちの本質をよく表していると思います。というのも、私を含めてほとんどの人は自分の本質を、心の中にある輝かしい光のようにイメージしているからです。私たちが普段演じている役柄、しがみついているアイデンティティ、自分を守るための行動パターンはすべて、自分の弱さや限界を隠すためのものです。でも、その奥にある本質の光は私たちが本当の自分を再発見するのを待ち続けています。

これから紹介するのは、自分の本質とつながるための瞑想です。潜在意識に働きかけて凝り固まった考え方や行動パターンを解放することで、本来の自分が見えてきます。あなたがいま持っている自己イメージも、これを終える頃にはすっかり変わっているかもしれません。

………

心のエクササイズ

▼自分の本質とつながるための瞑想

この瞑想は誰にも邪魔されない静かな場所で行ってください。所要時間は10〜15分程度です。長年にわたってつくり上げてきた間違った自己イメージや凝り固まった考え方を捨て去り、本来の自分に戻るという意図を持って取り組むことが大切です。まずは椅子に座って背もたれに寄りかかり、目を閉じて深呼吸をしてください。

安心感があって居心地もいい、どこか見覚えのある部屋にいる自分を思い描いてください。暖かな光に照らされた空間の真ん中にはソファがあり、あなたを休息へと誘います。その柔らかなソファの上にゆったりと身体を伸ばして横たわると、すぐにどこか懐かしいやすらぎが感じられます。いままで抱えていた心の重荷が解かれて、あなたは久しぶりにリラックスした気分になってきました。

そんなリラクゼーションに深く浸っていると、天井から一筋の光が射してあなたを照らし始めます。その柔らかな毛布のような光に包まれると、あなたは抱きしめられた無垢な子どものような感覚を覚えます。あなたの身体はどんどん軽くなり、まるで羽毛のように空中にすくい上げられ、やがて時空を超えた不思議な場所に辿り着きます。そこから下を見下ろせば、これまでのあなたの人生の軌跡を振り返ることができます。

そこからは、ソファに横になって休んでいる自分も見えます。あなたの肉体は、あなたの精神がこの旅から戻ってくるのを穏やかに待っているのです。あなたが過去へと続く道を辿り始めると、これまでの人生が映像のように巻き戻され、自分がどんどん若く、無垢な存在になっていきます。過去を辿ることは、あなたがいつなにをきっかけに自己防衛モードで生きることになったのか、そしてそれ以前の自分を思い出すきっかけになるでしょう。過去に遡るにしたがって、これまであなたが演じてきた自分や、抱いてきた自己イメージ、そして頼りにしてきた考え方が、古い衣服を脱ぐように取り除かれていきます。

あなたは20代から10代、そして9歳、8歳、7歳とどんどん過去に遡り、いまはベビーベッドで寝ている小さな赤ちゃんを見つめています。すると赤ちゃんから本質の光が溢れ出て、やがてあなたの身体を包み込んでいきます。純真無垢な自分と再びつながると、あなたはすでにこの光をいつも自分の中に感じていたことに気がつきます。本質の光は、これまでもずっとあなたの中で輝き続けていたのです。

あなたはいま、自分の誕生の瞬間を見下ろしています。安心で快適な母親のお腹の中から、勇気を持って飛び出した自分の姿を見てください。小さな存在であっても、自分を表現し、自分の道を歩み、自分の使命を果たしたいという思いが、未知なる世界への怖れよりもずっと強かったのです。そしてさらに遡り、あなたがまだ母親のお腹の中にいた頃を思い浮かべてみてください。９ヶ月目から８ヶ月目、７ヶ月目と遡っていきます。

では、ここで深呼吸をしましょう。これから、あなたがこの世界に生まれる前にいた場所に到着します。あなたの意識の原点である、本質の源を想像してみてください。このあなたの源は、明るい光、燦然と輝く太陽、またはきらめく海のようにイメージすることができます。あなたの身体はいま、源の光に包まれています。その中でなにが見えるか、なにが聞こえるか、なにを感じるか、五感に意識を集中してください。

その光に包まれていると、自分が完全な存在であるように感じられます。かつてないほどに自分自身とつながっている感覚があると同時に、宇宙全体との一体感すらあるのです。あなたは光の海の雫であり、海そのものでもあります。頭で理解しようとせずに、あなたの無垢な本質をそのまま受け入れましょう。その本質を言葉で言い表すことはできません。論理的に理解できることなどなにもないのです。だからこそ、ただ自分の最も無垢な一面とつながることを楽しんでください。

時の旅人であるあなたは、この過去に感情的な重荷や自滅的な思考、偏見、固定観念を持ち込んでしまっているかもしれません。あなたの源であるこの場所では、澄み切った清流で身を清めるように過去の穢《けが》れを浄化することができます。心配や不安、満たされない気持ちも、他人に同調したり自分を小さく目立たない存在にしたりする癖も手放すことができるのです。

自分の本質とつながることは、コンパスの針のようにあなたに正しい生き方を示します。あなたはいま、自分はただ生き抜くことよりも遥かに重要な目的を持って生まれてきたことに気づいたはずです。私たちの誰もが持っているその目的とは、財産とも言える自分の資質を表現することです。たとえばそれは、善意や愛、優しさ、思いやりを通じて、迷いや孤独を感じている人に自分も大切な存在なのだと気づかせることかもしれません。あるいは、自分の才能を輝かせ、希望とインスピレーションの道標となって誰かを勇気づけることかもしれません。もっとも、自分の生きる目的をあまり深く考える必要はありません。自分の本質に沿った生き方をしていれば、それは自ずと見えてくるのだと信じてください。

では、ここからさらに数分間、本来の自分に戻った実感に浸ってください。あなたという存在に欠けているものなどなにもないこと、そしてあなたに変化をもたらすのはあなた自身の資質だということは理解できましたか?

この瞑想を完了するために、あなたが歩んできた道を本質の光で照らしてください。そしてこの光に照らされた過去の自分が、自己妨害の習慣から解放される様子を思い浮かべてください。光に照らされた道を辿っていまこの瞬間に戻ると、これまで背負っていた重荷が降りたように感じられます。新たな始まりのための準備が整い、あなたはまっさらな状態でいまに戻るのです。

あなたはソファに横になっている自分の身体の、その中心に灯っている光の中へとゆっくり入っていきます。5回ほど深呼吸をしたら、その光があなたの全細胞を満たして周囲に広がっていくのをイメージしてください。心の準備ができたら、新たな気持ちで目を開けましょう。

ここまでを終えたあなたは、すでに自分に対する感じ方がこれまでと大きく変わっていることに気づいたかもしれません。自分の本質と一致していると感じられるようになるには、何度か自分の源に足を運ぶ必要があるかもしれません。水を差すわけではありませんが、この旅で得た感覚は一日中ずっと続くとは限りません。高揚した気分から突然、おなじみの自信喪失と不安のどん底に突き落とされることもあります。でも、それはこの瞑想がうまくいかなかったわけでも、あなたが特に絶望的なケースだったわけでもありません。自分の本質と常につながっているのは望ましいことですが、そこに到達するには時間と努力が必要なのです。もとの自分に戻った気がしても、決して悪く捉えないようにしてください。

………

大きな病気を経験すると、以前よりも健康に感謝できるようになるといいます。誰かに裏切られたことのある人は、なにより誠実さを大切にするといいます。ジョン・スタインベックの著書『チャーリーとの旅』（ポプラ社）の中には〝冬の寒さがあるからこそ、夏の暖かさが恋しく感じる〟という言葉もあります。自分の本質と一致したときの穏やかで集中した自己認識の感覚を一度味わってしまうと、また誰かに拒絶されたり周りに馴染めなかったりするのが怖くなることがあります。それは自由を謳歌してから再び監禁状態に戻るような感覚に近いものです。だからこそ、また同じ行動パターンが戻ってきても失敗したと決めつけてはいけません。自分の本質とつながっているときといないときを対比することで、感覚の違いがよりはっきりとわかり、自分の本質に沿った生き方をする意欲が湧いてくるのだと前向きに捉えてください。

もっとも、自分の本質とつながるだけでは、自分の本質に沿った生き方をするには十分ではありません。自分の源に立ち返ることは進むべき道を再確認するようなもので、他人の意見や評価に惑わされることなく、確かな足取りで人生の旅を続けることができるようになります。でも、進むべき道を知ることは最初の一歩に過ぎません。あなたの道のりはその後もずっと続いていきます。どんな旅人もそうであるように、道に迷ったときにはコンパスに頼る必要があるのです。少なくともいまのあなたは、どんなに道を外れてしまっても本質の導きによって必ず戻る道が見つかるはずです。

心の柔軟性：本来の自分らしい生き方への架け橋

退職後に心のカメレオンと闘っていたテリーの話を覚えていますか？　彼女は自分の本質とつながったことで、自信と自己肯定感が劇的に高まりました。ところがそれから数日後、テリーのマンションの上の階の住人が騒々しいパーティーを開き、彼女はまたしても試練に直面しました。そうしたことは以前にもあったようですが、そのときは文句を言いに行く勇気もなく、大音量の音楽、けたたましい大声、マリファナの匂いを我慢していたそうです。でも、今回は違いました。夜中の2時になってもまだお祭り騒ぎが続いていたとき、彼女はさすがに文句を言おうと階段を駆け上がりました。相手は40代前半の大男で、普段なら関わりたくないような人でした。でも、彼女の心の声が自分のために立ち上がるべきだと訴えていたのです。相手がドアを開けて困惑した表情を浮かべると、テリーは丁寧ながらも毅然とした態度で静かにするように伝えました。「ここは禁煙の建物だし、あなたにみんなの空気を汚す権利はないと言ったんです。それに、ほかの住人は翌日も仕事があるのに、その人たちが騒いでいるせいでぐっすり眠れなかったから。相手の男は最初のうちは私に悪態をついていました。私はそれでも引き下がらず、もしパーティーをやめないのなら警察に相談すると伝えたんです。それから家主にも苦情を言うと。私の言っていることが理解できたかどうか尋ねると、男は頷くだけでした。どんな口調で言ったのかは覚えていませんが、15分後には静かになり、マリファナの匂いも消えました。私は自分を誇りに思って眠りにつき、9時間ぐっすりと眠ることができました」

気弱だったテリーが強い女性へと変われたことは、私たちには多くの可能性があることを示しています。あなたも自分自身をより深く理解したことで、以前は不安に感じていた状況に対しても自分でも驚くほど毅然とした態度で臨めるようになるかもしれません。

人生において、変化は絶え間なく続きます。変化を避けて生きることはできませんが、それにどう対応するかは自由です。本当の自分でいるということは、どんな状況にも常に同じ姿勢でいなければならないと考える人もいます。でも、本当の自分にもダイヤモンドのようにさまざまな面があり、いくつもの輝き方があります。状況や相手によって意識的に臨機応変な対応ができるかは自分次第なのです。

ほかの生物とは対照的に、私たち人間には状況にどう反応するかを意識的に選択する能力があります。では、どうすれば状況に臨機応変に対応しながらも、自分らしくあり続けることができるのでしょうか？　それに必要なものこそ、心の柔軟性です。専門家によると、精神的・感情的な柔軟性は、健康で充実した人生を送るための基盤とも言えるものだそうです。心の柔軟性が失われると高い確率で不安や抑うつを誘発し、仕事のパフォーマンス低下を引き起こすとされています。心の柔軟性とは〝置かれている状況に対して自分の価値観に沿った対応をする能力〟だと定義する人もいれば〝不要な防衛をせずに相手にしっかりと向き合い、自分の信念に沿って態度を貫いたり変えたりできる力〟であると考える人もいます。つまり、心の柔軟性とは私たちが直面する相手や状況に合わせて、思考、感情、行動を器用に調整する能力のことなのです。なんだか聞き覚えがありませんか？　そう、この解釈は心のカメレオンをほぼ要約したものと言えます。もっとも、本物のカメレオンの能力も瞬時に色を変化させて環境に溶け込む柔軟性ですから、当然と言えば当然です。

心の柔軟性がストレスの軽減や人生の意義を高めるのに対して、心のカメレオンは怖れや不安、周りに受け入れられたいという欲求を煽ってきます。また、心の柔軟性が生き方の自由度を高めるのに対して、心のカメレオンは周りに合わせようとするあまり、場当たり的な生き方に陥ってしまいます。では、両者の根本的な違いはどこにあるのでしょうか？　心の柔軟性があれば、私たちはどんな状況に対しても自分の価値観に沿った対応をすることができます。対照的に、心のカメレオンは合わせる相手によって価値観を変えます。これは自分の価値観がないからではなく、自分の価値観を認めていないからです。

価値観とは、良いか悪いか、正しいか間違っているか、望ましいか望ましくないか、価値があるかないかを判断する人それぞれの基準です。価値観は物事に対する視点を導き行動を動機づけるもので、私たちの生き方の土台になっています。自分の価値観に沿って生きればやすらぎや幸福感、充実感が得られますが、逆の生き方をすれば不安や怖れを感じたり、自己破壊的な行動を取ったりすることにもつながります。

でも、そもそも自分の価値観をどうやって知るのでしょうか？　資質と価値観は重なる部分も多いので、この章の『自分の長所を知る』にある9つの質問に答えたことで、あなたはすでに自分の価値観をなんとなくわかっていると思います。あなたが自分や他人と向き合うときに大切にしていることは、あなたが社会とどう関わっていきたいかを顕著に表していることがほとんどです。そしてあなたが人生で果たすさまざまな役割には、それぞれに固有の価値観があります。たとえば、あなたは仕事面では野心、信頼性、人とのつながりに大きな価値を見いだしているとしましょう。これは、あなたが仕事をするうえで結果を重視し、一貫して良いパフォーマンスを発揮することにこだわり、ひとりよりもチームで働く環境を好むことを意味しています。また、普段の人間関係においては献身、調和、遊び心に重きを置いているとしたら、それはあなたが人付き合いをするうえで相手に提供し、求めてもいるものなのです。

これから紹介するエクササイズを行えば、カメレオンの自己防衛的な柔軟性を心の柔軟性に変えることができます。そうすれば、あなたはもう無意識のうちに相手に合わせてしまうことなく、意識的に自分の価値観に沿った対応をすることができるようになるはずです。

新しい生き方のマニュアル

〝人には活力、生命力、エネルギー、閃きがあります。そうしたものが、あなたを通じて表現へと変わるのです。あなたは後にも先にもたったひとりしか存在しないのですから、その表現は唯一無二のものです。もしあなたが封じてしまえば、その表現は存在する道が絶たれ、失われてしまうでしょう。世界の誰も、それを知ることができなくなるのです。その表現がどれだけ素晴らしいものか、どれほどの価値があるのか、誰かの表現と比べてどうなのかを決めるのは、あなたではありません。あなたがするべきことは、それをしっかりと自分のものにして、世界とつながるチャンネルを開いておくこと。自分自身や自分の仕事を信じる必要さえないのです。いつも心を開いて、あなたを突き動かす衝動に気づくことです。世界とつながるチャンネルは、いつも開いておきなさい。

——マーサ・グレアム（舞踏家）〟

ステップ①　集中

このエクササイズは静かな場所で座って行います。まずは目を閉じ、身体の力を抜いて深呼吸をしてください。次に、思いやりや寛大さなど、あなたが大切にしている資質を1つか2つ選びます。そしてその資質を自分が体現しているときの気持ちを思い出し、その感情エネルギーをあなたの中に灯る光のようにイメージしてください。呼吸をするたびに、その内なる光が明るさを増して広がり、やがてあなたの身体の中を満たし、周りの空間に溢れ出すのを思い描いてみましょう。

ステップ②　熟考

普段の生活の中で無意識のうちに避けている状況や、ついつい合わせてしまう相手を思い浮かべてください。そして自問してみましょう。あなたはその状況や相手をどう感じて、どんな風に考えた結果、不安や自分の無力さを感じるのでしょうか？

では、第9章の冒頭で説明したカメレオンの例を参考にして考えてみましょう。

会社のランチ会で上司が得意げに最近の旅行の話をしているとき、あなたもほかの同僚たちも熱心に耳を傾けているとします。このときカメレオンになってしまうのは、次のような心理が働くためです。「興味があるふりをしなくちゃ、上司の機嫌を損ねたら昇進に響くかもしれない」

仕事の後、あなたは同僚たちと飲みに行きます。もう愚痴や噂話ばかりの飲み会は楽しくないと家族に溢《こぼ》しているのに、どういうわけか、あなたはまたその場に溶け込んでいるとします。この状況は、カメレオンの視点では次のように解釈できます。「もうこの飲み会には飽き飽きしているけど、そんなことを知られたらきっと職場で孤立してしまう」

このエクササイズはすべての自己防衛モードに有効です。そこで、もしあなたの心のカメレオンは普段の生活にそこまで支障をきたしていないのであれば、ほかの自己防衛モードのきっかけとなる状況を思い浮かべてもかまいません。

ステップ③　上書き

自分に問いかけてみてください。本来のあなたなら、ステップ②で思い浮かべた状況ではなにを感じ、どう考え、どんな行動をすると思いますか？　また、そんなとき周りや相手に流されずにありのままの自分でいるためにはどんな資質を活かせばいいと思いますか？

本来のあなたなら、自己顕示欲の強い上司にはどのように対応すると思いますか？　本来の自分でいるというのは、なんの配慮もなしに思ったことを口にしたり、気の向くままに行動したりするという意味でないことは心に留めておいてください。あなたは苛立っていて、上司の話を遮ってしまいたいと感じているかもしれません。怒りを表現するのもありのままの自分のように思えますが、後になって上司にどう思われたか気にするのであれば、それは自己責任が伴っているとは言えません。感情は自分がいまの状況をどう解釈しているかという貴重な情報を与えてくれますが、それは必ずしもありのままの自分を反映しているわけではないのです。他人や状況はいつもコントロールできるとは限りません。でも、自制心を持って自分自身をコントロールすることで、感情的に反応するのではなく理性的に臨機応変な対応をすることはできます。繰り返しになりますが、自分の価値観に沿うことは、置かれた状況に自分らしく対応するための最良の指針です。

たとえば、あなたが大切にしている2つの資質が思いやりと勇気だったとしましょう。思いやりがあれば、あなたはこの上司をとても寂しい人なのだろうと受け止めることができます。家族や友人は誰も興味を示さないので、話を聞いてくれるのは部下たちだけなのかもしれないと想像することができるのです。そして勇気が持てればあなたも自分の話をしたり「ジュディも何年か前にアフリカに行ったんですよね？」などと同僚に話を振ったりすることができます。

このように、思いやりは行動に移さなくてもいいのです。たとえば、上司が会話を独占しているときに腹を立てたり、ひたすら頷いて気分を良くさせたりするのではなく、心の中で共感しながら上司のワンマンショーを観るのもまた思いやりです。

あなたの価値観で誠実さと友情が大切だと思うなら、飲みの席で自分の保身のために誰かの悪口に同調するのではなく、もうそういう話はやめようと言うことが大切です。そのひと言で立場を逆転させて、周りに迎合するのではなく、あなたがその場の雰囲気と会話の主導権を握るのです。最初はからかわれたり、つまらないやつだと言われたりするかもしれません。でも、あなたのその反応がもっと有意義な話をするきっかけになり、同僚たちとの距離も縮まるでしょう。

新しい視点で物事を見ることができるようになったら、これまでとは違う自分を表現してみてください。なにより大切なのは、自分自身に誠実に行動することです。

ステップ④　イメージトレーニング

先ほどのステップは、まだ新たな心の持ちように過ぎません。それをいつもの行動パターンと置き換えるためには潜在意識の言語、つまりイメージ、感情、感覚に変換する必要があります。等身大のイメージで心の中に映像を思い浮かべて、これまで苦手だった相手や状況に毅然と対応している自分を想像してください。アップデートされた新しい生き方のマニュアルに従って未来をリハーサルすることで、新たな神経路が確立され、実際にその状況になったときも同じ行動を取りやすくなります。

ステップ⑤ フィードバック

私たちの意識、特に潜在意識はポジティブなフィードバックで成長します。犬に新しいスキルを教える一番の方法は、よくできたときはおやつなどのご褒美でフィードバックを与えることですが、それは私たち人間にも有効なのです。ありのままの自分として生きて行くのは新しいスキルですから、よくできたときは自分を褒めてあげることが大切です。そして一日の終わりに、ノートや日記帳などに気づいたこと、自己肯定感が高くなったと感じたことなどをリストアップしてください。自分に寛大になり、小さな成功でも認めてあげましょう。

ありのままの自分を出すことは、勇気と強さを必要とします。でも、あなたが自己防衛の鎧を脱ぎ捨てて、本当の自分らしさや自分の欲求を表現することが自然になるにつれて、自己受容の基盤も固まっていきます。そして、短所や欠点も含めてありのままの自分を受け入れることができたとき、あなたは本当の意味で自由になれるのです。

第11章 尽くし魔モード：無理をしてまで人に尽くしてしまう

“誰かに必要とされたい。それこそが自分の存在意義なのだから”

私の友人が世の中には2種類の人がいると言っていました。それは、誰かが「喉が渇いた」と言うと、すぐに飲み物を取りに行く人と、座ったままで「なにかしょっぱいものでも食べた？」と聞く人だそうです。確かに、そう考えると私は前者に当てはまります。あなたは周りの人になにかしてあげたいという気持ちが強いタイプですか？　たとえば弟から電話がかかってきてパソコンが壊れたと聞くと、尽くし癖のある人は自分が頼りにされているのを知っているので、余裕もないのに新しいノートパソコンを買ってあげようかと考えます。上司から、重要な仕事の締め切りがあるので週末も働ける人を募集していると報告があると、話を聞き終わる前に手を挙げます。ホームパーティーならいつも主催する側で、ワインを1本持ってくるだけのゲストをもてなすのも苦ではありません。尽くし癖のある人は世話焼き、お人好し、面倒見の良い人、おせっかいな人など、さまざまな呼ばれ方をされます。このタイプの人は看護師、セラピスト、教師、過保護な母親、両親の介護をするアダルトチルドレンなどにもよく見られますが、その行動パターンは潜在意識に深く刻み込まれているものなので、どんな関係の相手に対しても表れる傾向があります。

私のクライアントのジムは、恋人との関係を解消するのに多くの時間とエネルギーを費やして疲れ果て、しばらく自分のことだけに集中したいと考えていました。私を訪ねて来たのは、対人関係に自信を持てるようになりたいという思いからだと言います。いざセッションを始めてみると、ジムには他人に尽くしてこそ自分は愛され、価値があるという考え方に根ざした尽くし癖があることがわかりました。重度のうつ病と自殺願望に苛まれていたシングルマザーの母親のもとで育ったジムは、早くから責任ある大人にならなければという思いがあったそうです。ジムは「もし私が母を助けながら弟の面倒を見ていなかったら、家族はどうなっていたかわかりません」と話しました。その重圧と施設に預けられてしまうことへの恐怖が、ジムに家族の救世主という役割を担わせたのです。幼少期を通して、ジムは母親の気分の変化に常に目を光らせていました。母親が落ち込んでいるときは励まし、自傷的な考えになっているときは気を紛らわさせ、さらに家事のほとんどを引き受けることで母親を支えようとしていたそうです。そんなジムは大人になってからも、面倒見の良い女性よりも面倒を見てあげたくなる女性に惹かれていました。付き合う恋人も例外ではなく、そのうえ情緒不安定な女性が多かったようです。そうした恋人たちはジムが精神的に疲れ果てると、結局は彼を見限り去っていきました。

何度目かのセッションを終えたとき、ジムは自分の存在意義を人間関係の中に求めるのではなく、これからは自分自身の中に見いだすことに専念すると誓いました。

でも人生には時として、絶妙なタイミングで試練が舞い込んでくることがあります。ジムがこれからは自分自身も大切にしようと決めた矢先に、母親から電話があったのです。ジムの母親はうつ病と不安障害を患い、精神的に追い込まれた状態でした。共感力の高いジムは母親の心の痛みや苦しみに同調してしまい、ネガティブな考えにとらわれるようになりました。ジムはそのときのことをこう振り返っています。「私は完全に自分を見失っていました。どうすれば母を救えるのかと、毎日それればかり考えるようになったんです」。ジムは評判の良い精神科医やセラピストを探したり、初診の予約を入れたり、カウンセリングの費用を払ったり、せめて心を落ち着かせようと瞑想アプリを買ったりと、母親のためにできる限りのことをしました。でも、なにをしても母親は同じ言葉を繰り返しました。「もう手遅れよ。私はどうにもならないわ」。この言葉は再びジムの不安と無力感を煽り、彼は自分自身の癒しと成長からは完全に離れてしまいました。私に送ってきた絶望感の漂うメールの中で、ジムはこう吐露していました。「人のことなんて気にしなくなれたら楽なのに……」

尽くし癖は生まれつきの気質なのか？

ジムが経験したように、子どもにも尽くし癖はよく見られます。両親のどちらか、または両方が多忙だったり、依存症を抱えていたり、精神的・身体的な病気を患っていたりして頼れない状況にあると、その子の心の尽くし魔が目を覚ますのです。親のネグレクトは潜在意識の自己防衛モードの引き金になると説明してきましたが、それをきっかけに自活するようになる子もいれば、親の気を引くために良い子になろうとする子もいます。また、弟や妹たちの親代わりとなって家族を支えようとするケースもあります。というのも、小さな尽くし魔は感受性が高く、優しさや思いやりに溢れているからです。幼少期の不安や心配に対する潜在意識の反応で尽くし魔になった子は、誰も悲しまないようにと願うような優しい心を持っています。たとえば人や動物が苦しんでいるのを見たり、誰かにきつい口調でなにか言われたりすると、すぐに泣いてしまうような繊細な子なのです。こうした子は人を喜ばせたり、笑顔にさせたりすることに自分の存在意義を見いだしています。

小さな尽くし魔の親は、その子の優しい性格を育むのではなく、繊細で感情的すぎることを心配して少し強くなるように教えている場合が多いように思えます。本人も最初のうちは、なぜ優しさや思いやりがあってはいけないのだろうと戸惑いを感じますが、やがて自分が間違っているのだろうと思い込むようになります。その結果、自分の考えや感情を隠すようになり、誰かに頼ることもなくなるのです。そして自分は普通の子とは違う、どこかおかしいのだという思い込みから自信が失われ、他人から認めてもらいたいという欲求が募ると、人の役に立ちながらも自分は決して周りを頼らないことで大人に認められようとします。

そうした幼少期を過ごした人の潜在意識は大人になってからも同じ行動パターンを続けます。尽くし魔としての役割を全うして自分を価値ある存在にすることで、対人関係を安全なものにし、相手から認めてもらい、批判や非難から自分を守ろうとするのです。

次に挙げるのはあなたの幼少期に関する質問です。共感できるものはいくつありますか？

・親からの愛情を感じたのは、自分がなにか役に立つことをしたときだけだった。
・家族の平和を守る責任を感じていた。
・掃除をしたり、買い物に行ったり、弟や妹たちの面倒を見るのは自分の役目だった。
・苦労している親を支えることをいつも考えていた。
・誰かのために頑張っても、どこか満たされない気持ちを感じていた。
・誰にも迷惑をかけたくないという思いで、ひとりで悩みを抱え込んでいた。
・不満や不安を態度で示すと親に怒られたり、あしらわれたりした。

この質問に対する答えがあなたの幼少期の経験をすべて反映しているとは限りません。ここではっきりさせておきたいのは、尽くし癖は先天的な気質ではなく後天的に身についたものだということです。人を喜ばせたい、なにか役に立ちたいという欲求は、幼少期に十分な愛情を受けられなかったことに根ざしているケースが多いと言えます。役に立つことをしたときだけ愛情を与えられて育った子どもは、相手の欲求を満たしているときにだけ自分が存在する権利があると感じるようになってしまうのです。

もっとも「人の役に立ちたいという思いがあってなにが悪いの？　本来は皆がそうあるべきでは？」と言う人もいるでしょう。もちろん、親切や思いやりは私たちが目指すべき美徳です。でも、尽くし魔は人に親切にしたり誰かを支援したりすることに喜びを見いだしているのではなく、無視や拒絶から自分を守ることが主な目的なのです。そしてほかの自己防衛モードと同じように、尽くし魔も最終的には自分を見失い、無力感に苛まれることにつながります。では、自分が単に親切なのか、それとも尽くし魔なのか、どうすれば判断できるのでしょうか？

私自身もかつて尽くし魔だったので、相手のためになにかしてあげたいという衝動を抑えるのがどれほど難しいかは理解しています。私は生まれる前から家族のやすらぎメーカーの役割を与えられていました。両親は私の姉が生まれて間もなくして結婚生活に悩むようになり、子どもがもうひとり、それもできれば男の子がいれば夫婦仲を修復できるかもしれないと考えたそうです。そして幸運にも、私という男の子に恵まれました。両親は私に、勝手に与えた役割にちなんでフリーデマン（平和の人）という一風変わった名前をつけました。こうして私は、ゆりかごの中にいるときにはもう、家族みんなを仲良くさせるという使命を与えられていたのです。もちろん、両親や姉の機嫌をコントロールすることなどできるはずもないので、家族の言い争いやケンカはしょっちゅうでした。でも幼い頃を思い出すと、家族の空気が険悪になると私はすぐに母に呼ばれて、まるで中東の外交官のように3人の仲裁に入っていました。

もちろん、両親の離婚の危機を救わなければならないというプレッシャーは、ただでさえ不安を感じていた私の心の大きな負担となりました。もし両親が離婚したら、自分は怖い父と一緒に暮らすことになる（姉は必ず母を選ぶでしょうから）と考えるとぞっとしました。でも、母とケンカして家を飛び出した父とシュヴァルツヴァルトを6時間もドライブしたときは、私はなんとか父の怒りを鎮めるのに成功しました。頭を冷やした父が家に帰って母に謝ったときは、とても誇らしい気持ちになったのを覚えています。その停戦は数週間も続きませんでしたが、家族の平和を守ったことは私の自己肯定感を高めてくれました。私が大学へ進学するために実家を離れたときは、両親の夫婦仲がすぐに破綻してしまうのではないかと心配しました。でも驚いたことに、実際はその逆でした。父と母は、子どもたちがいない方がずっと仲が良さそうに見えて、私の自尊心は少し傷つきました。結局、両親はわずか3ヶ月違いで亡くなるまで生涯を共にしました。

両親から任命されたやすらぎメーカーの問題点は、その役割こそが私のアイデンティティになってしまい、家族以外の対人関係にも及ぶことでした。10代の頃の私がどれほど周りの友達を喜ばせたいと思っていたかは、あなたにも想像がつくと思います。私は異性に対する自信がなかったので、初めて付き合った彼女にはプレゼント攻撃を浴びせていました。彼女に手作りケーキを焼いたり、ミックステープを録音したり、詩を書いたりしていたのです。でも残念なことに、私が愛情を注げば注ぐほど、向こうはよそよそしい態度を取るようになりました。

彼女にもっと好かれようと必死になって2年が経った頃、私は自分自身をモチーフにした操り人形をつくってプレゼントしました。自分でも一体なにを考えていたのかわかりませんが、心理学者のフロイトが聞いたらきっと私の行動に大いに興味を持ったことでしょう。友人たちはみんな爆笑していました。というのも、傍から見ても私たちの関係は彼女が主導権を握り、私は言いなりになっていたからです。友人たちの反応と彼女の冷たい視線は、若かった私の心に突き刺さりました。でも、英語には〝傷心のときこそ、なにかが開かれる〟ということわざがあります。

私の目を覚ましたのは彼女の冷たい態度ではなく、自分にはもっといい生き方をする資格があるという気づきでした。もう無理をしてまで気を引こうとするのはやめにしようと決めた途端、彼女は私に興味を示すようになりました。とはいえ、もうなにもかも遅すぎたようで、彼女との関係はそこで終わりました。私はこの経験から、相手が求めてもいないものを与えても好かれはしないことを学びました。そして気を引きたいがために喜ばせようとしても、相手の心を摑めはしないということも。でも、努力をやめたわけではありません。恋愛関係だけでなく、友人や同僚との対人関係にも努力しました。でも思うように周りから認められなかったとき、私は相手を十分に喜ばせられていないのではなく、ありのままの自分でいることの大切さを理解できていなかったのだと気づきました。

もしかしたらあなたも、頑張っているのにそれが相手に響いていないもどかしさを感じたことがあるかもしれません。でも私のように、親切心や思いやりからそうした行動を取っているのか、それとも不安に駆られて相手の気を引こうと頑張っているのか、よくわからなくなった経験はありませんか？　ここからは、あなたを突き動かしているものが純粋に相手を喜ばせたいという思いなのか、それとも喜ばせる必要性なのかを見分ける方法を紹介します。

・あなたが尽くし魔になっていることを示す大きなサインは不安です。尽くし魔は相手の気に障るようなことをつい口にして嫌われたくないので、自分の言動には常に不安を感じています。また、期待を裏切ってしまったり、要求に「ノー」と答えたりすることで相手を失望させることも怖れています。

・人に嫌われたり、言動を否定されたりすると、自責の念や恥ずかしさを感じます。自己肯定感が低いと他人を優先してしまうので、自分の貢献はまだ十分ではないと思い込んで尽くすぎてしまいます。

・大切に思っている人の心の痛みや苦しみが自分自身に深く影響します。相手の感情に巻き込まれてしまい、解決策を見つけなければと責任を感じます。あくまで相手の問題だと切り離して考えることができないため、どうすればいいか考えすぎたり、相手が少しでも楽になるようにと無理をしたりしがちです。

・他人との境界線を持つことを利己的に感じます。また、人からなにかしてもらうより、自分がなにをしてあげられるかを考えるべきだ、と自分に言い聞かせています。

・平和主義者で争い事はなんとしてでも避けようとします。そのため、たとえ考え方が違っていてもすぐに相手の意見に同調するか、少なくとも自分の意見は胸にしまっておきます。尽くし魔は消防士のように家族や友人間の不穏な空気をいち早く察知し、くすぶっている感情の炎が燃え広がる前に消し止めることに誇りを持っています。もちろん、グループの中では常に意見の相違に気を配りますが、そんな責任感がストレスとなって自分に重くのしかかることは無視しています。

・尽くし魔と単に親切な人のはっきりとした違いのひとつは、相手になにを求めているかという点です。尽くし魔の場合、相手に求めているのは承認や感謝といった感情的な見返りです。もっとも、それは単純な「ありがとう」ではありません。自分が相手にとって大切な存在であることを知るためには、賞賛で報われる必要があります。帰属意識を得るためには、自分は相手にとって不可欠な存在と見なされることが重要で、できることなら愛されたいと感じるのです。というのも、尽くし魔は自分が周りから本当に愛されているのかいつも疑問に感じているからです。一方、単に親切な人であれば、無意識のうちに相手に見返りを求めていることはありません。

・尽くし魔の自己肯定感は、自分がどんな人間であるかではなく、人のためにどれだけ尽くしているかに依存しています。尽くし魔としての役割と自分を同一視するあまり、ひとりでいるときは居心地の悪さすら感じます。相手が逆になにかしてあげられることはないかと尋ねてこないのと同じように、自分でも自分自身の欲求に気づかなくなっています。

・尽くし魔にとっては人のために自分を犠牲にすることが名誉の証となり、心の拠り所となります。自分は強くて有能だと思われたいので、周りからのサポートは激しく拒否します。自分は周りの誰よりもしっかりしていると自分自身に言い聞かせていますが、心の奥底では自分の弱さを見せることを怖れています。

・尽くし魔が相手に尽くすことをやめるのは、完全に疲労困憊したり、病気になったりしたときだけです。高熱が出てベッドから起き上がるのもやっとの状態になったとき、はじめて少し休むことを自分に許可します。もっとも、そんな自分を労わるどころか、自分が弱いせいで頼りにしてくれている人たちを失望させていると自責の念を感じてしまいます。

・最終的には、尽くされて当然のような態度を取ってきたすべての人たちに対する怒りと憤りがいつの間にか大きくなっているのを感じ、いまの生き方に疲れ切っている自分に気づきます。とはいえ、もうこんな損な生き方はしたくないと感じながらも、他人との間に境界線を引くのは不安だという板挟み状態になります。こうなると、すべての責任を他人の利己主義のせいにするようになることもあります。

ここではっきりさせておきたいのは、私は尽くし魔が周りの人たちのために尽くしているのを否定するつもりはないということです。たとえ尽くし魔になってしまっていても、その人の心は正しい場所にあります。実際、尽くし魔という自己防衛モードに陥るのは思いやりのある気質を持っている証拠です。本書で取り上げている6つの自己防衛モードの中でも、尽くし魔は最も利他的な博愛主義者です。回避系の3タイプは他人を潜在的な脅威と見なして距離を置こうとするのに対して、尽くし魔は他人のために惜しみなく与えることで安心感や自己肯定感を得ます。もし奉仕系の3タイプの人たちがなにかのパーティーを開いたなら、カメレオンは最も影響力のある人たちに溶け込むことに集中し、恋愛依存の人は恋人を見つけるために全力を尽くし、尽くし魔はゲストたちにドリンクを配り、周囲に馴染めず孤立してしまっている人に声を掛けるでしょう。

あなたが先ほど例を挙げた特徴のうちひとつでも共感できるものがあるなら、献身的に相手に尽くすことで束の間の安心感や自己肯定感を得ても、長期的には損をすることにも共感できるはずです。心が疲れ果てて自分を見失ってしまう前に、いまこそ尽くし魔から卒業するときです。それにはまず、人に尽くしながらも心の中で呟いてきた典型的な言い訳に対処する必要があります。

大人になっても尽くし魔をやめられない5つの原因

子どもの頃の私は、ラジオやトースター、姉のバービー人形を分解してその仕組みを知ろうとするような好奇心旺盛な少年ではありませんでした。家庭内の調和を保つのは大変なことで、電化製品や人形を分解する代わりに、私は常に家族の心を解きほぐしていなければならなかっしたのです。いま思えば、この頃に培った洞察力はクライアントの潜在意識の迷路をナビゲートするのに役立っています。

私がクライアントとのセッションで留意しているのは、心の奥に隠れている原因を特定しない限り、自己制限的な行動パターンは変えられないという点です。たとえば、あなたが痩せたいと思っていても、心の奥底には痩せることで周りから変に注目されてしまうのではないかという心配があるとします。そうなると、スーパーに行っても潜在意識の働きによってアイスクリームやクッキーをカートに入れてしまいます。無意識の浪費癖を改めなければ借金苦から抜け出せないのと同じように、心の奥深くにある原因に対処しなければ、自己制限的な行動パターンを克服することはできないのです。

尽くし魔が幼少期に身についた行動パターンなら、なぜ大人になったいまも人に尽くしてしまうのか不思議に思った方もいるかもしれません。大切な人に認めてもらうためには相手のために尽くさなければならないという考え方は、自分には価値がない、愛されていないという思い込みに根ざしていることはすでに説明しました。

ここで、大人になってからも尽くし魔をやめられない5つの根深い原因を紹介します。

1．人のためになにかをすることに喜びを感じる

〝与うるは受くるより幸いなり〟という格言を聞いたことがある人は多いと思いますが、ボラ

ンティア活動や募金などの経済的支援を行うことが健康や幸福感を促進するのは科学的にも証明されています。

その一方で、介護士や家族の介護を行っている人は〝燃え尽き症候群（バーンアウト）〟と呼ばれる疲労感や無気力などを引き起こす症状を患っている割合が非常に高いという調査結果もあります。自然の叡智に目を向ければ、与えることと受け取ることのバランスの上に健全な生態系が築かれていることがわかります。イソギンチャクとカクレクマノミの共生関係は、このようなバランスを保っている好例です。カクレクマノミは排泄物というかたちでイソギンチャクに栄養を与え、イソギンチャクはカクレクマノミに安全な隠れ家を提供しています。また、私たち人間もバクテリアと互恵的な関係を持っています。私たちの消化管にいる微生物は消化を調整するために不可欠な存在で、私たちが食べる食物も微生物の餌となっているのです。与えるだけでなく、受け取ることも生きるためには不可欠です。

2．尽くすことで幸せを感じる

これは私が尽くし魔からよく聞く言い訳のひとつですが、私はいつもそれに対して「本当にそう思っていますか？」と返しています。もしあなたも尽くし魔で、そこに幸せだけを感じているのであれば、この章は読み飛ばして構いません。でも、もしあなたが自分に正直な人なら、あなたを幸せにするのは与えるという行為だけでなく、その見返りとして得られる相手からの賞賛や承認でもあることに薄々気づいているはずです。でも、相手はあなたの厚意をあたかも当然のように思っていることも多々あります。なぜなら、尽くし魔はいつもそうした行動を取っているので、周りの人はそれがその人の人となりなのだと思い込んでいるのです。必死になって誰かのピンチを救ったり、大変な引っ越しを手伝ったりしたのに、相手からなんの感謝の言葉も聞けなかったら、あなたはどんな気持ちになるでしょうか？　悲しい、切ない、惨め、悔しい、がっかりという思いでしょうか？　そんな思いをしてもまだ、相手に失望されるのではないかという不安や、いい人だと思ってもらいたいという期待が尽くし魔を続けさせるのです。

悲しいことに、あなたのありがたみは、あなたがいなくなったときにしか気づかれないかもしれません。人に尽くすことが自分の幸せだと考えてしまうのは、単に人に好かれたい、感謝されたいという欲求が原動力になっているだけではありません。おそらく、ほかに幸福感や充実感が得られるものを見つけてこなかったことや、自分を大切にするなんて自己中心的だと思い込んでしまっていることなどにも関係しているでしょう。

尽くし魔は他人の面倒を見ることに多くの時間とエネルギーを費やしていますが、そこで問題なのは、自分のキャパシティを把握できていないことです。自分の限界を顧みずに人に尽くしてしまい、気づけば失望や不満しか残らなくなるまで自分自身を消耗させてしまいます。

3. 自分を大切にすることに気が引ける

あなたはひとりの時間ができたとき、なにをしたらいいのかわからなくなることはありませんか？　自分のためだけになにかをするとき、罪悪感に駆られることはありませんか？　自分のためにセルフケアをすることも、尽くし魔には利己的な行為に感じてしまうのです。かつては私自身もそうでした。特に研修医時代は責任の重さから過度に気を張っていたのですが、当時の私は自分のことなど二の次に考えていました。いつも適当な食事に、飲み物と言えばコーヒーばかり。さらに夜はかなりの量のワインを飲み、運動は一切しない。それが私や同僚たちの標準的な生活スタイルでした。目の下のクマも、身を削って献身している証だと誇りに思っていました。そして誰かに「何週間も寝ていないように見える」と言われるたびに、私は満足感を覚えていたのです。もしあのとき不安症とパニック発作がブレーキをかけていなければ、私はおそらくどこかの時点で心臓発作を起こして、体重１００キロ超えの心臓専門医になっていたでしょう。

私は自分の経験から、そして数多くのクライアントを見てきた経験も踏まえて、誰かに必要とされなければならないという考え方はセルフケアより遥かに利己的だと主張します。そもそも、自分自身が空になってしまったら人に与えることもできません。睡眠もろくに取らずに働いたからといって、私の医師としての能力が向上したわけではありません。尽くし魔は自分のキャパが限界に近づいても人のために努力し続け、いつかなんらかのかたちで報われることを願っているのです。

尽くし魔が利己的になってしまうケースは3つあります。ひとつ目は、求められていないのに善意を押しつけてしまうケースです。確かに、おばあちゃんが横断歩道を渡るのを手助けすれば良いことをした気分になれます。また、ホームパーティーで豪勢な料理を振る舞いたくなるのもわかりますが、誰もロブスターやプライムリブなど期待していないかもしれません。必ずしも手助けを求めたわけでも、過剰なおもてなしを期待しているわけでもない相手に対してそれを押しつけることは、自分がいい気分になるためでもあり利己的と言えます。それに、もしその善意に対して感謝してもらえないと、尽くし魔は相手を自己中心的で失礼な人だと判断しがちです。このように、尽くし魔は相手に同意を求めることなく善意の押し売りをして、自尊心を満たそうとしてしまうこともあるのです。

ふたつ目は、相手に悪影響を及ぼす可能性を無視して善意を押しつけるケースです。アルコール依存症のパートナーに対して、我慢してばかりでかわいそうだからとお酒を与えてしまうのはその典型的な例と言えます。または、過保護な母親が子どもの身の回りのことをなにからなにまでしてしまうことで、本人がいつまで経っても自立できないこともよくあります。私はかつて年に一度、友人を訪ねてドイツに数日間の旅行をしていました。その間は妻が6匹の猫、4頭の馬、そしてポニーとラバという我が家の動物園の管理など、私の日常的な仕事の多くを代行してくれていました。私が旅行から帰ると、妻は動物たちの世話にやりがいを感じたようで、とても楽しそうでした。でも尽くし魔だった私は、そんな妻の気持ちなど考えもせずにその仕事を取り上げてしまったのです。自分の親切心が相手のやる気を削いでしまう可能性について考えてみてください。そんなときはなんでもやってあげるのではなく、相手と責任を分担する方がより大きな親切になるのではないでしょうか？

そして最後は、その仮面で本当の自分を隠しているケースです。私が知っている世話焼きの人の多くは、自分自身と向き合う必要がないように他人のニーズや問題に焦点を当てている傾向があります。これは他人とほどよい距離を保ち、自分の弱さを決して見せないことで自分自身を守っているとも言えるのです。尽くし魔にとっては、自分のことを話すよりも友人の近況を聞いたり関心を示したりする方がずっと気楽です。なにかの集まりでは、尽くし魔はみんなが楽しんでいるかどうかを確認して回るのが性に合っていて、腰を据えて深い話をするのは居心地が悪く感じます。さらには家族にすら、みんなのまとめ役や頼れる兄や姉という姿しか見せないことも多々あります。

つまり自分の弱さをさらけ出すのを怖れるあまり、人と深い関係を築くことも避けているのです。一見、これは利己的には思えないかもしれません。でも、あなたを親しい友人や家族として迎えたいと思っている相手の気持ちはどうでしょう？　あなたが誰にも助けを求めることなく苦労しているのを見て、自分の無力さを感じている相手はどうでしょうか？　あるいは、その優しさや親切心の向こうに壁があるのを感じて、拒絶されたと思う人もいるのではないでしょうか？ 本当の自分を隠したまま対人関係をコントロールしようとすることは利己的と言えます。それは心を開くという相手への最大の信頼よりも、自分の安全を大切にしているのです。

4. 人の痛みを敏感に察知する

尽くし魔は人の痛みや欲求をすぐに察する感受性を持っています。思い出してみてください、あなたが尽くし魔なら、子どもの頃から母親の悲しみや父親の苛立ち、兄弟の不安など、本人がなにも口にしなくてもその感情を感じ取っていたはずです。それは相手の仕草や表情を読み取る感覚を研ぎ澄ませていたからです。私はいつも、そんな感受性は長所であると同時に重荷でもあると感じていました。敏感な感受性があれば相手の視点で物事を考えることができるので、難しい対人関係をスマートにナビゲートするのに役立ちます。とはいえ、もっと大切なのは相手の弱さを理解することなのです。私は父の怒りが根深い不安から来るものだと直感的に理解したとき、もはや父を怖いと感じることはなくなりました。

相手の感情を察知するのは尽くし魔の思いやりの証ですが、ときにはその感情に（多くの尽くし魔に経験があると思いますが）呑まれてしまうこともあります。あなたもテレビで虫歯の治療のシーンを見ただけで痛みを感じたことはありませんか？ 尽くし魔は大切な人が泣いているのと、その悲しみや心の痛みを感じて胸が張り裂けそうになります。そしてその人の痛みを消し去ってあげたいという衝動に駆られるのです。相手の問題を解決し、苦しみを和らげてあげなければという使命感は、ほとんど強迫観念のように感じられます。尽くし魔はその感受性の強さゆえに感情的になりすぎてしまい、相手の気持ちに過度に共感してしまうのです。

私はあるとき、どんなに相手の痛みに共感したところで、それだけではなんの解決にもならないという厳しい現実を受け入れなければなりませんでした。私がどれだけ辛抱強く両親や姉の愚痴に耳を傾けても、そうしたカウンセリングは大抵、自分のつらさを理解してもらえた、つまり、苦しんでいる自分を認めてもらえたと感じたところで終わります。私はその度に消耗して、どうすれば別の角度から解決策が見いだせるだろうと困り果てていました。

共感力が高すぎることの問題点は、視点が偏りがちになることです。ダライ・ラマは著書『ダライ・ラマ こころの育て方』（求龍堂）の中で、インドで長年ハンセン病患者を診てきた世界的に有名な手外科医、ブランド博士の話を紹介しています。ハンセン病は感染症の一種で、皮膚や神経、目、鼻腔を侵して皮膚の変色やしこり、ひどい場合には変形を引き起こします。ブランド博士は、そうしたハンセン病患者の身体の変形は病気が直接の原因ではなく、四肢の痛覚の喪失が原因であることを発見しました。彼は患者がただれたままの足で歩いたり、不注意に火に手を突っ込んだり、睡眠中にネズミに指をかじられたりしているのを数え切れないほど目撃したそうです。ハンセン病に罹ると神経が侵され痛みを感じることができなくなるため、日常生活で手や足が傷ついても全く気づかないのです。ブランド博士はこの経験から、痛みは身体からの重要なメッセージだと学んだそうです。博士は痛みの保護的な役割を理解することで、痛みが生じたときにきちんと対処できるようになると語っています。

これは感情的な痛みにも同じことが言えると思います。不安を例にとってみましょう。不安という感情の役割は、潜在的な危険を私たちに警告することです。また、不安はその原因となった精神的・感情的な深い傷に注意を向けさせるものでもあります。あなたが本書を手に取ったのも、不安に突き動かされたからかもしれません。痛みは私たちに注意を促しているのです。でも残念なことに、西洋社会では痛みのメッセージに注意深く耳を傾けるよりも、薬やドラッグ、アルコールでそれを黙らせようとする傾向があります。でも、その根底にある問題と向き合う勇気と強さがあれば、痛みは癒しと成長のきっかけにもなるのです。重要なのは、もし心の痛みがなければ私たちは無難な生き方に甘んじて、成長する意欲を完全に失ってしまうということです。

私がいまの仕事を始めたとき、妻からは「誰かの心の痛みを消し去るということは、その人が幸せを感じる機会を取り去ることにもなり得るのよ」と言われたのを覚えています。この言葉は核心を突いています。私は尽くし魔として、そして医師として、人の苦しみを癒すのは崇高なことだと確信していました。もちろんそれは間違ってはいませんが、その頃の私の癒し方は違いました。それから20年後、私は妻から、条件反射的にクライアントに共感して、彼らの問題を背負い込もうとするところがあると指摘されました。それではクライアントの自己改善にならないし、私にとっても負担が大きいと。そのアドバイスにはいまもとても感謝していま す。

クライアントに共感しすぎてしまうのを防ぐために、私がどんな策を講じたのか? その答えは次の5.の中にあります。

5. 人に共感しすぎる

尽くし魔に限らず、ほとんどの人は相手の気持ちを直感的に察することができます。果物をかじっている人を見れば、自然と唾液が分泌されます。家具に足の指をぶつけて苦悶の声を上げている人を見れば、その痛みが伝わってきます。亡くなった子どもの遺体を抱いて絶望に泣く難民の姿を見れば、その悲しみに心が打たれます。互いに共感し合う能力は対人関係を機能させるためには不可欠で、共感性の欠如はさまざまな問題行動にもつながります。

神経科学者たちは〝ミラーニューロン〟と呼ばれる脳の神経細胞の働きが人の共感能力を司っていることを発見しました。このミラーニューロンによって、私たちは無意識のうちに他人の身体的・感情的な体験を感じ取り、それを脳内で再現することができるのです。『EQ こころの知能指数』(講談社)の著者で心理学博士のダニエル・ゴールマンによると、ミラーニューロンはまるで神経のWi-Fiのように他人の感情と接続するので、私たちは自然と相手が感じていることに同調するそうです。

共感力は健全な人付き合いには欠かせない能力ですが、他人の感情を感じ取ることはとてもストレスになる場合があります。fMRI〔訳注／MRIを使って脳の機能活動がどの部位で起きたかを画像化する手法〕による検査では、生まれつき非常に感受性が高い人（HSP）はミラーニューロンの活動レベルが一貫して高い傾向があるそうです。これは感受性が高い人が混雑した場所や人との距離の近さ、あるいは関係の親密さを避けることが多い理由を示していると言えます。もっとも、そこまで感受性が高い人でなくても、共感によって相手の感情に呑まれてしまうことはあります。ある研究では、被験者に苦痛を感じている人のショートフィルムを見せたところ、すでに沈んだ気持ちで参加した人はニュートラルな気持ちだった人に比べてより苦痛を感じるという結果が得られたそうです。つまり、共感力の感度をコントロールする力は、自分の感情が不安定なときや心が疲れているときに著しく低下するようです。

ストレスが溜まっているときは、なかなか人に対する思いやりが持てないというのは誰もが認めるところです。これはストレスホルモンが私たちの心と身体に、他人を気遣うよりも自分を守るときだと信号を送るからです。人の痛みに共感することは、それを避けたいと思う気持ちと、相手に寄り添ってあげたいと思う気持ちとの葛藤からストレスを生み出します。そして痛みを抱えている相手はミラーニューロンの働きも活発になっているため、こちらのストレスを察してしまいさらに不安が煽られるという悪循環が起こります。

その典型的な例は、小さな子どもがつまずいて転んだ後の行動に見られます。転んだ子は、すぐに親を見て反応を窺います。親が慌てた様子で駆けつけると、子どもは親のストレス反応を感じ取り、きっと危険な状況だったのだと察して泣き出します。でも、親が落ち着いたトーンで話しかけて笑顔を見せれば、子どもはそれほど深刻ではないのだと安心するのです。

では、そんな共感力とはどう向き合えばいいのでしょうか？　遮断するのが正解なのか、無視すればいいのか、それとも抗うべきなのか？　ミラーニューロンをオフにすることはできないので、それらはどれもうまくいかないはずです。それなら、健全な距離感で他人の痛みに気づいてあげることができたら理想的だと思いませんか？　そして相手の気持ちに共感するだけでなく、それを思いやりに転じることができたらどうでしょうか？

共感と思いやりとの違いは、共感は相手の感情に気づくだけでなく、それをもらうことを指します。一方、思いやりはそれをもらうことなく、相手の感情に気づきます。溺れている人を発見したときに喩えるなら、助けようと水に飛び込んでその人と一緒に沈んでしまうのが共感、岸にとどまり救命具やロープがないか周囲を探すのが思いやりと言えます。そして人が思いやりを持つときは、気分を高める神経伝達物質で〝幸せホルモン〟とも呼ばれるセロトニン、ドーパミン、オキシトシンの3つが分泌されます。つまり、思いやりを持つことはお互いにとって有益なのです。

ここで、あなたが誰かの苦しみや悲しみに直面したときに、共感から思いやりへとシフトするための自分への問いかけをいくつか紹介します。

・この人は共感されたら楽になるのだろうか？
・この人を元気づけてあげられる前向きな視点はないだろうか？
・この人はそこまで絶望的な状況なのだろうか？
・この人が自力で立ち直ることを信じるべきではないだろうか？
・この人の力になれそうな人はほかに誰かいないだろうか？
・この人の成長を妨げずにサポートするにはどうすればいいだろうか？

これらを検討することで、共感的に反応するのではなく、思いやりのある対応をすることができるようになります。

もっとも、思いやりを持っていても、相手をどうサポートすればいいかわからないときもあるでしょう。でも、安心してください。あなたが落ち着いた態度でじっくりと相手の話に耳を傾けることで、すでにかなりの安心感を与えられているのです。これはセラピストと話すことで気分が楽になるのと同じ原理です。ある研究で、女性の被験者に軽度から中程度の電気ショックを与えながらｆＭＲＩの検査を行ったそうです（誰がそんな実験の被験者に志願するのかわかりませんが）。当然ですが、被験者たちはＭＲＩの寝台で不安に駆られ、電気ショックに身構えていました。ここで実験の一環として、第三者が被験者の手を握ることで不安を表すストレスレベルに変化が見られるかどうか測定されます。結果として、相手が見知らぬ人でも被験者のストレスレベルは下がる傾向がありました。さらに相手が自分の夫であれば、被験者の不安はかなり緩和されたそうです。この例は、ただ穏やかさと思いやりを持って相手に寄り添うだけで、困難に立ち向かうための精神的な強さを与えることができることを示しています。

………

母親を助けるために奮闘していたジムの話を覚えていますか？　ジムは私とのセッションで自分自身について多くのことを学び、幸福感や自己肯定感を高めるにはなにが必要かを知りました。でも、なによりジムを大きく変えたのは思いやりでした。思いやりを持つことで、ジムは母親の感情に呑まれてしまうことなくサポートできるようになったのです。それから数ヶ月が経った頃、ジムから現状報告がありました。母親の感情はまだ浮き沈みが激しいものの、親子の関係は以前よりも良くなったそうです。

元アメリカンフットボール選手のラルフ・マーストンの言葉を借りれば〝前に進む理由が現状に甘んじている言い訳を上回ったとき、人は一歩踏み出す〟のです。尽くし魔から脱却するために、次のステップは自己献身を学んでいきましょう。

第12章 自己献身：自分を大切にするための鍵

〝自分のエネルギーは大切に、自分のニーズを満たすために使うことも必要です。あなたには存在する価値と夢を持つ権利があります〟

さて、いまあなたの頭の中にはこんな疑問が浮かんでいると思います。「尽くし癖がついたきっかけもわかったし、マイナス面も理解できた。でも、利己的な人間にならずにこの生き方をやめるにはどうすればいいのだろう?」。そこでここからは、その答えと本来の自分を取り戻すための5つ目の鍵である〝自己献身〟について説明していきます。

メアリーという60代前半のクライアントは、尽くし魔が人生に破滅的な影響を及ぼすこともあるという例を顕著に示していました。幼少期の彼女は、威圧的で自己愛の強い母親から肉体的にも精神的にも虐待を受けていました。メアリーは当時をこう振り返っています。「子どもの頃はなにかあると、すべて自分が悪いのだと思っていました。母からはよく、おまえは手が焼ける子だからストレスばかり溜まって、このままだといつか倒れてしまうわと言われていました。私が怪我をして泣き出しても、手当てをしてくれるどころか私の顔をひっぱたいて『いい加減にして！』と怒鳴るんです。でも、なによりつらかったのは母の適当な料理で、私はいつも無理やり口に押し込んでいました」。幸いにもメアリーの父親は母親とは正反対で、娘を無条件に愛する優しくて繊細な人だったそうです。でも、そんな父親も家ではひどい扱いを受けていて、残念ながら、娘を守るために妻に抗う強さは持ち合わせていませんでした。父親はメアリーが14歳のときに突然亡くなってしまったそうです。「それは人生で最悪の日でした。父は絶え間ないストレスとの闘いに耐えきれなくなったんだと思います。でも、いつまでも悲しんではいられませんでした。ひとりぼっちになってしまった私が生きて行くためには、母が望むことをなんでもして、出された料理は文句も言わず食べるしかなくなったからです」

母親とふたりで暮らしたそれからの数年間はメアリーにとって自己否定に苛まれる日々で、常に不安がつきまとっていたそうです。やがて18歳になった彼女はどうにか実家から遠く離れた大学に進学し、母親のもとを離れることができました。でも、英語の格言にもある通り〝どこへ行こうが、問題から逃れることはできない〟のです。メアリーは母親との関係から尽くし魔に陥っていて、それは親元を離れてからも彼女の人生に影響を及ぼしました。恋愛面ではいつも支配的な男性やＤＶ男に惹かれ、付き合えば浮気をされました。友人たちもメアリーのいい人ぶりを評価しながらも、なにかしてもらうのを当然のことのように思っていたようです。そして仕事面でも、どんなに困難な仕事にも一生懸命に取り組む彼女はいつも都合よく使われてしまうのです。そうした中で、メアリーは母親を見捨てて家を出た罪悪感から定期的に実家に電話をかけ、不満を爆発させる母親の罵詈雑言を堪え忍んでいました。

そんなメアリーの人生は50代半ばに入ったとき、突然運命が微笑みかけたように好転しました。ついに優しくて愛情深い男性と出会って結婚し、思い切って始めた自分のビジネスも波に乗って成功したのです。ところが、彼女は幸せに浸るどころか「そのうちなにか悪いことが起きて、すべて奪われてしまうに決まっている。自分にはこんなに幸せになる資格はない」という考えに支配されていきました。だから健康上の問題が発覚したときも、特に驚きはなかったそうです。彼女はこの頃から固形物を飲み込むときに胸に違和感があり、ときには食道に引っかかったように感じることもありました。

メアリーは消化器の専門医から、ＣＲＥＳＴ《クレスト》症候群と診断されました。これは自己免疫疾患で、ほかの症状に加えて食道管が狭くなることがあります。当初、医師は年に数回、狭くなった食道をバルーン拡張術で広げることを提案しました。でも数年後には治療による症状の緩和もほんの数日しか続かなくなり、また食べ物が胸の真ん中あたりに引っかかり、苦痛を感じるようになったそうです。もはや食事は大きな不安でしかなくなり、彼女はスムージーとスープしか口にしなくなりました。そして30キロも体重が落ちたある日、メアリーは医師から「最終宣告」を受けました。もう回復する見込みはないから、チューブで流動食をとる生活に慣れなければならないと説明されたのです。

病院を出るとき、メアリーは完全に打ちのめされていました。自分がそんな状態になってしまうことを夫にどう伝えればいいのだろう？　夕食を一緒に食べることもできなくなったら友人たちはどう思うだろう？　それでも一緒にいてくれる人はいるのだろうか？　母は身体が不自由になっても私を責めるのだろうか？　と、なぜか他人のことばかり考えていたとき、彼女の頭の中に聞き慣れない声が響きました。〝そんな生き方は嫌よ。ぜったいに治す方法を見つけるわ〟。その力強い内なる声は、彼女の不安をかき消しました。そしてメアリーは突然、なにをすべきかを悟ったそうです。それは、身体が食べることを拒否している理由を突き止めることでした。そこで彼女は私を訪ねて来たのです。

セッションを進めるうちに、メアリーの症状は潜在意識の葛藤に関係していることが見えてきました。彼女は心のどこかで、自分には食事をとって健康な身体をつくる価値もないと思っていたのです。その根底にあったのは、母親を見捨てて家を出たことに対する罪悪感と、これまで彼女を利用してきたすべての人に対する怒りでした。メアリーの潜在意識は究極の反抗として、このまま人生の奴隷となって生き続けるよりも、むしろ衰弱していくことを望んだのです。

ところで、メアリーの人生はかつてないほど上向きになっていたはずなのに、なぜ心の中でこのような葛藤と闘っていたのでしょうか？　不健全な人間関係や過酷な仕事に対する不安から尽くし魔に陥っている限り、それに抗おうとする心の声はかき消されています。でも、彼女が健全な結婚生活を送り、起業して自由を謳歌し始めたことで心の中の母親の存在感が小さくなると、人に尽くす生き方への抵抗が大きくなったのです。結局のところ、彼女の自己免疫疾患との闘いは、自分は他人のために生きているのか、それとも自分自身のために生きるのかという心の迷いによって引き起こされていました。

私とのセッションを数ヶ月続けると、自分には価値がないと思い込んでいたメアリーも自分自身を認めるようになりました。まだ自分を第一に考えることは難しいようでしたが、彼女は自己献身の鍵を見つけたのです。

すでに説明したように、本書で紹介する6つの鍵はそれぞれの自己防衛モードの働きをプラスに転じます。そして尽くし魔の強みは、自分を犠牲にしてまで人に尽くそうとする揺るぎない献身です。

では、尽くし魔のフォーカスを他人のニーズから自分のニーズへ移すにはどうすればいいのでしょうか？　それにはまず、自分の価値を認めることが必要です。

自己献身と言っても少し抽象的ですし、なかなか大変なことに思えるかもしれません。そもそも、まずなにから始めたらいいかわからないという人もいるでしょう。そこで、まずはあなたがこれまで他人に与えてきた中で最も貴重なもの、つまり自分のエネルギーを大切にすることから始めてみるのをお勧めします。相手のためになにかをするとき、あなたが費やしているのは自分のエネルギーです。もしかしたらあなたは後先考えずに、エネルギーを湯水のように使ってきたかもしれません。自己献身によってエネルギーを大切に、まず自分のために使うように心掛ければ、あなたは尽くし魔から抜け出すことができます。自分のニーズを尊重し、自分自身に尽くすことを学んで初めて他人とバランスの取れた関係が築けるのです。

自分のエネルギーを大切にすることは、お金や時間といったほかの資産を管理するのと似ています。まずは、こうした資産を持っていること自体に価値があると考えるようにしましょう。次に、持っている資産を浪費するのをやめて、それを使ってより多くを生み出し、受け取ることに関心を持つ必要があります。ここからは、日々、自分のエネルギーを大切にするための４つのステップを紹介していきます。

日々の自己献身の４つのステップ

ステップ① 自己肯定感を高める

悪い習慣を改めるときは、そもそもその習慣を生み出している原因に目を向けることが大切です。爪を噛んだり、貧乏ゆすりをしたり、デスクで食事をしたりといった習慣なら、原因であるストレスに対処する必要があります。同じように、自己肯定感を得るために人に尽くしているなら、それを変えない限り尽くし魔から卒業することはできないのです。

人からどんなに認められても、自分自身との関わり方は根本的には変わりません。甘いお菓子にあまり栄養価がないように、承認的な笑顔や「ありがとう」という言葉は、あなたの自己肯定感を一時的に高めてくれるに過ぎません。

そこで、自己肯定感を高めるために毎日2つずつ、自分の良いところとその理由を日記などに書いてみましょう。これが実際にやってみると思いのほか難しいのです。大抵の人にとっては、自分を褒めるよりも貶《けな》す方がずっと簡単です。でも、誰にでも褒めるべきところはたくさんあるはずです。ただ、それを認める習慣がないだけなのです。

普段は当たり前に感じていることにも目を向けてみましょう。たとえば、猫の食事の時間は決して忘れない、親の様子を見にたまに実家に顔を出している、路上でひっくり返っている虫がいれば助けるなど、あなたが貢献していることはいろいろとあるはずです。また、普段の生活に自分らしさがどんな風に表れているかも意識してみましょう。たとえば、あなたは模範的なドライバーで、常に交通マナーを守り、後ろの車にクラクションを鳴らされても冷静に対処しているかもしれません。職場ではムードメーカー的存在で、常に笑顔を絶やさない人かもしれません。自分の長所だと思えるところを日記に書いてみることで、普段の生活の中での自分らしさが見えてくるはずです。

日記をつけるのが面倒だという人は、心のチアリーダー的なアプローチを試してみるのがお勧めです。私は数年前から、常にポジティブなコメントをしてくれる心のチアリーダーを雇っています。それは２００６年に公開されたファンタジック・ラブコメディ『愛しのアクアマリン』を観たことがきっかけでした。この映画の主人公の人魚は、喋るヒトデのイヤリングをしています。そのヒトデはいつも人魚の耳に「君はとても美しくて、賢くて、面白い。みんな君のことが大好きだ」などと励ましのメッセージを囁くのです。一緒に観ていた妻は「チアリーダーのテレフォンサービスみたいね。次の誕生日にはこのイヤリングが欲しいわ」と言いました。そんな妻の願いを叶えることができなかったのは言うまでもありませんが、私は新しい心のＢＧＭとして、常に自分自身に励ましの言葉をかけることにしました。

映画を観ているときは、ＢＧＭによってリラックスして鑑賞したり、なにか恐ろしいことが起こるのではないかと身構えたりすることがあると思います。私たちのセルフトークもまた、気分を高揚させたり萎えさせたりする一種のＢＧＭなのです。私の心のチアリーダーは、ベッドから起きて歯を磨いたこと、馬小屋を掃除したこと、夜遅くにスマートフォンをいじるのを控えたことなど、よくできたことすべてを褒めてくれます。そう、どれもほんの些細なことばかりです。でも、どんな人間関係においても些細なことがなにより重要なのは周知のとおりです。自分を褒めるために世界の飢餓を撲滅したり、ノーベル平和賞を受賞したりする必要はありません。自分のことをよく思うのにその規模は関係ないのです。

自己肯定感を高めるためのもうひとつのポイントは、自分を蔑ろにするような行動を避けることです。自分自身を貶したり、非難したり、他人と比較したりすることや、自分の気持ちを抑えつけてまで他人の意見を尊重するのはやめましょう。また、鏡を見るときは疲れた顔ではなく笑顔を浮かべることをお勧めします。物事が思うようにいかないときも、自分に対して優しさと思いやりを持ちましょう。

ステップ②　自分のエネルギーをチェックする

あなたは食べすぎてしまったことを気にして、しばらく体重計に乗るのを避けた経験はありますか？　旅行などで散財した後、預金残高を見ないようにしていたことはありませんか？　おそらく、どちらも身に覚えがあるという人は多いと思います。では、最後に自分のエネルギーを気にしたのはいつですか？　あなたのいまのエネルギーの充電レベルを1から10までの数値で測ることができるとしたら、どれくらいだと感じますか？

あなたがどの自己防衛モードで生きてきたにせよ、いまのあなたの充電レベルは低い数値になっていると思われます。というのも、自己防衛モードは消耗型だからです。被害者意識を盾にしたり、存在感を消したり、物事を先延ばしにしたり、人に尽くしたりすることで一時の安心感や帰属意識は得られます。でも、どれだけ多くの人を避け、どれだけ多くの人に気を使って好印象を与えても、根本的な問題は大きくなるばかりです。なぜなら、自分が受け取る以上のエネルギーを他人に費やし続けているからです。では、その偏りを数値で表してみましょう。

昔ながらの天秤を想像してみてください。左の皿にはあなたが消費するエネルギーを、右の皿にはあなたが得るエネルギーを載せるとします。左の皿に載せるあなたの平均的な一日の行動を振り返ってみましょう。たとえば、子どもたちを起こす、朝食をつくる、学校に送り出す、自分も出勤する、仕事に打ち込む、帰りにスーパーに寄る、夕食の準備をする、子どもたちの宿題を見る、寝る前に部屋の片付けをするなどです。

そのリストに、あなたが人のためにしている具体的な行動を追加してみましょう。これは、癇癪を起した子どもをなだめる、不機嫌なパートナーに対応する、近所の人の立ち話に付き合う、チームミーティングで同僚たちに好印象を与えようとする、みんなが文句を言わずに食べてくれるような夕食の献立を考える、友人の結婚祝いのプレゼントはなにがいいか悩むなどです。

次は、その各項目にどれだけのエネルギーを費やしたかを1から10までの数字で表してみましょう。

では、右の皿に移ります。こちらには肉体的、精神的、感情的にあなたが受け取ったエネルギーを載せます。朝の瞑想や、シャワーとグリーンスムージー。ランチタイムには音楽を聴いて元気をもらったり、公園のベンチに座ってリラックスしたりしたかもしれません。夜はお気に入りの本を読んだり、面白いテレビ番組を見たり、たまにはちょっと贅沢な入浴剤でお風呂に入ることもあるでしょう。そしてここでも、それぞれに1から10の数字をつけてどれだけエネルギーを得たか表してください。最後に左右の数字を集計して、出て行くエネルギーが多いか、入って来るエネルギーが多いか、そのバランスを見てみましょう。

ほとんどの人は左の方が右よりもずっと重くなります。ストレスや過労と闘っている人がどれだけ多いかを考えると、現代人の大半はエネルギーの枯渇に苦しんでいると言えます。でも、ほとんどの人はエネルギーのバランスを取り戻す方法を知りません。だから私たちは、いまの状況はどうすることもできない、セルフケアをしている時間などないと自分に言い聞かせています。そして身体に必要なエネルギーの蓄えまで引き出していることに気づかずに、カフェインやエナジードリンクに頼って一日を乗り切ろうとするのです。ガソリンが尽きかけているのに車を走らせ続ければ、やがて道端で立ち往生するのが目に見えています。

次のステップからは、左の皿の重さを減らし、右の皿の重さを増やすことでエネルギーのバランスを取り戻していきます。

ステップ③ 自他の境界線を引く

人に尽くしすぎてしまうことを防ぐには、自分と他人との間に適切な境界線を引く必要があります。尽くし癖のある人のほとんどは、他人に蔑ろにされたり、都合よく使われたりするのを我慢するよりも、自他の境界線を引くことの方が難しいと感じています。人から承認されたいという深い欲求と拒絶されることへの怖れが、自分の意見を言ったり、相手の意見に反対したり、自分の権利を主張したいという気持ちをくじいてしまうのです。

#ＭｅＴｏｏ運動は、多くの女性（そして一部の男性）が職場でセクハラや性暴力の被害に遭っているという悲しい現実を明らかにしました。でも、性的な目で見られることから虐待や暴行に至るまで、こうしたセクハラはまだ氷山の一角に過ぎません。働く側は自分がいくらでも代わりのいる存在であることに心配や不安を感じるようになり、自分の権利のために立ち上がるよりも、むしろ黙って我慢することを厭《いと》わなくなりました。これは見方を変えれば、自他の境界線を引くなどという贅沢は言っていられないと考えているのです。こうした傾向は、職場だけでなく社会全体に広がっています。ネットいじめ、路上での暴力、ＤＶ、外国人差別や同性愛嫌悪の復活などは、日常的に自他の境界線が破られるほんの一例に過ぎません。

それでも、境界線を引くことは相手に利用されることから自分を守り、尊厳を保つための最も効果的な方法です。自他の境界線を引くことは、たとえ他人からの承認を失うことになったとしても自分自身を尊重するという強力な自己献身の表明なのです。次に挙げる5つの境界線を引くことで、あなたはもう無意識のうちに他人のためにエネルギーを浪費することがなくなります。

内なる境界線：意識

他人との間には境界線が必要だと認識することこそが、最も大切な第一の境界線です。これは自分の感情に注意を払い、自分のニーズを尊重し、自分の安全とエネルギーを管理することを意味します。普段から自他の境界線を意識することで、相手にそれを越えられたときは不快に感じたり、イライラしたり、不安になったり、恥ずかしく感じたりしている自分に気づくはずです。

ネガティブな感情に駆られるのは、自分自身に注意を向けるべきだという潜在意識からのメッセージです。その感情を無視したり抑えつけたりせず、そこにはなにかしらの意味があることを信じてください。ここで、相手に境界線を軽視されてしまうよくあるケースを考えてみましょう。

なにより大胆不敵なのは、境界線を無視して踏み込んでくる相手です。精神的虐待とまではいかなくても、他人が意識的に、または無意識のうちに境界線を踏み越えてくることはよくあります。たとえば、この人ならいつでも自分のために動いてくれると思い込んでプライバシーを無視する人もいます。相手の気持ちを察することなく、執拗に自分の不満をぶつける人もいます。あなたもこれまでに、期待に背いた言葉を返すと非難の矛先を向けてくる人に出会ったことがあるはずです。

そこまで大胆ではなくても、自他の境界線が侵害されるケースもあります。たとえば、新しいことに興味を持ちわくわくしていた矢先に、同僚に水を差されて気持ちが冷めてしまう。友人との集まりで、どんなに顔を真っ赤にして恥ずかしがってもからかわれてしまうなどです。親しみを感じている相手にこんな風に境界線を踏み越えられるのは、なにより悲しい気持ちにさせられます。

自分の境界線がたびたび無視されていることに気づくと、踏み越えてきた相手に対して攻撃的になってしまったり、避けてしまったりすることもあると思います。でも、そうした反応は最善策と言えるのでしょうか？　風邪をひかないようにするには、帰宅してからうがいをしたり、なるべく人混みを避けたりするだけでなく、身体の免疫力を強化することも大切です。では、自他の境界線はどうすれば強化できるのでしょうか？

外なる境界線：自己主張

自分が受け入れられることと受け入れられないことを他人に理解してもらうためには、誰も無視できない声を上げることがなにより効果的です。私の妻はまさに健全な境界線の持ち主で、

「ノー」はそれだけで完結する文章だという持論を持っています。とはいえ、尽くし魔にとって「ノー」という言葉は必ずしも日常的な語彙のひとつではありません。

「ノー」と言うことが厳しいと感じたり、相手を突き放す感じになってしまったりする場合にはどのような言い方をすればいいのか、いくつか例を挙げてみたいと思います。
・あなたの優先順位を伝えて断る。「いまは自分の問題に集中したいので無理です」
・あなたの意見を伝えて断る。「いまの自分では力になることはできません」
・相手の要求に理解を示しつつ断る。「大変だとは思いますが、それを引き受けることはできません」
・時間を稼いで後で断る。「スケジュールを確認したいので、少し待ってください」
・自分の気持ちを伝える。「気持ちはわかりますが本当に困ります」
・代替案を提案する。「私はできませんが○○さんに連絡してみてはどうですか？」
・強引な押しつけにも折れない。「何度も言いますが、それはできません」
・交渉する（境界線は万里の長城のように不動のものである必要はありません）。「今日は無理ですが、明日なら手伝えます」
・万策尽きたときはこう言いましょう。「もう結構です。この話は終わりにしましょう」

非難の矛先を向けられるかもしれない中で、自分の意見をはっきりと相手に伝えるのは怖いことです。でも、相手に利用されようとしているのに、声を上げないのはもっと怖いことなのです。

内なる境界線：気持ちの切り替え

あなたはうっかり熱いストーブの上に手を置いてしまったことはありますか？　熱い天板に触れたのはほんの一瞬でも、その後もひりひりした痛みがしばらく続くものです。自他の境界線が侵害されたときも、それに似た感覚があります。時間にすればたった5分程度のことだったとしても、その後もしばらくは頭の中で、なぜあんなことを言われなければならないのか、自分がなにをしたのか、どうすればよかったのかと考え続けてしまうのです。とはいえ、火傷を負ったときとは違って、その痛みを引きずるかどうかは自分の考え方ひとつです。

繰り返しになりますが、相手や状況をコントロールすることはできなくても、それにどう対応するかは自分次第です。誰かの身勝手な行動に振り回されるよりも、それをいつまでも考え続けることの方がエネルギーの無駄だと気づくべきです。他人の言動で心がかき乱されるのを防ぐためには、自他の境界線をしっかりと引きましょう。それには、そのときの状況をモノクロ映画のように心の中で再生するのが効果的です。客観的な視点からその出来事を観察しながら、次のような質問を自分に投げかけてみてください。

・自分にも落ち度があったのか？
・この人の言動は自分に対するものなのか？
・なぜこの人の言動は許せないと感じるのか？
・次からはどうすればもっとしっかりと境界線を引けるのか？

内なる境界線：思いやりの盾

私たちの潜在意識は言葉や理屈よりも感情を優先するので、どんなに理性的になろうとしてもどうにもならないときがあります。つまり、境界線を越えて手を差し伸べてしまうほど、相手の気持ちに共感してしまうこともあるのです。そんなときは、思いやりの盾というかたちでエネルギー的な境界線を引くことがとても役に立ちます。思いやりは相手の感情に呑み込まれるのを防ぐ盾になります。思いやりの盾があれば、相手のことを気にかける一方で、最終的にその人のニーズや欲求に応えるのはその人自身の責任であると思えるのです。

思いやりの盾をつくる簡単な方法を紹介しておきます。あなたの半径3メートル程のところに張られた目に見えないバリアが、相手の感情やエネルギーをせき止めている様子をイメージしてみてください。あなたは相手の感情を察することができますが、それに流されることはありません。思いやりによる境界線を持つことで、相手に手を差し伸べたいという衝動も抑えることができます。その代わり、あなたは冷静に相手の状況を見つめて、健全なアプローチで解決策を模索すればいいのです。

内なる境界線を引くことができたら、次はそれを実行に移すときです。

外なる境界線：パターン・インタラプト

〝冒険が危険だと思うなら、単調な日々を生きてみればいい。それは命取りになるだろう〟これはブラジルの有名な作家であるパウロ・コエーリョの格言です。自己防衛モードで生きることは、人生を冒険から単調な日々に変えてしまいます。第9章で少し触れた〝神経言語プログラミング〟には、この保守的で単調な日々から抜け出すことに応用できる〝パターン・インタラプト〟と呼ばれるテクニックがあります。このテクニックは簡単に言えば精神的、感情的、行動的な癖を別の習慣に置き換えるというものです。たとえば、緊張すると爪を噛む癖を直したいとします。パターン・インタラプトでは、まずなにがその癖を引き起こすのか、その癖が具体的にどのようなものなのかを分析します。そして、その癖が無意識の反応になる瞬間を突き止めます。たとえば爪を噛む癖なら、その瞬間は手を顔まで4センチぐらいまで近づけたときかもしれません。その時点で意識的なコントロールが失われ、無意識のうちに爪を噛んでいるということです。そして爪を噛む癖を直す場合は、その瞬間に指を見たり、髪をとかしたりと、ほかの行動に置き換えることで直していきます。とはいえ、こうした癖はすぐに直せると思ってはいけません。それまでには20回も40回も練習する必要があるかもしれません。そして最も重要なのは、最初に爪を噛むようになった原因であるストレスに対処することです。

人に尽くす癖を直す場合、あなたはもうなにがその引き金になるかを知っているはずです。そして自他の境界線を引くことも学んでいるので、その2つを置き換えればいいのです。人に尽くす癖が無意識の反応になる瞬間を見極めるのは難しいかもしれません。爪を噛むのとは違って、見てわかるような合図があるとは限らないからです。でも「ノー」と言うべきタイミングを知るためには、自分が引き返せなくなる瞬間を強く意識する必要があります。

過去の経験を振り返って、あなたの尽くし癖が出てしまう典型的な状況を5つ挙げてみてください。それらは職場や家にいるとき、あるいは友人や恋人といるときかもしれません。次に、それぞれの状況について具体的になにが尽くし癖の引き金になったのかを考察してください。あなたが考えたこと、相手が言ったこと、その人の声のトーンや仕草、表情などでしょうか？たとえば、寝ようとしていたところに娘が部屋に入って来ると、どんなに疲れていても友人に対する愚痴を聞いてしまう。いつも自分の時間がないと感じているのに、上司が残業できる人を探していると早押しクイズの出場者かのようにすぐに手が挙がる。パートナーから不満を言われると、生活に余裕がないと感じながらもなにか喜ばせる方法がないか必死に探してしまうなどです。

誰でも電話が鳴ると反射的にすぐに出ようとするし、目覚ましのアラームが鳴ればベッドから起き上がろうとすると思います。私たちは潜在意識の働きによって、特定の刺激に自動的に反応するからです。先ほどの例なら、娘の苛立った声や上司の困った顔、パートナーの不満げな表情などがその刺激になります。パブロフの犬がベルの音を聞いた瞬間に唾液を分泌したように、心の尽くし魔は相手から必要とされているというサインがあればすぐに駆けつけるのです。この相手を喜ばせたいという突然の衝動こそ、普段から意識的に注意したい感覚です。なぜなら、そのときこそ自分のエネルギーと時間を他人と自分のどちらに捧げるかを選択する瞬間だからです。そして将来的には、その反射的な衝動に事前に気づけるようになるのが理想です。

尽くし癖が出てしまう状況のリストを見ながら、そのときの感情を思い出してみましょう。それは相手の気持ちへの共感、または興奮といった感情かもしれません。また、その瞬間には焦りや緊張のような感覚があることもあります。さて、あなたのエネルギーの天秤が左に大きく傾いているとしたら、尽くし魔を止めるために自分にどう言い聞かせればいいのでしょうか？

先ほどの例なら、娘は人間関係を円滑にすることを学ぶ必要がある、と自分に言い聞かせるのはどうでしょう？　サービス残業に関しては、自分はすでにベストを尽くしているので過剰な労働をする必要はないと胸を張ればいいでしょう。そしてパートナーに対しては、自分がどれだけ相手を幸せにすることに全力を注いでいるかを思い出してみましょう。すでにあなたのエネルギーの天秤は左に大きく傾いているのですから、自分に献身することも大切です。

ステップ④ セルフケア

英語には〝靴屋の子どもは裸足で歩く〟〔訳注／靴屋は客の靴を作るのに忙しく、自分の子どもの靴を作る暇がないという意味〕ということわざがありますが、尽くし魔も自分のケアは二の次にしてしまいます。それは単に時間がないだけでなく、セルフケアの大切さを知らない人が多いのかもしれません。私が妻のダニエルと付き合い始めた頃、私はやるべきことをすべて終えてもリラックスするどころか、檻に閉じ込められた落ち着きのない虎のように家の中を歩き回っていました。そしてそんな様子を見た妻からは「あなたは自分を休ませることを知らないのね」とよく指摘されていたものです。確かに妻の言う通りでした。彼女に出会う前の私がのんびりする時間といえば、簡単な夕食と缶ビールをお供にテレビドラマ『マッシュ』（M*A*S*H）を観ることぐらいだったのです。そんな私も、妻が辛抱強くセルフケアを勧めてくれたことで、その素晴らしさと実践方法を学ぶことができました。私にできたのだから、あなたにもきっとできます。

あなたの考えるセルフケアが睡眠と食事なら、そこに呼吸法を採り入れるのもお勧めです。というのも、この3つはすべて生きるための基本だからです。失ったエネルギーを充電するためには、いつもの日課にセルフケアを取り入れることが大切です。ここでエネルギーの充電のためのセルフケアを3段階に分けて考えてみましょう。

基礎的なセルフケア

これらはエネルギー不足を補うための、日々の基本的なセルフケアです。

・あなたはネズミの料理人、レミーを主人公にしたアニメ映画『レミーのおいしいレストラン』を観たことはありますか？　この作品の中でレミーは「食べ物が自分をつくるなら、ぼくは良いものだけを食べたい」〔訳注／日本語字幕では文字数の制限から〝食べ物は健康な体に必要なもの〟となっている〕と言っています。なにを食べるかを選択することにも、その人が自分自身をどう扱っているかが表れていると思いませんか？　新鮮な野菜を中心としたバランスの取れた食事が、私たちの健康を増進させることは多くの研究で実証されています。ファストフード店に通う食生活から抜け出し、少なくとも週に3回は身体に良い健康的な食事で栄養を補給することを心掛けましょう。特に、朝食は抜かないでください。夜通し飢餓状態にあった細胞には朝の燃料が必要です。

・そのほかの日々のセルフケアとしては、7～8時間の睡眠をとること、20分以上身体を動かすこと、しっかり水分補給をすること、カフェインやアルコール、ニコチンなどを控えることなどが挙げられます。

・精神面、感情面の健康を損なわないためには、特に就寝1時間前にはスマートフォンやテレビなどを見るのを控えることが大切です。少なくとも寝室は無の世界にして、寝る前にはその日の自分に感謝するようにしましょう。また、日記を書いたり、瞑想したり、歌ったり、ダンスを踊ったりすることもセルフケアになりますし、ときにはなにもせずに過ごす時間も必要です。

楽しいセルフケア

楽しみやご褒美は後に取っておきたいという人もいますが、実際に何年もそうしてきた私に言わせれば、心や身体、魂の喜びを後回しにするのは有意義なことではありません。楽しむこともセルフケアのひとつなのです。

・スパで贅沢なひとときを過ごしたり、マッサージやエステに行ったり、ハイキングに出かけたり、自然の中でリラックスしたりするのは楽しいセルフケアのわかりやすい例です。

・友人とランチやディナーを楽しんだり、料理教室やスポーツジムに通ったり、新しいクリエイティブなスキルを身につけたり、泳いだり、映画を観たりするのもいいでしょう。

・数日間いつもの日常から離れてヨガや瞑想のキャンプに参加したり、遠方の友人や家族を訪ねたり、ドライブ旅行に出かけてずっと訪れてみたかった都市や国立公園、観光名所を巡ってみましょう。目的地を決めずに気の向くままに旅をしてみるのもお勧めです。

広い意味でのセルフケア

悪い習慣というのは、楽な行動パターンを繰り返しているうちに身につくものです。そして自分を縛っている制約から本当の意味で卒業するためには、新しい行動パターンを身につける必要があります。尽くし癖のある人にとってそれは、相手の親切や厚意を素直に受け取れるようになることです。

・自他の境界線を引く習慣が身につけば、それだけで自ずと相手からの尊敬や承認を受けられるようになります。褒められたり、なにかをもらったりしたら「ありがとう」とシンプルに返すだけでいいのです。

・スーパーで背の高い見知らぬ人に棚のケチャップを取ってもらったり、最愛の人にフットマッサージをしてもらったりして、相手になにかをしてもらうことに慣れる練習をしましょう。相手から「ノー」と言われても、それは後退ではないことを忘れないでください。誰にでも境界線を決める権利があります。でも、あなたは自分の要望を相手に伝えたことで、自分自身に「イエス」と言えたのです。

・自分を表現することもセルフケアと言えます。たとえば、他人との衝突を避けて和やかなムードを保つだけでなく、ときには自分の意思をはっきりと伝えることも大切です。いつも相談に乗っている相手には、たまには立場を逆転させてあなたの心の内も聞いてもらいましょう。自分自身のニーズに耳を傾け、相手に意思を伝え、与えられたものを素直に受け取り、ありのままの自分を表現することこそ、自分自身への最大の献身と言えます。

………

自己献身を貫くことは、あなたの人生を変えることにつながります。この章の冒頭で紹介したメアリーのケースはまさにその好例でした。彼女は医師の絶望的な見解を受け入れることを拒否し、自己免疫疾患の深い根本原因を癒すことに多くの時間とエネルギーを捧げました。

最初に大きな突破口が開けたのは、メアリーが絶えず自分を責め立てる（母親そっくりな）内なる声に、思いやりを持って応じることができるようになったときでした。彼女はその内なる声が実は自分の潜在意識の声であることに気がついたのです。彼女の潜在意識は、不安を感じていた方が母親と対立せずに済むので安全だと考えていたのでしょう。メアリーはそのときのことをこう振り返っています。「自分を卑下するのをやめたら、私にも自分を思いやる心があるんだと気づいたんです。母が私を認めてくれるかどうかは関係なく、自分をもっと大切にしなければと感じました」。そして彼女は、自分が健康になるまで母親には会わないという境界線を引きました。すると母親を思いやりのある距離から見ることができるようになり、かつて感じていた後ろめたさもなくなったそうです。さらにメアリーは自分自身のニーズにも目を向けるようになりました。心と身体をケアすることは、もはや元気になって以前の自分に戻るためではなく、自分への愛と感謝を深める表現となったのです。

最初のセッションからちょうど1年が経った頃、メアリーからまた新たな報告がありました。数ヶ月ぶりに、彼女は再びサーモンとマッシュポテトという固形物を食べられるようになったのです。最初のうちはたまたまかもしれないと心配だったものの、ほかの固形物を食べても胸の苦痛を感じることはなかったそうです。さらに数ヶ月後には、体重もほとんど元に戻りました。それから7年経ったいまではもう普通に食事をして、年に1度だけ食道を広げてもらうだけでよくなったようです。

第13章 恋愛依存モード：愛こそがすべて

〝愛がなければ生きられない〟

心の中で「自分を愛しています」と呟くと、あなたはどんな感じがしますか？　すんなりと受け入れられるでしょうか？　それとも、歯の浮くような恥ずかしい言葉に感じますか？　あなたの自己愛を1から10までのレベルで測るとしたら、いくつぐらいだと思いますか？　実は自己愛こそ、私たちに飛躍的な変化や癒し、成功をもたらしてくれる強力な力なのです。でも、私たちは自分の愛し方を教わったことがないため、愛されているという感覚は自分以外の人から得るしかありません。

自分を愛せるか愛せないかは、幼少期にどれだけ温かい愛情を受けて育ったかに関係しています。ハーバード大学の最近の研究によると、子どもの愛の器を満たすことは、その子が大人になってからの健康と幸福に大きく影響するそうです。調査に協力した3000人以上の参加者のうち、子どもの頃に両親から愛情を受けていたことを覚えている人は、そうでない人に比べて精神面が成熟していて、人付き合いに関しても優れているという統計的に有意（偶然で生じたとは考えにくい）な結果が出たそうです。また、幼少期に愛情を受けられなかった人は、不安症、うつ病、強迫性障害、依存症を発症するリスクが高くなることもわかっています。

生殖研究の第一人者であるロバート・ウィンストン教授は次のように述べています。「子どもに自分の部屋を持たせたり、おもちゃを買い与えたり、贅沢な旅行に連れて行ったりする余裕がなくて悩んでいる親もいますが、そうしたことは子どもの脳の発達や幸福感に影響しません。子どもにとって最も価値のある贈り物はお金がかかることではなく、両親からの愛情と献身的なサポートです。科学的にも、赤ちゃんの脳がなによりも愛情を必要としていることがわかってきています」

私の経験上、恋愛依存に陥っている人の多くが、幼少期に親からの愛情不足を経験しています。もちろん、愛の器が十分に満たされないまま大人になっても、そうならない人もいます。では、なにが両者の違いを生み出すのでしょうか？　安心感などを得ようとするほかの自己防衛モードとは異なり、恋愛依存は誰かを愛し、相手からも愛されるという目的を持っています。ビートルズの名曲『All You Need Is Love（愛こそはすべて）』はまさにその賛歌と言えるかもしれません。恋愛依存は、恋人と親密な関係にあるときだけ自分の存在価値を感じ、そうでないときは孤独感と誰からも愛されない恐怖と闘っています。

この自己防衛モードは幼少期にネグレクトや虐待などを経験した人に比較的よく見られます。

そうした経験をすることで、親は自分を守ってくれるものだという自然な期待が裏切られ、自己価値感に深い混乱が生じることはすでに説明しました。恋愛依存に陥った人は、自分は愛される人間だと証明することでこの混乱を解決しようとします。でも、そもそも自分の存在価値に疑問を抱いているので、ときには極端な寛大さや性的なオープンさで自分の存在をアピールしてしまうのです。また、尽くし魔と同じく相手に尽くしすぎる傾向もあります。尽くし魔と違うのは、誰に対してもというわけではなく、選んだひとりの相手にだけ自分のすべてを捧げるという点です。

恋愛に夢中になりほかのことが手につかない

ジュディスという40代の女性は、自分は誰からも愛されないのではないかという不安を抱えていました。彼女は長年、運命の相手を探しては失敗してきたといいます。恋人ができても、いつも3ヶ月も持たずに破局してしまうそうなのです。私のオフィスに通うようになってからしばらく経ったある日、彼女はトムという男性と出会いました。トムはまさに彼女が探し求めていたような、ハンサムでクリエイティブ、そしてカリスマ性のあるシングルの男性だったようです。ジュディスは私にこう報告しました。「すぐに恋に落ちました。性格の相性もばっちりで、愛されるのがどういうことかやっとわかった気がしています」

ところが、ジュディスの幸せな時間は長くは続きませんでした。トムは交際を続けるうちに、だんだんと怒りっぽくなっていったのです。ジュディスが仕事で会えない日が続けば自分勝手だと非難し、鏡に向かって髪を直せばナルシストだと罵倒するようになりました。トムは友人たちの前ではそっけない態度を取るので、もしかしたらふたりの関係は秘密にしているのではないかという疑いもあったそうです。でもなによりつらいのは、トムがたまに何日も音信不通になることでした。ジュディスにとって、彼がどこでなにをしているのかもわからずにただ連絡を待ち続けるのはまさに拷問のようでした。しばらくするとまた連絡があるのですが、ジュディスが理由を問いただしても、自分の問題に向き合う時間が必要だった、悩み苦しんでいる姿を見せたくなかったのだと説明するだけなのです。突然連絡を絶つのはやめて欲しいとジュディスが懇願しても、彼は何度も同じことを繰り返しました。ジュディスは私に「どうやって彼のいない時間を乗り切ればいいのかわからないんです。もちろん、夜も眠れません。なにも考えられないし、吐きそうになるぐらい心配で」と訴えました。でも、トムが戻って来て涙ながらに謝罪すると、どれだけ心配させられたかも忘れて許してしまうのです。

そんなある日、ジュディスはトムのスマートフォンを盗み見てしまいました。そこで彼女が目にしたのは、数人の女性との親密なテキストメッセージのやり取りや露骨な写真の数々でした。ショックを受けたジュディスが問い詰めると、トムは床に膝をついて泣き始めて「どうして勝手に見たりするんだ！　大切なのは君だけだと言ってるだろ。君への愛が大きすぎることが怖くなって、たまに逃げ出したくなるんだ」と言いました。そして双極性障害で常に不安定な母親のもとで育ったことや、その影響でいまでも女性が信じられないことを打ち明け、そんな自分が初めて安心して一緒に居られる女性がジュディスなのだと断言したのです。彼にとって自分は特別な存在なのだと感じたジュディスは、トムが幼少期のトラウマを克服できるように彼のことをもっと理解しようと心に誓ったそうです。

そんなジュディスの献身もむなしく、トムの素行はなにも変わりませんでした。トムとの関係に自分のすべてを捧げているうちに、彼女は自分を蔑ろにするようになり、タバコを吸いアルコールも飲むようになりました。この頃は運動する気も、友人と会う気も、家から出る気すら起きなかったそうです。

ジュディスは当時グラフィック・デザインの会社を経営していて、15人の従業員を抱えていました。トムと出会って浮き沈みの激しい恋愛関係に多くの時間とエネルギーを費やすようになると、ジュディスは会社の経営にあまり意欲が湧かなくなっていきました。やがて長年の顧客から受ける仕事が納期に間に合わなくなり、新規顧客の獲得もできなくなった彼女は、ついに事業をやめることを決断しました。私は彼女に何度も、共依存という自滅的な道を進んでいると忠告しています。でも、その言葉を聞き飽きた彼女はセッションにも来なくなりました。ジュディスにとって会社を失うことは、トムのいない人生の悲惨さに比べれば取るに足らないものだったのでしょう。

そんなある日、すべてを変える出来事が起こりました。ジュディスはまたトムのスマートフォンを盗み見て、彼とメッセージのやり取りをしていた女性にコンタクトを取ったのです。自分でも、もはやなにがしたいのかわからないまま連絡したそうです。相手の女性もトムに複数の女性がいるのは知っていたようでした。でも、トムからは大切なのは（ジュディスやほかの誰でもなく）君だけだと言われてずっと目を瞑ってきたといいます。そんな話を聞いてもなお、ジュディスはトムが人の心を都合よく操るソシオパス（反社会性パーソナリティ障害）であるという現実を受け入れられませんでした。それどころか、ほかの誰よりもトムを信じようと思ったそうです。もちろん、彼女の行動を知ったトムは激怒しました。そして結果的に、ふたりの関係はそこで終わったのです。

それから数週間後、私のもとに彼女からの手紙が届きました。

〝いまは鬱々として、心が麻痺したような感覚があります。トムのことはもう忘れなければという思いに圧倒されて、なにもできなくなってしまいました。少しでも自分が納得できる答えを導き出そうと、そればかり考えているのです。私のなにがいけなかったのか、彼と別れないためにはどうすればよかったのか、それがいまもわかりません。彼が何度か浮気をしたことは知っていました。彼は相手が思い通りにならないと怒る人だということも理解しています。私を自分勝手な仕事人間だと罵ったときはまさにそうでした。でも、彼はソシオパスで、私は利用されていただけだとは信じたくない気持ちもあります。愛と優しさで私を包んでくれた瞬間もたくさんあったんです。私はまだ心のどこかで、トムにとって私はただひとりの女性で、誰よりも私を愛してくれたことを信じています。それが現実ではなかったなんて思えません。だから、彼は私の愛を受け入れることができないほど傷ついて、不安だったんだと自分に言い聞かせています。もしチャンスが与えられていたら、そんな彼を癒してあげられたのに。いまでもなにが真実なのかわからなくなります。寂しくて彼に連絡したくなります。でも、私の声なんて聞きたくないことはわかっているから余計につらいんです。いまは毎日やけ食いとネットショッピングばかり。私はとにかく、トムにとって自分は大切な存在で、利用されていたわけではなかったという考えにしがみつきたいんだと思います。もし本当にそうだったとしても、もうどうすることもできないけど〟

海に沈んでいくタイタニック号の乗客が木片にしがみつこうとするように、ジュディスは壊れた恋愛関係に必死にしがみついていました。そして自宅マンションからも引っ越さなければならなくなったとき、彼女はようやく自分自身を立て直さなければならないと気づいたのです。ジュディスの例は極端に聞こえるかもしれませんし、幼少期のどんな深刻なトラウマが彼女をそこまで愛に執着させたのかと感じた方もいると思います。実際のところ、ジュディスは幼少期に肉体的・精神的虐待を受けていたわけではありません。ジュディスが経験したのは、80

年代にアメリカの子どもたちの半数が経験したとされている両親の離婚です。ジュディスは父親が出て行ったとき、世界が崩壊したように感じたことを覚えていました。わがままで素っ気ない母親とは対照的に、父親はいつもジュディスを理解し、愛してくれたそうです。彼女は当時をこう振り返っています。「私は父の小さなお姫様でした。だから父が家を出て行くとき、本当は私も一緒について行きたかったんです。でも母がそれを許さなかった。それからは、よくベッドに横になって泣いていたのを覚えています。父は別の町で仕事をするようになって、会える機会も減っていきました。父が再婚して、新しい奥さんとの間にふたりの子どもが生まれたとき、私はもう忘れられてしまったんだと感じました」

愛を見つけるだけでは満足できない

恋愛依存はほかのすべての自己防衛モードの特性を兼ね備えていると言えます。原因は過去の傷に根ざしていますし、自分の最も弱い部分はパートナーにも隠します。やるべきことや目標を先延ばしにして、すぐに幸福感を得られる関係を求めます。そして親密な関係になるために相手の興味や嗜好に自分を合わせ、献身的に尽くすことで、自分は相手に必要とされている特別な存在だという心地良い感覚を得るのです。もっとも、その主な目的はほかの自己防衛モードとは異なり、安心感や帰属意識を得ることだけではありません。

恋愛依存モードの典型的な特徴を挙げてみます。

・愛を見つけることこそが最大の関心でありゴールでもある

自分の存在意義を恋愛の中に見いだしています。そのほかのこと——学び、仕事、趣味、社会的なつながり——に対してはそこまでの情熱や目的意識を持てません。

・ひとりでいることが怖いのでなんとしても避けようとする

ひとりの時間に耐えられないので、独身であっても友人や家族、同僚、知人といつも一緒にいようとします。

・簡単に恋に落ちる

恋愛依存に悩む私のクライアントは、相手が少しでも自分に関心を示してくれたらその人を好きになってしまうと言っていました。たとえ相手が一夜限りの関係を求めているとわかっていたとしても、真実の愛を求めるあまり、都合よく利用されるかもしれないという不安をすぐにかき消してしまうのだそうです。

・パートナーの愛に対して常に不安を感じている

無意識のうちに自分には魅力がないと考えているので、そんな自分に対するパートナーの気持ちも疑っています。そのため粘着質になり、常に安心感を求めるのです。自分自身の価値観よりも相手の視点から自分を見ているので、自己肯定感も恋愛関係の状態に左右されます。ジュディスは「トムは私を元気づけてくれたかと思えば、すぐに私の心を引き裂くようなことを言いました。どちらが彼の本心なのか、私にはわかりませんでした」と話していました。不安から相手の言動に対して過敏になり、やがて嫉妬心や非難の気持ちが芽生えます。パートナーと頻繁に衝突したり、浮気の明らかなサインを指摘したりして相手の気持ちを試す人もいます。相手からどんなに愛を伝えられても、必要とされたいという根深い欲求が満たされるのはほんの短い間だけです。最終的には、時間の問題だとわかっていたこと、つまり別れを切り出されることが現実になるまで相手の気持ちを試し続けます。

・パートナーの趣味嗜好、ライフスタイルに染まる

好きな相手の心を摑んでいるものになら、なんにでも果てしない興味を示します。私のクライアントのひとりは、恋人の影響でフィットネスにどっぷりハマったと言っていました。そして恋人が変わると、今度は高級レストランとオペラに夢中になりました。さらに次の相手と付き合うと、釣りや狩猟の世界に没頭するようになったそうです。これは見方によっては、対人

関係で視野が広がったとも言えるでしょう。でも本人は、自分で趣味を見つけたことがなく、いつも恋人の趣味に染まってしまうのだと認めていました。

・恋人のために友人や自分の世界を捨ててしまう

恋愛依存に陥っている人は、友人とのつながりや自分の世界を持つことに対して無頓着になる傾向があります。社会生活を送る唯一の理由は、結婚相手と出会うチャンスを増やすためだと認める人もいるほどです。傍から見れば薄っぺらく思えるかもしれませんが、本人にとっては愛こそがすべてなのです。

・恋人に対してあまりに従順で、友人や家族が心配しても相手を擁護する

これは恋愛依存の特徴の中でも、周りにとってかなり厄介なものです。ジュディスのケースのように、恋人との関係が一方的で機能不全に陥っていたり、虐待的だったりしていたとしても、本人はそれを心配する周りの声に耳を傾けようとはしません。よくある言い訳は「あなたはあの人のことをなにもわかっていない」「あの人はそんなつもりじゃない、本人も苦しいんだと思う」「あなたは嫉妬しているだけだ」というものです。でも大抵は、後になってもっと周りの意見を聞くべきだったと反省することになります。もっとも、新しい恋人ができた途端に、そんなことは忘れてまた同じことを繰り返してしまいます。今度こそは、なんとしてでも関係をうまくいかせようという確固たる思いに支配されてしまうのです。

・いまの恋人を過去最高と称賛する

恋愛依存に陥っている人には、現在の恋人がバラ色どころか金色に見えています。相手との関係がうまくいっていようとなかろうと、いまの恋人はこれまでの誰よりも自分を理解し、愛してくれていると主張します。そして一緒にいて楽しいことよりもつらいことの方が多かったとしても、肉体的な相性やソウルメイト的な感情面のつながりの深さなど、良い面を大義名分にしてその関係にしがみつくことを正当化します。

・なにかあると自分を責め、もっと尽くさなければと心に誓う

恋愛依存に陥っている人の多くは、現実を見ずにドラマのような結末を思い描いて相手を美化していることを認めようとはしません。その理由はまたひとりになってしまうのが怖い、時間を無駄にしたと後悔したくないなどさまざまです。そして恋人となにかあると、すべて自分が悪いに違いないと思い込んでしまう傾向があります。人のせいにしないのは称賛すべきことですが、恋愛依存の場合はそれが必要のない自己非難や自己否定につながり、どれだけひどい扱いを受けても相手を正当化してしまうのです。私のクライアントの多くは、相手のためになにかしてあげたいという思いに取り憑かれたようになったと話しています（自他の境界線の欠

如は尽くし魔に限らず大きな問題なのです）。そして恋人の言いなりになり、外見も相手の好みに合わせ、機嫌を損ねないようにしようと必死だったといいます。もっとも、その努力は恋人がさらに尊大になるという結果を招くことがほとんどです。

この自己破壊的な特徴のリストを見ると、恋愛依存は自己防衛とは関係ないように思えます。でも、本人にとって愛されることは酸素のようなもので、それなしでは生きていけない必需品なのです。それなら、愛を与えてくれる相手なら誰でもいいということになりそうなものです。でも不思議なことに、恋愛依存に陥っている人は自分に好意を持って愛情や優しさ、理解を示してくれる異性をつまらない相手と見なす傾向があります。ジュディスもトムと出会う数年前、熱心にアプローチしてきた素敵な青年をすぐに振ってしまいました。彼女はその理由を「私を選ぶなんて、この人にはなにか問題があるに違いないと思ったんです」と言っていました。ここから見えてくるのは、恋愛依存モードには愛を見つけることとはまた別の、さらに重大な意図があるということです。

恋愛依存にはジョン・ボウルビィが提唱した〝愛着理論〟の〝不安型愛着スタイル〟と多くの共通点があります。このイギリスの心理学者は、幼少期の経験や両親からどれだけ一貫して大切に育てられたかが、その人の恋人への愛着の持ち方に影響することを発見しました。不安型愛着スタイルを持つ人（人口のおよそ19パーセントとされている）は、両親のどちらか、または両方から一貫性のない接し方をされていたケースが多いようです。さっきまで優しかった親が、次の瞬間には自分を無視したり、怒ったりすると、その予測できない感情に子どもは混乱し、自分は愛されているのかわからなくなってしまうのです。ジュディスのケースでは、父親がどうして自分を置き去りにしたまま新しい人生を歩むことができるのか、彼女にはまったく理解できませんでした。

ジュディスや彼女に近いタイプのクライアントが共通して認めているのは、自分の親と行動や態度、さらには外見も似た相手に惹かれるという傾向です。そして相手の言動で傷つくことが多いのに、まれに優しくされたりする瞬間に興奮と幸福感があるそうです。その一方で、一貫した優しさと愛情を持っている異性に対しては、優しすぎる、面倒くさい、つまらないと感じてすぐに追い払ってしまうのです。

こういった人たちは幼少期の経験から不健全な恋愛を選んでしまうのでしょうか？ 実は、恋愛依存に陥っている人の潜在意識は、自分は愛される存在だという証拠を集めることで幼少期の傷を癒そうとしているのではないかと考えられます。つまり幼少期に親や周りの人たちから愛されていると感じられなかった潜在意識が、それは周りが間違っていたこと、そして自分には問題がなかったことを証明したがっているのです。だから無意識のうちに、自分は愛される存在ではないのかもしれないという疑問を初めて抱かせた相手、つまり自分の親に似た人に惹かれるのだと思われます。

幼少期の心の傷、不安型愛着スタイル、共依存の問題に関しては本書では紹介し切れない範囲までを扱った優れた本が数多くありますが、結局のところ、それらを克服できるかは自分自身と健全な関係を築けるかどうかにかかっています。

それを解決する鍵こそ、自己愛なのです。なぜなら、自分で自分を愛せないのに人から愛されたいと願うのは、価値がないと思っているものを人に勧めているようなものだからです。

第14章 自己愛：自分自身を取り戻す鍵

〝たとえこの世界の隅から隅まで探し回ろうとも、あなた自身よりあなたの愛と愛情にふさわしい人など見つかりません。ほかの誰よりも、あなた自身があなたの愛と愛情に値する存在なのです。

――ブッダ〟

私のクライアントのひとり、マイクは恋愛関係に悩んでいました。経済的に成功していてハンサムで魅力的、性格も優しい彼でしたが、恋愛になると1年も続いたためしがないといいます。そこで、マイクのそれまでの恋愛遍歴を聞いてみたところ、彼が付き合ってきた女性たちにはいくつか共通点がありました。それは、美人で自信に溢れていて、マイクを完全に尻に敷いていたという点です。どうやらマイクは至れり尽くせりの接し方をして、彼女たちに自分の方が立場は上だと感じさせてしまっていたようです。そんな付き合い方だから当然ですが、マイクはいままで恋人になにかしてあげても、感謝されたり褒められたりしたことがなかったそうです。彼は自己中心的な母親のもとで育った影響で、無意識のうちに自分には人から優しくされたり気遣われたりする資格がないと思い込んでいるようでした。だから魅力的な女性から関心を向けられると、相手を喜ばせるために最大限の努力をしなければと感じてしまうのです。でも、どんなに努力しても相手はすぐに関心を示さなくなり、もともと低かった彼の自己肯定感はさらに下がっていきました。

マイクが初めて私のオフィスを訪ねて来たとき、彼は当時の恋人との関係についてこう話していました。「彼女からはひどい扱われようなんです。貶されたりなんでも言うことを聞かされたりで、一緒にいるとおかしいのは自分の方なのかと思えてきます。でも、いままでの誰よりも僕を愛してくれているのは間違いありません」。そこで私は、ふたりの関係性を一度整理してみることにしました。その結果、マイクは彼女もそのうち優しくなり、幸せな時間が訪れるはずだという淡い期待にしがみついているだけだとわかりました。私が諭すと、彼は信じられないといった様子で首を振りながらこう言いました。「まるで薬物中毒者だ。僕には彼女しかいない、僕を理解してくれるのは彼女だけだと自分に言い聞かせて、実際には心をズタズタにされていただけだったなんて……。出会ったばかりの頃はなにもかもうまくいっていたのに。どうしていつもこうなるんだろう」

これは恋愛依存や不安型愛着スタイルに陥った人によく見られる現象です。付き合い始めてしばらくは、自信満々に自分をアピールできます。ところが気持ちが通じ合うようになると、なにかやらかして見限られてしまうのではないかという不安が頭をもたげるのです。そしてまた振られてしまうのではないかという不安と心配から、相手に必要以上に尽くしたり、安心感を強く求めたりするようになります。付き合い始めた頃の輝きが薄れ、一方的に愛を求められるようになると、相手はその変化に戸惑いを感じます。不安が人から人へ伝染するのと同じように、その自信のなさが相手の不安を引き起こすのです。やがて距離を置かれ始めると、相手が離れていくのを止めようと必死にしがみつきます。親に捨てられることを怖れる子どものように、相手の愛情を取り戻すためならなりふり構わなくなり、やがて威厳も自尊心も失ってしまうのです。そうなると羞恥心と自責の念の負の連鎖によって周りからも孤立し、自分を見失い、そして最終的にはピカピカの高級腕時計が安物のコピー品だと判明したかのように捨てられてしまいます。要は、自分を見失うことよりも相手を失うことを怖れていると、恋愛は自己放棄につながってしまうのです。

恋の魔法とは、愛を一方的に求めるのではなく、分かち合うことです。でも、人は自分が持っているものしか他人と分かち合うことはできません。だからこそ、まずは自分を愛することを学ぶ必要があるのです。

そうは言っても「自分を愛するなんてなかなかできることじゃない」「自分を愛そうとしたことはあるけど、私はうまくいかなかった」「自分を愛せとよく聞くけれど、その方法は誰も教えてくれない」という声はよく聞きます。もしかしたら、あなたも鏡に向かって自分を愛していると自己暗示を繰り返したことがあるかもしれません。でも言葉の響きこそいいものの、なんとなく自分を偽っているような気分になったのではないでしょうか？

自己愛はスイッチでオン・オフできるものではありません。恋愛関係を築くのと同じように、心を開き、集中し、献身することが必要です。でも、ここで朗報があります。それは、あなたは人を愛する方法ならよく知っているということです。そして、あなたは自分が最愛の人になにを望んでいるのかも知っています。ただ、それを自分で自分自身に与えることができるのを知らないだけなのです。ここからは、自己愛を育てるための4つのステップを解説していきます。

ステップ①　自分を受け入れる

自己愛を高めるための第一歩は自己受容、つまり欠点も含めてありのままの自分を受け入れることです。欠点ばかりが目につくと、その人を愛することは難しくなるものです。あなたは自分の体重や年齢、見た目、友人の数、預金残高などを理由に自己批判をすることはありますか？　自分より明らかに優秀で、外見も素敵で、仕事でも成功している人と自分を比べてしまうことはありませんか？　他人には決して言わないような辛辣な言葉で自分を卑下したりしていませんか？　私たちは生まれながらにして無条件の自己受容を持っています。そうでなければ、赤ちゃんの頃にお腹が空いたりオムツを替えてほしかったりしても大声で泣く勇気はないでしょう。自己受容は自分の存在価値を感じるために必要なもので、心を安定させる内なる重力の源のようなものです。とはいえ、ときには自分を受け入れるより拒絶したくなることもあります。

その原因は透明人間の章ですでに説明したように、誰かに非難されたり否定されたりする経験をすると、私たちはその出来事を心の中で何度も反芻し、また傷つくのを防ぐために歪んだフィルターを通して世の中を見るようになることにあります。そのフィルターを通すと自分の長所や自分らしさよりも、いかに目立たないようにするかに目が行き、他人から批判される前に自分を責めるようになるのです。これは、そうやって自分を戒めていれば、いつか理想の自分になれるという幻想を抱いているからです。

でも、自戒から生まれるモチベーションというのはあまり長続きしません。軽い心臓発作を起こした人が不健康な習慣を改めようと意気込んでも、しばらくするとまたダブルチーズバーガーとフライドポテトを食べてタバコを吸う生活に戻っていることはよくあります。自己否定をしたところで、自分を見つめ直そうという意欲が湧くよりも、気を紛らわせたい、もう考えるのをやめたいという気持ちになることがほとんどなのです。

これまでの恋愛を振り返ってみて、あなたは恋人の不愉快な言動を我慢したり、許したり、さらには擁護したりすることがどれくらいの頻度でありましたか？　あなたは自分自身のことももっと受け入れ、許すべきなのです。もっとも、自己受容とは自分はいまのままで完璧だと思うことではありません。いまの自分に満足したり、自己中心的になったり、傲慢になったりすることではないのです。

私はかつて最高の自分になるために、まずは羞恥心や自信のなさに目を向けてみようと思いました。自分の長所や、どんなことに情熱を持てるか、なにを目的とするかを探求するのではなく、他人から見た私の短所や欠点を想像したのです。でも、それでは過去の自分にとらわれて、先に進むどころか堂々巡りをするだけでした。そんなとき、私はベンジャミン・フランクリンの〝私は私であり、それがすべてなのだ〟という格言に出会い、自分の短所や欠点も受け入れようと決意しました。私もまだ、いまこの瞬間を楽しむこと、変えられないものへの執着を手放すこと、そしてどんなときでも自分の名前に恥じない生き方をすることには難しさを感じています。それでも、私は自分の長所も短所も受け入れることを学びました。この2つはコインの表と裏、あるいは陰と陽と同じく、どちらも自分自身の側面なのです。

ステップ②　自分を正しく認識する

次は、潜在意識の歪んだフィルターを外して、自分自身を正確に把握することが必要です。たとえ居心地の良い家でも、カーペットの小さなシミがどうしても気になってしまえば落ち着かなくなります。それと同じように、自分の欠点ばかりに目を向けて長所も認めなければ、自分自身と快適に過ごすことはできないのです。第10章で内省をして気づいたと思いますが、あなたには自分と戦うのではなく受け入れる理由がたくさんあるはずです。

残念なことに、多くの人は自分自身の価値を正しく認識して感謝することができていません。自分の価値を認めるのはハードルが高いと感じるのは、それが良いことだと教えられてこなかったからです。私も子どもの頃は、優秀な成績表を片手に得意げに学校から帰ってくると、両親に興奮の風船をよく割られました。「ほかの子に見せびらかすのはやめなさい。謙虚でいないと周りから嫌われるわよ」と注意されるのです。私はその言葉を、自信に溢れているよりも劣等感を抱いて小さくなっている方がたくさんの友人に恵まれるのだと解釈しました。でも、それはまったくの間違いだったことはすでにお話ししたとおりです。

恋愛依存に陥っている人は、ひとたび恋に落ちると相手を美化します。欠点や弱さを見ないようにするか、ただの癖や性格のごく一部として受け入れるのです。このとき潜在意識は、相手をまさに自分の待ち望んでいた人だと思い込んでいます。この〝確証バイアス〟〔訳注／仮説や信念を検証する際にそれを支持する情報ばかりを集め、反証する情報を無視、または集めようとしない傾向のこと〕こそ、ジュディスにトムは自分にとって最高の恋人だと確信させた原因なのです。では、そんな風に相手を美化してしまうのなら、自己価値の認識だって歪んでいるのではないでしょうか？　恋愛依存に陥ると、潜在意識は恋人の欠点に目を瞑ってしまいます。これが俗に言う〝恋は盲目〟現象です。ところが自己認識となると、潜在意識は自分の欠点を指摘することに慣れすぎて、そこしか見えなくなっているのです。だからこそ、日々、自分自身を見つめる習慣を持つことで、自分という人間について偏りのない正確な視点を得ることが大切です。

あなたは12章ですでに自分の良いところを見つめ、自己肯定感を高めてくれる心のチアリーダーに出会いました。次はそこからさらに前進して、毎日就寝前に、その日に気づいた自分の資質を日記に書いてみてください。几帳面さ、勤勉さ、誠実さなど、自分では当たり前だと思っていたり、それほどではないと過小評価したりしている一面にも注意を向けましょう。たとえば誰かを批判したり、噂話をしたりするのを自制できたときは、自分には誠実さと思いやりがあることを認めて感謝するべきです。なにかを先延ばしにしようとして抵抗を感じたときは、自分には堅実さや真面目さがあることを認めてください。人を笑わせて周りを明るくしたり、創造的なアプローチで問題を解決したり、他人の怒りに思いやりを持って対応したりと、さまざまな自分の側面に気づいたときは、自分にはそんな多面性があることを認めて感謝しましょう。もちろん、心のチアリーダーはあなたの行動だけでなく、人間としての素晴らしさも賞賛してくれるはずです。

相手を認めて感謝することは、対人関係を大きく改善します。自分の価値を認めて感謝することもまた、自分自身との距離を縮め、自分が自分であることがどれだけ幸運なのかを思い出させてくれます。

ステップ③ 自分自身に気を配る

有名な教育者で作家でもあるエディス・ハミルトンは〝信頼のないところに愛は生まれない〟と述べています。愛する相手との関係に信頼は不可欠です。信頼があることで私たちは安心感を得て、相手に心を開いて自分の弱さを見せることができます。相手に信頼を寄せるのは、その人が正直で、善意があり、自分に対する接し方に誠意を感じるからです。信頼を築くには時間がかかりますが、失くすときは一瞬です。

考えてみてください。もしあなたが自分自身に対するときと同じように他人に接したら、相手からの信頼は増すでしょうか、それとも損なわれるでしょうか？ 先延ばし屋の章では、約束を守れないと相手からの信頼だけでなく、自信も失うことになると説明しました。果たされることのない約束は、立派に見えても引き換えることのできない商品券のようなもので、相手はとてもがっかりさせられます。また、自分を責めたり人と比較したりしてばかりいると自己信頼も損なわれてしまいます。なにより良くないのは、食事や休息、入浴などの基本的な欲求さえ無視して、自分自身を粗末に扱ってしまうことです。

夫婦関係の安定性の研究で世界的に知られている心理学者のジョン・ゴットマン博士と妻のジュリーは、画期的な研究のひとつとして一日リトリート〔訳注／日常から離れた環境に身を置いて、普段とは違った体験を楽しむこと〕に参加した130組の新婚夫婦のやりとりを観察しました。

そこでゴットマン夫妻が注目したのは、夫か妻のどちらかから〝ビッド〟と呼ばれる相手とつながろうとする言動があったとき、夫婦によってそれに対する反応に大きな違いがあることでした。ビッドには言語的なものと非言語的なもの、そして大小がありますが、たとえば「いつキッチンをリフォームしたらいいかな？」「この新聞記事を読んだ？」「塩を取ってくれる？」といった、会話のきっかけをつくろうとする言動をいいます。この実験では夫婦のどちらかからビッドがあったとき、それに対するパートナーの反応が、相手の方を向いてきちんと応じた、適当に流した、無視した、の3つのどれだったかを記録しました。これは夫婦の些細なやりとりに思えるかもしれませんが、それから6年後にその後の調査を行ったところ、すでに離婚していた夫婦には共通点があったことがわかりました。パートナーのビッドに肯定的な反応を返した割合は、6年後も離婚していなかった夫婦では10組中7組以上だったのに対し、離婚していた夫婦では10組中3組だったのです。ゴットマン夫妻は、つながりたいという一方の要求に対してもう一方がどのように反応するかを観察するだけで、その夫婦関係がそのまま維持できるか、破局するかを94パーセントの確率で予測できると結論付けています。

ジョン・ゴットマン博士は『アトランティック』誌のインタビューで「夫婦関係がうまくいく人には心の習慣があります。それは相手に『ありがとう』と言えることを常に探す習慣です。逆に夫婦関係で失敗する人は常に相手のミスを探しているのです」と述べています。妻のジュリー・ゴットマンはこう補足しています。「パートナーの良いところを探すのか、あるいは粗探しをするのか。つまり日頃から相手を尊重して感謝できる人と、非難する人の違いです」

私たちは自分のことを気にかけてくれて、親切で、献身的で、安心感が得られる人、つまり自分に目を向け、耳を傾け、尊重し、ときには背中を押してくれる人を愛します。これは自分自身との関係にも当てはまると考えてみてください。自分を愛するためには、まずは自分自身に気を配る必要があるのです。そして、私たちの思考や感情、身体的な感覚は、心と身体からのビッドだと仮定してみましょう。

あなたが自分を愛することが苦手なら、心と身体からのビッドへの反応率は10段階で3以下といったところかもしれません。なんとなく不安を感じても、そこに注意を向けなかったり、気にも留めなかったりしているはずです。なぜかいつもの調子が出なくても理由を探ろうとはせずにイライラするだけだったり、ジャンクフードを食べるのをやめろという胃のメッセージを胃腸薬でごまかしたり、休息を必要としている身体をカフェインたっぷりのエナジードリンクで叩き起こしたりしていませんか?

では、ここで心と身体からのビッドに注意を払う方法をいくつか紹介します。

・心のビッド:なぜか不安や心配を感じる

自信が溢れ、幸せでエネルギーに満ちているときは自分を愛するのも比較的簡単です。でも、なんとなく不安や心配を感じて気持ちが晴れないとき、私たちはそうした心のメッセージを無視したり、かき消したりしてしまう傾向があります。

あなたの心がなにかを訴えてきたら、無視したりせずに注意を向けてください。自分の心のビッドを無視するのは悩んでいる友人からのメッセージをブロックしたり、一方的に電話を切ったりするのと同じです。

心のどこかで不安や迷いを感じているときは、自分に対して忍耐と思いやりを持つことが大切です。自分を励まし、安心感を与えて、ポジティブな視点で不安な心を導いてください。自分の感情を大切にする最善の方法は、それに支配されずに注意を向けることだと覚えておきましょう。

・心のビッド：栄養と休息が欲しい

私たちの身体がヘルシーでバランスのとれた食事や、適度な運動、十分な睡眠を必要としているのと同じように、心にも健全であるために必要な条件があります。どういうわけか、私たちは自分の心を昼も夜もメンテナンスなしで働く壊れないコンピュータのように扱いがちです。ストレスや不安、疲労、ブレインフォグ〔訳注／まるで頭の中に霧がかかったように思考が鈍くなったりぼんやりしたりする症状で、新型コロナウイルスの後遺症のひとつでもある〕などを感じても、それは自分の弱さだと捉えてしまうのです。

心のケアは短期的なものではありません。喜びや充足感、そして意味のある人生を歩みたいなら、心が健全であり続けられるように栄養を与える必要があります。私たちの心も身体と同じく、最高のレベルで機能するためには栄養や休息が必要なのです。

ソーシャルメディアのファストフード的な栄養で心を保つのではなく、高揚感やインスピレーションを得られて、気持ちが落ち着くようなもので心を育てましょう。やすらぎや心地よさに溢れた生活空間をつくり、瞑想したり、ただ空想にふけったりして精神的・感情的な澱《おり》をすっきりさせることも大切です。

新しいことを学んだり、刺激的な経験をしたり、クリエイティブな活動をしたりすることで、心はより広く柔軟になります。いつもの日常から抜け出して美術館を訪ねたり、興味のあることに取り組んだり、いつか行ってみたかった国への旅行を計画したり、その国の言葉を学び始めたりしてみましょう。

心のケアは不可欠です。私の不安症との闘いも、心を粗末に扱い、心のケアなど考えずに行動してきた代償でした。

・身体のビッド：栄養とケアが欲しい

自分の身体を大切に扱っている人は決して多いとは言えません。調査によると、アメリカ人の75パーセントは自分の外見に不満を抱いているそうです。現代人が自分の外見をとても気にするようになった主な理由のひとつには、テレビやソーシャルメディアの存在が私たちの美の概念を歪め、魅力的で望ましいとされる範囲を狭めてしまったことが挙げられます。いまでは若々しくて美しい外見を持つ人だけが、世の中に自分をアピールする権利があるかのような風潮になってきています。そのため、自分の外見に不満を抱いている人は過度なダイエットやトレーニングに取り組み、腕の良い美容外科医を頼って理想的な身体を手に入れるか、羞恥心と自己嫌悪にまみれて隠れるように生きるかの2つの選択肢しかないという極端な考えに陥りがちです。当然ながら、自分の外見を拒絶すれば自分を愛することは難しくなります。でも、自分の身体をそんな風に扱うべきでしょうか？

あなたが行きたいところにどこへでも連れて行ってくれて、8時間もオフィスに座っているのを辛抱強く待ってくれるのは誰でしょう？　人生の最初から最後まで、ずっとあなたと一緒にいてくれるのは誰でしょう？　あなたの身体は、あなたの魂を宿す神殿であり、絶え間ない献身であなたを気遣い支えてくれる、最も忠実な伴侶なのです。

あなたの身体も私の身体と同じように、年中無休で更新される非現実的な美の基準からは外れているかもしれません。でも、日々自分を生かし、五感を通して喜びを与えてくれるという計り知れない功績を考えれば、あなたも自分の肉体を受け入れ、感謝し、愛すのはそれほど難しいことではないはずです。

自分の身体に気を配るということは、空腹、喉の渇き、疲労感だけでなく、さまざまなメッセージに耳を傾けることでもあります。車のダッシュボードの警告ランプが点滅しているのを無視していればいざ故障しても誰も責めることができないのと同じように、自分の身体からのメッセージに注意を払わないでいると、いつか思うように動いてくれなくなっても身体を責めることはできません。一日を通して感じる身体的な感覚は、あなたの身体が健康的なバランスを保っているか、なんらかのストレスを受けているかを示しています。たとえば、頑張った自分へのご褒美として週末にチーズたっぷりのピザやジューシーなステーキとフライドポテトを食べると、その後いつも胃の調子が悪くなったり、なかなか眠れなかったりした場合、それはご褒美ではなくむしろ罰なのだという身体からのメッセージなのです。

食事の前に自分の身体と向き合うことも大切です。エネルギーに満ちている、軽く感じる、緊張している、疲れているなど、身体の感覚に注意を向けてみましょう。そしてこれから食べようと思っているものとその味や食感を思い浮かべて、身体の反応を見ます。身体の細胞がその選択を歓迎しているのか、許容しているのか、拒否しているのか、感覚に集中して読み取ってみてください。この身体とのコミュニケーションは食事の最中と1～3時間後にも行ってみるとより効果的です。

私はあるとき、いつも選んでいた食べ物のいくつかは身体が拒否していることに気づきました。私の身体からのサインは不快感や痛みなどではなく、もっと微かな感覚でした。それは好きな食べ物を思い浮かべると唾液が分泌され、嫌いなものを思い浮かべると軽い吐き気を催すのと似ています。どうやら私の身体はジャムよりハチミツを、肉より野菜を、ワインよりもハーブティーを好むようでした。それがわかってからは体重が20キロ減って、努力せずに理想体重に戻りました。さらに慢性的な股関節の痛みも消えて、いまでは猫のようによく眠れています。

義務感からではなく、感謝の気持ちを持って自分の心と身体の声に耳を傾ければ、やがて自分自身との関係も変化するはずです。

ステップ④　ときには自分を甘やかす

あなたが愛されていると感じるのはどんなときですか？　そして人にはどんな風に愛を伝えていますか？　おそらくほとんどの人は、哲学博士で結婚カウンセラーのゲーリー・チャップマンがベストセラー『愛を伝える5つの方法』（いのちのことば社）の中で紹介している5つの方法のうちのどれか、またはいくつかを通して愛を人に伝えたり、感じたりしているはずです。その5つの方法とは、肯定的な言葉、献身的な行為、贈り物、スキンシップ、そしてクオリティ・タイム（充実した時間を一緒に過ごす）です。

では、この愛を伝える方法を自分自身との関係に当てはめてみましょう。あなたはステップ②で自分を正しく認識したことで、自分自身に肯定的な言葉をかけたと言えます。そしてステップ③で心と身体に気を配ることを学び自分自身に献身しました。とはいえ、それだけではまだ特別な愛を感じるほどではありません。ときには贈り物やスキンシップ、充実した時間などで自分自身を甘やかすことも大切なのです。ささやかな感謝の印はいまこの瞬間を楽しいものにし、大きな贈り物はあなたの生活をより豊かなものにしてくれます。たとえば、いつものシリアルに入れたいけれど普段は買わないラズベリーをごちそうしてあげたり、毎日の通勤が楽しくなるようにちょっと高価なノイズキャンセリング機能付きヘッドフォンを購入したりするのもいいでしょう。自分へのプレゼントとリテール・セラピー〔訳注／落ち込んだ気分を吹き飛ばすためにするショッピング〕はなにが違うのだろうと思った方もいると思います。前者は自分自身への愛を示す行為ですが、実は後者は自己嫌悪を忘れるための行為なのです。

そしてここでのスキンシップはスパでのトリートメントやリラクゼーション、元気を取り戻すためのボディワークなどを指します。もちろん、自宅でバブルバスに入ったり、フェイシャルクリームやボディローションを塗ったりするだけでも自己愛の表現になるでしょう。私はよく心臓に手を当てたり、自分を抱きしめるセルフハグをしたりして自分に愛を伝えています。特にセルフハグは、自分自身とのつながりを取り戻す最も効果的な方法のひとつです。

旅行や週末の外出、ディナーや映画も自分へのご褒美と言えますが、自分への愛を育むにはそれだけでは頻度が少なすぎます。自分自身と充実した時間を過ごす機会は、毎日無数にあるはずです。朝は少し早く起きるようにして、音楽を聴いたりその日楽しみにしていることを考えたりしながら朝食をとって一日を始めるだけでもいいのです。夜はテレビやソーシャルメディアの投稿を見たりして過ごすのではなく、キャンドルを灯したり、本を読んだり、日記を書いたりするのも有意義です。新しい趣味や習い事を始めたり、いまの趣味に没頭したり、観光客になったつもりで街を散策したりするのも充実した時間と言えます。もっとも、どんなことをするか、どれだけの時間を投資するかはそれほど問題ではありません。大切なのは、その時間に対するあなたの意図であり、心に喜びと充実感をもたらす体験を通じて自分自身とつながることなのです。

………

自分を愛することを学んだジュディスは、つらい恋人との別れから立ち直ることができました。それまでどこか問題のある男性にばかり惹かれていたのは、子どもの頃の経験が根底にあることも理解しました。そしていつも良い相手を遠ざけてしまうのは、心のどこかで自分は愛されるに値しない人間なのだと思い込んでいたことも認めました。ジュディスは自分の外に愛を求めるのをやめて、過去の傷を癒し、健全な人間関係を築くことに意識を向けるようになったのです。ある日、私のもとに彼女からこんなメールが届きました。「先生には感謝の気持ちでいっぱいです。私はいま、以前とは全く別の明るい世界に住んでいます。自己愛の欠如がどれだけ自分を苦しめていたかがわかりました。そしていまでは、自分の愛のチャンピオンになることが、私の人生に素晴らしいものをもたらしてくれるのだと信じています。自己愛こそ私が求めているすべての答えだということは、心のどこかで気づいていたんだと思います。でも、まさか自分がそこに辿り着ける日が来るとは思ってもいませんでした」

自己愛には献身、専心、そして一貫性が必要です。でも、その努力は必ず報われます。自己愛があれば、あなたのそばを決して離れない相手と孤独を感じることなく人生を歩めるでしょう。

PART 4

人生を切り開く

第15章 自分らしくありのままに生きていく

〝自分の人生の主導権を握り、自分の現実を創り、自分をありのままに表現すれば、周りにも影響を与え、導ける存在になれるでしょう〟

ここまでよく頑張りました。本書の旅もそろそろ終わりを迎えます。あなたにとって、本書から学んだ最も大きな教訓はなんですか？　意識が変わったことを3つ挙げるなら、それはどんなことでしょうか？

学んだことを反復すれば定着率が上がるというのは、学生時代に誰もが経験していると思います。では、本来の自分の力を取り戻すための6つの鍵と、それがあなたの生き方にどんな影響をもたらすかを、ここでもう一度おさらいしておきましょう。

・**自己責任**：被害者意識を捨て、他人や現状は変えられなくても、自分には常に過去から学ぶ力があることを受け入れる。柔軟な心で絶えず成長を続けることで困難はチャンスに、限界は可能性に変わる。

・**自慈心**《じじしん》：自分を責めたり、他人と比較したり、誰かと競ったりせずに、思いやりと寛容さを持って自分と向き合うことを心掛ける。自分の弱さに寄り添い、感受性を大切にする。

・**自己信頼**：嫌なことや失敗することへの怖れに屈せず、自分の言葉を守り、物事を最後までやり遂げ、自分には望んだ未来をつくり上げるための資質があることを信じ切る。人生は完璧を目指すものではなく、常に進歩を目指すものであることを意識する。

・**内省**：他人の意見や期待に合わせて自分を変えるのではなく、自分の本質に沿った考え方や行動を心掛ける。本当の自分を探求し、ありのままの自分でいようと努力することは、自分だけでなく周りの人たちにも良い影響を与える。

・**自己献身**：自分を認めてもらうために相手に尽くしすぎたり、気を遣いすぎたりするのではなく、自分の価値に目を向けて自己肯定感を高める。与えることと受け取ることのバランスを取り、健全な自他の境界線を引き、人からどう扱われたいかを考えて自分自身を扱う。

・**自己愛**：他人からの愛に依存するのではなく自己愛を育む。ありのままの自分を受け入れ、正しく認識し、心と身体からのサインにも気を配り、ときには自分を甘やかすことで愛情を示す。

6つの鍵をすべて手にしたことで、あなたは自分の人生の主導権を握り、自分の現実を創っていく準備が整いました。もっとも、あなたは以前にも物事に対する考え方や感じ方を変えようと努力したり、自分自身に対する思い込みを捨てようと試みたりしたことは多少なりともあるはずです。だからいまは前向きな気持ちになれたと感じているものの、心のどこかではまだ、本当に新しい生き方ができるか疑問に思っているかもしれません。

1マイル4分の壁（ロジャー・バニスター効果）を知っていますか？　かつては1マイル（1609メートル）を4分未満で走ることは不可能だと考えられていました。多くの陸上選手がトレーニングの最適化や競技条件の改善によってこの陸上競技の聖杯を追い求めましたが、成功した人は誰ひとりいなかったのです。ところが1954年、ロジャー・バニスターというランナーが3分59秒を記録し、ついに1マイル4分の壁を突破しました。この偉業は本当に予期せぬものだったそうです。なぜならバニスターは厳しいトレーニングメニューに取り組んでいたわけではなく、レースのコンディションも決して理想的とは言えなかったからです。その後の展開は実に驚くべきものでした。それからわずか6週間後、オーストラリアのジョン・ランディというランナーが、さらに速いタイムでこの壁を破ったのです。そしてその1年後には同じレースで3人ものランナーが4分を切るタイムを達成し、以来、1000人以上のアスリートがかつては不可能と思われてきたこの偉業を成し遂げています。

この1マイル4分の壁の物語は、私たちの限界を決めているのは能力ではなく固定観念であることを示しています。ときには目標が不可能でないことを教えてくれる人、可能性に対する感覚を変えてくれるリーダーが必要なのです。

心理学者のエディス・エヴァ・イーガー博士の人生は、生き抜くことを自己変革に変えた輝かしい例です。ハンガリーに生まれたエディスは16歳のとき、両親と姉のマグダと共に家畜運搬用の貨車に詰め込まれ、ナチスのアウシュヴィッツ強制収容所に連れて行かれました。そして両親は収容所に着いたその日にガス室に送られたそうです。両親が殺されたわずか数時間後、〝死の天使〟と呼ばれたナチスの将校ヨーゼフ・メンゲレは、エディスに自分を楽しませるために踊るか、さもなければ死ぬことを強要しました。バレエと体操を習っていたエディスはなんとか踊り切り、死を免れます。その演技に感心したメンゲレからご褒美として一斤のパンを与えられたエディスは、両親の死に大きなショックと悲しみを抱えながらも、ほかの囚人たちに惜しみなくパンを分け与えました。その後もエディスと姉のマグダは互いに助け合い、極めて過酷な状況に耐え続けたそうです。1945年5月、ナチス・ドイツの敗戦後、ひとりのアメリカ兵が、強制収容所に無残に積み上げられた多くの死体の中でわずかに動いた手に気づきました。彼の注意力が、まだ息のあった若い女性の命を救ったのです。

生き延びたエディスはその後アメリカに渡り、オーストリアの精神科医で心理学者でもあったヴィクトール・フランクル博士と出会います。彼もまた、3年間で4つの強制収容所に収監された後、ホロコーストから生還したひとりであり、その体験を記した著書『夜と霧』（みすず書房）はエディスにも大きな影響を与えていました。その中で彼は〝あらゆるものを奪われた人間にも、たったひとつのものが残されている。それはどんな状況にあっても自分の態度を選ぶ自由、自分の在り方を選ぶ自由である〟と述べています。

人生を自分の手で切り開くことを選んだエディスは、心的外傷後ストレス障害《PTSD》を抱えた人たちの支援を専門とする心理学博士になりました。彼女は自身の回顧録『アウシュヴィッツを生きのびた「もう一人のアンネ・フランク」自伝』（パンローリング）の中で、生存を超えた自身の生き方について次のように綴っています。

〝自分をありのままに、不完全な人間として受け入れるという選択。そして自分の幸せに責任を持つという選択。自分の欠点を許し、純真さを取り戻すために。私は生かされるべき人間だったのかを問うことをやめるために。人に尽し、両親を精一杯敬い、彼らの死を決して無駄にしないよう、全霊を注いで自分の役割を果たすために。未来の世代が私のような経験をしないよう、限られた能力の中で最善を尽くすために。あらゆる瞬間を無駄にせず、より良い世界をつくるために貢献し、身を捧げ、生き続け、前進するために。そしていつか、最後には過去から逃げるのをやめるために。過去を取り戻し、解放するためにできる限りのことをするために。私にできる選択は、誰にでもできること。私に過去を変えることは決してできない。でも、私にも救える人生がある。それは私の人生。私がいま生きている、この貴重な瞬間のことだ〟

エディス・イーガー博士の感動的な物語は、人間の精神には困難から立ち直る力があることを証明しています。そして、誰もが自分の人生のリーダーとして、自分の幸せに責任を持つという選択ができることを私たちに伝えているのです。

自分の人生のリーダーであり続けるためには

難しいのは人生のリーダーになることよりも、リーダーであり続けることかもしれません。ビジネスにおける優れたリーダーとは、会社の風土に敏感で、コミュニケーション能力が高く、妥協することを厭わず、誠実で信頼できる人です。ではこれを、あなたが自分の人生のリーダーであり続けるための3つの要素――警戒、選択、誠意――として考えてみましょう。

警戒

私は以前、偉大なペルシャの詩人ルーミーの生涯とその作品の専門家で、『Rumi：Tales to Live By（ルーミー：生きるための物語）』（未訳）の著者であるカムラ・カプールにインタビューする機会に恵まれました。その中で彼女は、警戒心がいかに苦しみを未然に防ぐか、そして警戒心の欠如がいかに私たちを心の暗闇に連れ込むかという話をしてくれました。「ルーミーは敵は己の中にいると説いています。私たちを絶望や不安、自責の念に陥れるのは抑制が利かない思考です。自分自身の邪魔をする思考こそ、私たちが最も注意すべきものなのです」

私は不安や自己非難の源である潜在意識を敵とまでは言いませんが、人生を歩むうえで警戒心（注意力）が極めて重要だという点ではカムラの意見に同意します。ずっと歩んできた道は歩きやすいものなので、自然と潜在意識の自動運転で生活する習慣に戻ってしまうのは往々にしてあることです。自分の考えや感情、行動に注意を払うことは、本来の自分の道を歩み続けるためのわずかな代償です。

ここで言う警戒とは、心配や不信感から、また潜在意識が邪魔をするかもしれないと身構えることではありません。潜在意識があなたを守るべく、また元の生き方に戻そうとしているのに気づくことを意味します。多忙な毎日を送る中で外の世界にばかり注意を向けていると、自分の心の中でなにが起きているのかを把握することは難しくなります。煙を探知したときに火災報知器が鳴ったり、車線をはみ出したときに車の警報が鳴ったりするように、ストレスや不安、憂鬱を感じるのは自分の内面に注意を向けるべきだというシグナルです。もっとも、優れたリーダーは緊急事態のときだけではなく、常に状況を把握しているものです。では、潜在意識があなたの注意を必要としていることを示す、微かなサインを見ていきましょう。

- 他人や状況（過去、現在を問わず）に気圧されるようになる。
- 問題に直面すると、解決策を思いつくことなく考え続けてしまうようになる。
- 意思決定が難しくなる。
- 自分を責めることが多くなる。
- 自分の言いたいことを言う、やりたいことをするのに気が引けるようになる。
- 自分を人と比べるようになる。
- 自分に対する他人の言葉や態度に敏感になる。
- 他人から嫌われている気がしてひとりになりたくなる。
- 人の批判や噂話をすることで気を晴らすようになる。
- 自分を押し殺し、欲求を抑え込むようになる。
- いまの環境に感謝することなく、ネガティブなことばかり考えるようになる。

・セルフケアがなおざりになる。
・ひとりでいることに不安を感じ、なるべく避けるようになる。
・他人にアドバイスや同意を求めるようになる。
・将来が不安と絶望に満ちているように思えてくる。
・暴飲暴食など、不健康で即席の満足感が得られることで気分をごまかすようになる。
・自分の義務を果たすことよりも、ぬるま湯に浸った生活を続けることが優先になる。
・自己愛を自分に伝えることに嫌気が差すようになる。
・なにかあると、これは仕方がないことだと自分に言い聞かせるようになる。

警戒を怠らないことも大切ですが、潜在意識に主導権を乗っ取られたときにどう対処するかも同じくらい重要です。そんなときは、不安や苛立ち、無力感といった感情で反応するのではなく、解釈しようとせずに観察するというアプローチを取ってください。つまり、判断や反応をせずに、あなたが考えたこと、感じたこと、行動したことを振り返るのです。潜在意識を怖れたり、闘おうとしたり、悩んだりせず、冷静に潜在意識の訴えに耳を傾けましょう。

解釈をせずに観察する意識とは、執着のない意識です。慣れ親しんだ元の生き方に戻ろうとする潜在意識に抗う必要もなければ、それに身を任せる必要もありません。あなたは単に日々を生きるだけの道がどこへ向かうのかを知っています。そしてあなたはありのままの自分で生きる道がどこに向かうのかも知っているはずです。必要なのは、あなたが持てる最大の力、つまり選択の力を呼び起こすことだけです。

選択

すでに説明したとおり、現実とはたったひとつの真実ではなく、そのほとんどが主観的な解釈によるものです。そしてあなたは自分の現実の創造者として、自分自身や置かれている状況をどう捉えるかを意識的に選択することができます。

ヴィクトール・フランクル博士とエディス・イーガー博士は、想像を絶する恐怖に直面しながらも希望を捨てないことを選び、自分の尊厳や人間性、生きる意志を守り抜きました。投獄され、拷問を受け、処刑の危機にさらされながらも、善意と思いやりを持ち続けることを選択した結果、その状況や迫害者にも屈しない強い心を持てたのです。

意識的に選択の力を使うことで、どうすれば傷つくことを避けられるかという考え方をどうすれば幸せになれるかという考え方に、つまり悲観的な視点を楽観的な視点へと変えることができます。精神科医アーロン・T・ベック博士によって開発された〝コグニティブ・リフレーミング〟は、まさに選択の力を使ってネガティブな思考をポジティブな思考にすり替えるテクニックです。でも実は、このテクニックは誰もが知らず知らずのうちに使っているものなのです。風邪をひいたとしても、少しゆっくりしたり好きな番組を見たりできるいい機会だと捉える。交通渋滞に巻き込まれても、両親に電話する時間ができたと解釈する。友達に約束をすっぽかされても、なにかあったのだろうかと心配すればいいのです。

第10章で紹介した〝新しい生き方のマニュアル〟を覚えていますか？　潜在意識を巻き込んだこの認知のすり替えを使えば、日常のあらゆる状況に対する自分の認識やアプローチをアップデートすることができます。ここで、その4つのステップを簡単におさらいしてみましょう。

①集中：簡単な瞑想を通して自分の本質に触れ、自分の真実に沿った生き方をすることを選択する。

②熟考：自分の潜在意識が脅威と見なし、回避や奉仕といった反応をするようになった相手や出来事を振り返る。

③上書き：自己防衛モードの引き金となる相手や状況に対する考え方や感じ方、反応のし方を上書きする。

④イメージトレーニング：イメージ、感情、感覚という潜在意識の言葉を使い、③で上書きした反応を頭の中で再現して意識に定着させる。

これを応用すれば、なにかの問題に直面してもそれを成長の機会に、なにかに失敗してもそれを成功の糧に、なにかを拒否されてもそれを次回への反省に変えることができます。とはいえ、③の上書きはなかなか難しいステップです。自分の自己防衛モードを引き起こさせるような相手や状況に対して、どんなポジティブな視点を持てばいいのでしょうか？

そんなときは、次に紹介する問いかけを参考にしてみてください。

・被害者——その相手や状況をどう捉えれば自分が学び成長する機会にすることができるか？
・透明人間——どんな言葉をかければ傷つきやすい自分が安心感や心強さを得ることができるか？
・先延ばし屋——どう行動すれば自己信頼や自信を高めることができるか？
・カメレオン——この状況ではどう立ち回るのが本来の自分の姿と言えるのか？
・尽くし魔——この状況では時間とエネルギーをどう使えば自分のためになるのか？
・恋愛依存——どうすれば自己愛を持ってこの状況に対応できるか？

自分への問いかけは大きな力を持っています。教育学的にも、自分への問いかけは学んだ内容を振り返ることにつながり、新しい知識が定着しやすくなるとされています。

新しいポジティブな視点が明確に持てたら、④のイメージトレーニングでそれを実行している自分の姿を思い描きましょう。それを怠ると、せっかくの意図が潜在意識にしっかりと伝わりません。

誠意

この旅もそろそろ終わりに近づき、本書はあなたの本棚のすでに読み終えたほかの本の隣に置かれることになるでしょう。もしかしたらあなたはもう、次に読む自己啓発書を決めているかもしれません。私はそうした自己変革に対する意欲は高く評価します。でも、学んだことを実践せずにすぐに次に進んでしまうのはお勧めできません。それではせっかくの努力や、新しい洞察が人生に活かせず終わってしまいます。

誠意のあるリーダーシップを持つ人とは、頼りになり、正直で、信頼できる人です。そして自らの価値観を貫き、自分の役割に一貫性を持ってコミットする姿勢があります。そんなリーダーシップを持つ人の代表格には、エイブラハム・リンカーン、マーティン・ルーサー・キング、ルース・ベイダー・ギンズバーグなどが挙げられます。もちろん、彼らは私たちが到底及ばない存在であることはわかっています。でも、あなたがこれまで出会ってきた先生や上司の中にも、自らの価値観や信念を貫き、模範を示し、約束を忠実に守る姿を見せてくれた人がいたはずです。誠意あるリーダーも完全無欠で常に正しく状況を見ているわけではありませんが、自分の間違いや無知を認めるのを怖れることもありません。また、自分の周りの人に対しても、その人にふさわしい評価や賞賛で力を与えます。

では、そんなリーダーシップを生き方にも応用できないでしょうか？　ここで、その実践的な5つの方法を紹介します。

①生き方の指針を持つ

指針は船の舵のようなものです。自分がなんのために行動し、なににエネルギーを注ぎ、なにを達成したいかを日々思い出すためには、生き方の指針を持つことが大切です。あなたの全般的な指針は、本当の自分、ありのままの自分として生きることだと思いますが、そのためにコミットすることをより正確に定義してみましょう。いくつか例を挙げてみます。

- 人生のあらゆることから学び成長する。
- 自分の隠れた一面を発見し、受け入れ、表現する。
- 常に自分自身との約束を守り、常に自分の背中を押す。
- 誠実さを持って考え、感じ、行動する。
- 自分の意志を大切にし、自他の境界線を守る。
- 自分のあらゆる面を愛する。

こうした指針を毎日のアファメーション（ポジティブな自己暗示）として声に出したり、付箋に書いていつも見る鏡に貼ったりするのも効果的です。より大きな目的と信頼性、そして喜びを持って生きるために、日々自分を鼓舞しましょう。

②達成可能な中間目標を立てる

〝まだ着かないの？〟あなたも私と同じように、幼い頃、家族旅行の途中で両親にこんな質問をした経験があると思います。子どもの頃の私はせっかちで車酔いしやすかったため、長旅は苦手でした。そんなときに両親が地図を開いて、いまどのあたりにいて、どこで休憩を入れて、どこが目的地なのかを教えてくれるととても気が楽になりました。

あなたの最終目標が自己管理を完全にすることなら、日々の進歩を実感できる具体的な中間目標を立てましょう。たとえば、まずは請求書を常に期限内に支払う、メールには必ず24時間以内に返信するといった目標です。

中間目標はモチベーションを維持し、地図で現在地を確認するように焦る気持ちを抑えてくれます。

③自分に正直になる

正直であることは誠意あるリーダーの大切な要素です。自分に正直になるということは、忙しい、疲れている、自信がないなどの言い訳をせずに、満足な進歩がないのは日々の努力を怠っているからだと認めるということです。もちろん、それを言い訳ではなく自分の正直な気持ちと捉えることもできます。問題は、その気持ちがどこから来るのかです。計画をやり遂げられないと感じているのは本当にあなたの意識なのでしょうか？　それとも、失敗を怖れたり他人を優先させたりする潜在意識が抵抗を感じさせているのでしょうか？　心のどこかで潜在意識が変化を怖れていると知りながら、あたかも自分の正直な気持ちのように解釈するのは自分への誠意とは言えません。

④受け入れ、修正し、感謝する

自分はいつも同じではないこと、素晴らしい日もあればそうでない日もあること、限界はときとして願望よりも大きいことを受け入れましょう。あなたの目標は思っていた以上に困難で時間がかかると気づいたとしても、やり遂げるために必要な修正をすれば自信を取り戻すことができます。目標を再設定したりアプローチを修正したりするには、自分の力不足を認める強さと勇気が必要になります。でも、無理のない現実的な目標を持つことで良い結果につながるのです。

限界は必ずしも自分の弱さや能力不足からくるものではありません。過剰に用心深くて頑固なまでに献身的なあなたの潜在意識も、受け入れて修正する必要のある限界になり得ます。抵抗する潜在意識を味方にするには、時間をかけて冷静に自分自身と対話し、小さなステップをいくつも踏む必要があるかもしれません。

感謝については、あなたはもう十分理解していると思いますから説明は手短に。自分自身への感謝はあなたの自信や自己肯定感を高め、心を満たしてやる気を起こさせます。

⑤より大きな目標を目指す

ある画期的な研究で、不安も憂鬱も感じていないと申告した80人の健康な参加者を、どんなことに幸せを感じているかによって2つのグループに分けました。一方は、食事や買い物、楽しいことをするなど、自己満足に喜びを見いだしているグループ。そしてもう一方は、なにか大きな目的への取り組みや貢献に喜びを見いだしているグループです。どちらのグループの人も自分は幸せで現状に満足していると自己評価しましたが、彼らの血液細胞を分析したところ、まったく異なる結果が出たそうです。最初のグループの分析結果は、炎症マーカーの数値が高く抗ウイルス遺伝子や抗体遺伝子の反応が低いという、慢性的なストレスやうつ病を患っている人にも匹敵するものでした。そしてもう一方のグループは、炎症マーカーの数値がずっと低く、抗ウイルス遺伝子と抗体遺伝子の発現もしっかりしていました。

ではなぜ、お金で買えるものに幸せや充実感を求めると身体はよりストレスを感じるのでしょうか？　それは潜在意識の自動操縦でいることでストレスや不安を感じやすくなる理由と似ています。どれだけお金を使っても（どれだけ目立つことを避けたり相手に尽くしたりしても）潜在意識が満たされることは決してありません。なぜなら、幸福感や安心感、自己価値の源が自分の外にある限り、それがまた得られるという保証はないからです。その結果、常にストレスや不安と隣り合わせで生きることになります。逆に幸福感や安心感、自己価値の源が自分の中にあり、自分が提供できるものを惜しみなく周りと分かち合っているのなら、ストレスや不安の少ない人生を歩めるだけでなく、人とのつながりにも喜びを見いだすことができます。

………

本書の冒頭でも触れたように、25年前の私はほとんど潜在意識の自動操縦で生きていました。当時はミュンヘンにある大学病院で循環器内科の研修医をしていましたが、教授になるという夢のためには勤務からしばらく離れ、2年間の博士研究員のプログラムを遂行する必要がありました。もっとも、そのための準備は万端でした。循環器内科の科長のサポートもあって、私は政府からの奨学金を受けながら、ミュンヘンの権威あるマックス・プランク研究所で研究に従事することになっていたのです。ところが、研究プログラムが始まる直前になって研究所の所長から電話があり、残念ながらポジションが提供できなくなったと告げられました。私の頭の中は真っ白になり、なぜ突然そんなことになったのかという説明すら耳に入ってきませんでした。そして血の気が引いて息も速くなり、私は気を失いそうになりました。このとき感じていたのは、もう自分のキャリアも、ひいては人生も終わってしまったのだという思いだけでした。長い間勤勉に励み、ようやく摑んだチャンスが電話一本ですべて奪われてしまったのです。いま思えば、私の潜在意識の自己防衛本能が過剰に働いたのは明らかです。私はこの大惨事にどう対応するべきかわからず、ただ被害者意識や将来への不安に圧倒されていました。

放心状態で混乱していた私は、ミュンヘンの人たちがどうしようもない問題に直面したときにする、お決まりの気晴らしをしました。親友のサビーネとビアガーデンに行ったのです。そこで私は、自分の救いようのない運の悪さと、心臓病学の教授になるという将来の夢が絶望的になったことに対する不満を吐き出しました。サビーネはそれを辛抱強く聞いてくれましたが、私の言葉に同意はしませんでした。「きっと別の道が見つかるわ。いままでだってそうだったじゃない」不幸な身の上を話す人は相手に共感を求めているので、私は彼女の不適切なほど前向きな意見に少し腹が立ちました。でも、サビーネの励ましの言葉を聞いているうちに、少し気持ちが落ち着きました。もしかしたら、これまで考えたこともないような別の道があるのかもしれないと思えたのです。そして1杯目のビールも飲み終わらないうちに、突然、私の心の奥底から素朴な疑問が浮かんできました。〝アメリカで研究職を探すのはどうだろう？　住んでみたいと思っていた国だし、いい機会じゃないだろうか？〟このひらめきが私の本質から来たものなのかどうかはわかりませんが、その瞬間に私の将来の展望は一変しました。打ちのめされて意気消沈していた私の心に、希望と興奮が湧き上がってきたのです。もちろん、用心深い私の潜在意識は〝ガールフレンドは置いて行くのか？　それに頼る先もないだろう？　行ったところでどこからも必要とされなかったらどうするんだ？〟と問いかけてきました。でも、運命がマックス・プランク研究所の扉を閉めて、私に全く新しい冒険の扉を開いてくれたのだと信じようと思った途端、そんな心配も薄れました。

私にとって、これは選択の力がいかに強いかを知った最も印象的な出来事のひとつです。単純なひらめきが私の視点を完全に変えて、挫折は一瞬にして忘れかけていた夢を叶えるチャンスになったのです。

ビアガーデンの席でアメリカでの暮らしを空想していた当時の私は、その選択が自分の人生を一変させるとは思いもしませんでした。ほんの一瞬の出来事が人生を変えるような展開を無限に引き寄せるのだと思うと、ただただ驚くばかりです。もし私に自分の選択を尊重し、その道を追求する誠意がなければ、妻に出会うことも、より大きな目的を見つけることも、そしてあなたがこの本を読むこともなかったでしょう。

ここで最後に、エディス・イーガー博士の言葉を紹介したいと思います。私の心に深く響いたこの言葉は、本当の自分になるための旅を見事に表しています。

〝私の両親と、数えきれないほど多くの人の命が奪われた広大な死の校庭に向かって、そしてまだそこに残る神聖さが私にどう生きるべきか――私は苦しんだが被害者ではないこと、傷ついたが壊れてはいないこと、魂は決して死なないこと、そして人生の意味と目的は、人をなによりも傷つけるものの心の奥深くからやってくること――を示す恐怖の教室に向かって、私は最後の言葉を口にする。さようなら、そしてありがとう。人生と、ありのままの人生をついに受け入れることができたこの力に感謝します〟

著者略歴：**フリーデマン・シャウブ**

医学博士（Friedemann Schaub, M.D., Ph.D.）

ドイツのミュンヘン大学で医学博士号を、アメリカのワシントン大学で分子生物学博士号を取得。研修医としてミュンヘン大学病院の循環器内科に勤務したのち、ワシントン大学で研究員となる。博士の医学研究は『ネイチャー・メディシン』誌や『サーキュレーション』誌など、権威ある医学・科学雑誌に掲載され注目を集めた。著書『The Fear and Anxiety Solution』（未訳）は2012年インディペンデント・パブリッシャー・アワード金賞、USAベストブックアワード新刊自己啓発書部門最優秀賞を受賞。潜在意識の根本原因を探ることで、これまでに世界各国の数千人のクライアントが不安や怖れを克服するのをサポートしてきた。現在は妻のダニエルと共に南フランスに在住。多くの動物たちと暮らしている。

訳者略歴：**岡 昌広**（おかまさひろ）

1976年東京生まれ。美容専門学校卒業後、美容師として都内のヘアサロンに勤務。金属アレルギーの発症により転職を考えていた折に、ある占い師の予見を受け翻訳者となる。『魔術の教科書』『魔女の指南書』『リモート・ビューイング』などの訳書がある。

装丁：冨澤崇
校正：株式会社鷗来堂
組版：株式会社キャップス

The Empowerment Solution
Six Keys to Unlocking Your Full Potential with the Subconscious Mind
by Friedemann Schaub

潜在意識を使えば、人生が変わる
本当の自分を取り戻す６つの鍵

2024年９月30日　第１刷

著　者　フリーデマン・シャウブ
訳　者　岡 昌広
発行者　小宮英行
発行所　株式会社徳間書店
〒141-8202 東京都品川区上大崎 3-1-1
目黒セントラルスクエア
電話 編集(03)5403-4344　販売(049)293-5521
振替 00140-0-44392

印刷・製本 中央精版印刷株式会社

ISBN978-4-19-865886-1